工程项目全过程管理

冯建锋　郭　莉　种淑婷 ◎ 著

中国出版集团

中译出版社

图书在版编目（CIP）数据

工程项目全过程管理 / 冯建锋，郭莉，种淑婷著.
北京：中译出版社，2024.6. -- ISBN 978-7-5001
-8004-3

Ⅰ.F284

中国国家版本馆CIP数据核字第2024VL6235号

工程项目全过程管理
GONGCHENG XIANGMU QUANGUOCHENG GUANLI

出版发行 / 中译出版社
地　　址 / 北京市西城区新街口外大街28号普天德胜大厦主楼4层
电　　话 / （010）68359827，68359303（发行部）；68359287（编辑部）
邮　　编 / 100044
传　　真 / （010）68357870
电子邮箱 / book@ctph.com.cn
网　　址 / http://www.ctph.com.cn

策划编辑 / 于建军
责任编辑 / 于建军
封面设计 / 蓝　博

排　　版 / 雅　琪
印　　刷 / 廊坊市文峰档案印务有限公司
经　　销 / 新华书店

规　　格 / 710毫米×1000毫米　　1/16
印　　张 / 18.25
字　　数 / 300千字
版　　次 / 2025年1月第1版
印　　次 / 2025年1月第1次

ISBN 978-7-5001-8004-3　　　　　　　**定价：** 78.00元

前 言

工程项目全过程管理是确保工程项目顺利实施并达到预期目标的关键。在当今快速发展的社会和经济环境下，城市道路与交通工程以及建筑工程作为基础设施建设的重要组成部分，承载着城市发展和人民生活的重要需求。因此，工程项目的全过程管理显得尤为重要。

本书旨在为读者提供系统化、实用性强的项目管理指南，全面介绍了工程项目从规划到交付的全过程管理方法。书中不仅涵盖了城市道路与交通施工以及建筑施工两大领域，还着重强调了理论知识与实践操作的结合，并提供了丰富的案例分析和实用技巧。

本书的第一部分深入探讨了城市道路与交通施工的项目规划、施工管理、质量控制与验收，以及项目收尾与验收等方面。通过对市政道路规划与设计、施工前期调查与准备、施工过程管理、质量控制与验收、项目收尾与验收等环节的详细讨论，读者将能够全面了解城市道路与交通工程项目管理的重要内容和方法。

本书的第二部分则专注于建筑施工，介绍了建筑工程基础知识、施工前期准备、施工执行与管理、施工过程控制，以及竣工与交付等关键内容。通过对建筑工程招投标和合同管理、项目实施阶段过程管理、工程项目风险管理与控制、项目竣工和验收、项目团队和沟通管理、项目管理工具和技术等方面的深入剖析，读者将能够掌握建筑工程项目管理的核心理论和实践技巧。

我们相信，本书将为工程师、项目经理及相关专业人士提供全面、系统的参考资料，帮助他们更好地应对各种复杂的项目管理的挑战，实现工程项目的顺利进行并达到预期目标。同时，也希望本书能够成为广大读者在工程项目管理领域不可或缺的一本实用手册，为推动我国基础设施建设和工程管理水平的提升贡献一份力量。

最后，我们衷心感谢所有为本书的编写和出版所付出努力的人员和机构，也希望读者能够从中获得启发和收益，不断提升自身的专业能力和管理水平。愿本书能够成为您工程项目管理领域的良师益友，引领您走向成功的道路。

作者

2024 年 4 月

目 录

CONTENTS

第一部分　城市道路与交通工程管理

第一部分
城市道路与交通
工程管理

第一章　工程项目全过程管理的概念和重要性

第一节　工程项目全过程管理的定义和范围

一、工程项目全过程管理的定义

工程项目全过程管理，作为一种综合性的管理方法，旨在全面、系统、协调地管理工程项目的各个阶段，从项目立项到最终交付的整个生命周期，以实现项目的目标并最大程度地满足相关利益相关方的需求。

第一，工程项目全过程管理的定义需要从项目的本质出发。工程项目往往是复杂的、多元化的，涉及众多利益相关方的利益和需求。例如，一座城市的基础设施建设项目，可能涉及政府、业主、设计单位、施工单位、居民等多方利益相关方的利益和需求。在这种复杂的背景下，单一阶段或环节的管理往往难以满足整个项目的要求，因此需要采取全过程管理的方式，对项目的各个阶段进行综合性管理。

第二，工程项目全过程管理的定义需要强调其全面性和系统性。全过程管理不仅仅是对某个阶段或环节的管理，而是对整个项目生命周期的管理。这就要求管理者需要从项目立项开始，就对项目的各个阶段进行全面地考量和规划。例如，对于一个新建的工程项目，管理者需要从项目规划、设计、施工、验收、移交等各个环节进行全面的管理和协调，以确保项目能够顺利实施并达到预期的目标。

第三，工程项目全过程管理的定义需要考虑到其协调性和控制性。在项目管理过程中，各个阶段之间往往存在着密切的联系和相互依赖关系。例如，在项目规划设计阶段确定的设计方案和施工图纸，将直接影响到施工过程的顺利进行；而施工过程中出现的质量问题，可能会影响到最终的验收和移交工作。因此，全过程管理要求管理者需要对项目的各个阶段之间的关系进行全面地考量和分析，确保项目的各个环节能够协调配合，实现项目的整体目标。

工程项目全过程管理作为一种综合性的管理方法，具有重要的理论和实践意义。通过全过程管理的实施，可以有效地提高工程项目的管理水平和综合竞争力，推动工程项目的健康发展和可持续发展。

二、工程项目全过程管理范围

（一）项目立项阶段

1. 初步规划

项目立项阶段是工程项目全过程管理的起点。在这个阶段，需要对项目进行初步规划，确定项目的基本框架和范围。例如，对于一个新建的城市交通枢纽项目，初步规划可能涉及确定项目的位置、规模、功能定位等方面。

2. 可行性研究

在项目立项阶段，进行项目的可行性研究是非常重要的。这包括对项目的市场分析、技术可行性、经济效益等方面进行评估。例如，针对一个新建的高速公路项目，需要进行交通流量预测、投资回报分析等工作。

3. 项目定位

项目立项阶段还需要对项目进行定位，明确项目的定位和目标。例如，一个新建的城市地铁项目可能定位为提高城市交通效率、减少交通拥堵，从而提升城市形象。

（二）规划设计阶段

1. 设计方案审查

规划设计阶段是工程项目的关键阶段，需要对项目的设计方案进行审查和评估。例如，在城市道路改建项目中，需要审查设计方案是否符合城市交通规划要求，是否能够满足未来交通需求。

2. 技术可行性分析

在规划设计阶段，需要进行技术可行性分析，评估设计方案的技术可行性。例如，对于一个新建的桥梁项目，需要评估设计方案的结构设计是否合理、施工工艺是否可行等。

3. 方案优化

规划设计阶段还需要对设计方案进行优化，确保项目能够达到最佳效果。例如，在城市公园建设项目中，需要对绿化设计、景观布局等方面进行优化，提升公园的美观性和舒适性。

（三）招投标和合同管理阶段

1. 招标文件编制

在招投标和合同管理阶段，需要对招标文件进行详细地编制，明确项目的需求和要求。例如，在一个市政工程项目中，需要编制招标文件，明确项目的施工范围、技术要求、投标条件等。

2. 投标过程管理

在招标和投标过程中，需要进行严格的管理，确保投标过程的公平、公正、公开。例如，在一个城市供水工程项目中，需要对投标人进行资格审查，确保投标人具有相应的资质和能力。

3. 合同条款制定

在合同管理阶段，需要对合同条款进行制定，明确各方的权利和义务。例如，在一个建筑工程项目中，需要在合同中明确工程的质量标准、工期要求、支付方式等。

（四）施工管理阶段

1. 施工进度控制

在施工管理阶段，需要对施工进度进行全面的控制和管理。例如，在一个城市道路施工项目中，需要制订详细的施工进度计划，监督施工进度的执行情况，确保项目按时完成。

2. 质量监控

施工过程中，质量是关键。需要建立严格的质量监控体系，确保施工质量符合要求。例如，在一个桥梁建设项目中，需要对各个施工环节进行质量检查和验收，确保桥梁的安全和稳定。

3. 安全管理

安全管理是施工管理的重中之重。需要建立健全的安全管理制度，加强现场安全监管。例如，在一个城市地铁建设项目中，需要制定详细的安全操作规程，确保施工过程中的安全。

（五）质量管理阶段

1. 质量计划制订

在工程项目的质量管理阶段，首先需要制订详细的质量计划，明确质量管理的目标、任务和责任。例如，在一个建筑工程项目中，需要确定各个施工环节的质量标准和验收标准。

2. 质量控制实施

质量控制是质量管理的关键环节，需要实施严格的质量控制措施，确保施工过程中的质量符合要求。例如，在一个水利工程项目中，需要对水利设施的建造过程进行全面的质量控制，确保设施的安全和稳定。

3. 质量检查和验收

在施工过程中，需要进行定期的质量检查和验收，及时发现和纠正质量问题。例如，在一个道路施工项目中，需要对路面平整度、排水情况等进行检查和验收，确保道路质量符合标准要求。

（六）安全管理阶段

1. 安全计划制订

安全管理阶段需要制订详细的安全计划，明确各个施工环节的安全措施和应急预案。例如，在一个隧道施工项目中，需要制定安全管理计划，明确通风、排水、照明等安全措施。

2. 安全培训和教育

安全培训和教育是安全管理的重要环节，需要对施工人员进行定期的安全培训和教育，增强他们的安全意识和技能。例如，在一个高空作业项目中，需要对作业人员进行高空作业安全培训，确保其安全作业。

3. 事故预防和应急处置

安全管理还需要做好事故预防和应急处置工作，及时发现和解决安全隐患，确保施工过程中的安全。例如，在一个化工厂建设项目中，需要建立健全的安全监测系统，及时发现危险品泄漏等安全问题，并采取有效措施进行应急处置。

（七）成本控制阶段

1. 成本预算编制

成本控制阶段需要制定详细的成本预算，明确项目各项费用的预期支出情况。例如，在一个大型基础设施建设项目中，需要对工程材料、人工成本、设备租赁等费用进行预算编制，确保项目资金使用合理。

2. 成本监控和分析

成本控制不仅仅是预算的制定，还需要对实际成本进行监控和分析，及时发现和解决超支和节约的问题。例如，在一个建筑工程项目中，需要对各项费用进行实时跟踪和分析，及时调整预算，确保项目资金使用的有效性。

3. 成本优化和节约

成本控制阶段还需要进行成本优化和节约工作，通过技术改进、工艺改进等手段降低项目成本，提高项目的经济效益。例如，在一个能源开发项目中，可以通过采用新技术或改进工艺流程来降低能源生产成本，提高项目的盈利能力。

（八）风险管理阶段

1. 风险识别和评估

风险管理阶段需要对项目可能面临的各类风险进行识别和评估，确定其概率和影响程度。例如，在一个大型建设项目中，可能面临的风险包括自然灾害、政策变化、技术问题等，需要对这些风险进行全面评估。

2. 风险应对策略制定

针对识别和评估出的风险，需要制定相应的风险应对策略，采取措施降低风险的发生概率和影响程度。例如，在一个国际投资项目中，可能面临的政治风险，可以通过多元化投资、政治风险保险等方式进行应对。

3. 风险监控和控制

风险管理不是一次性的工作，需要进行持续的监控和控制，及时调整风险应对策略。例如，在一个市政建设项目中，可能面临的工程质量风险，需要进行定期的质量检查和评估，及时发现和解决质量问题，降低工程质量风险的发生概率。

（九）竣工验收和移交阶段

1. 竣工验收程序

在项目竣工验收阶段，需要制定详细的竣工验收程序，明确验收的标准和流程。例如，在一个市政工程项目中，需要对施工质量、工程图纸、材料验收等进行全面的检查和验收，确保项目达到相关标准要求。

2. 项目文档整理和资料归档

竣工验收后，需要对项目的相关文档和资料进行整理和归档工作，建立完善的档案管理制度。例如，在一个新建的公共建筑项目中，需要对施工图纸、施工合同、质量检验报告等相关资料进行整理和归档，以备后续查阅和管理。

3. 项目移交和后期维护

在竣工验收阶段，需要进行项目的移交和后期维护工作，确保项目能够顺利投入使用并进行后续的运营和维护。例如，在一个城市绿化项目中，需要对绿化设施的养护和管理进行规范，保持项目的良好运行状态。

第二节 全过程管理的重要性和价值

一、提升项目管理效率

（一）全面规划项目各个阶段

全面规划项目各个阶段是全过程管理的关键环节之一，它涉及对整个项目进行系统性和综合性的规划，以确保项目顺利进行并达到预期目标。在全面规划项目各个阶段的过程中，需要考虑到项目的整体目标、资源的合理利用、风险的有效应对以及各个阶段之间的衔接和协调。下面将深入探讨全面规划项目各个阶段的重要性，并结合实例加以分析。

全面规划项目各个阶段的重要性体现在以下四个方面。

1. 确保项目目标的实现

全面规划项目各个阶段能够帮助项目团队清晰地理解项目目标，并将其分解为具体的阶段性目标和任务。通过对项目目标的明确定义和细化，可以指导各个阶段的工作，从而确保项目整体目标的实现。例如，在一个大型基础设施建设项目中，全面规划阶段会确定项目的总体规模、功能要求、时间计划等，为后续的设计和施工工作提供了清晰的指导。

2. 优化资源配置和时间安排

全面规划项目各个阶段有助于合理配置项目所需的各类资源，包括人力资源、物资资源、资金资源等，从而最大限度地提高资源利用效率，降低项目成本。同时，通过合理安排时间节点，可以避免资源浪费和项目延期的情况发生。例如，在一个软件开发项目中，全面规划阶段会确定项目的开发周期、人员配备、技术需求等，以确保项目按时完成，并最大化地利用人力和技术资源。

3. 减少风险和冲突

全面规划项目各个阶段有助于提前识别和评估可能存在的风险和冲突，并采取相应的措施进行预防和化解。通过对项目整体的综合规划，可以在项目执行过程中及时发现和解决问题，避免因为规划不足而导致的项目延误或额外成本。例如，在一个市政建设项目中，全面规划阶段会对可能出现的施工难点、资源供应紧张等问题进行分析和预测，从而采取相应的措施加以解决，确保项目顺利推进。

4. 增强团队协作和沟通

全面规划项目各个阶段有助于促进团队成员之间的沟通和协作，建立起良好的工作氛围和团队文化。通过参与项目规划的过程，团队成员能够深入了解项目的整体情况和各自的责任，增强彼此之间的信任和合作关系。例如，在一个市场营销项目中，全面规划阶段会组织各个部门的代表共同参与项目规划会议，共同商讨项目的整体策略和实施方案，以达成共识并明确各自的任务和目标。

（二）优化资源配置和流程设计

优化资源配置和流程设计是全过程管理中至关重要的一环，它直接影响到项目的执行效率、成本控制以及最终的项目成功。通过全面规划和精细管理，可以有效地避免资源的浪费和低效利用，实现资源的最大化价值。

1. 有效的资源需求分析和评估

在项目启动阶段，全过程管理需要对项目所需的各类资源进行全面的需求分析和评估。这包括人力资源、物资资源、财务资源等。通过对项目需求的准确评估，可以避免资源的过剩或不足，从而提高资源利用效率。例如，在一个新产品开发项目中，全过程管理团队需要分析产品开发所需的人员技能、材料供应和资金投入等，以确定项目所需的资源量和类型。

2. 精准的资源分配和调配

基于对资源需求的评估，全过程管理需要精准地将资源分配到各个项目阶段和具体任务中。这要求对资源的分配进行合理规划和精细调度，以确保资源的最大化利用和高效配置。例如，在一个市政工程项目中，全过程管理团队会根据施工进度和需求，及时调配施工人员、机械设备和材料供应，以满足工程进度的要求。

3. 流程的优化和改进

除了资源的有效配置外，全过程管理还需要对项目的流程进行持续的优化和改进。这包括工作流程的简化、优化和标准化，以及流程中可能存在的瓶颈和问题的识别和解决。通过优化流程，可以提高工作效率和质量，降低成本，从而实现资源的最大化利用。例如，在一个制造业项目中，全过程管理团队会对生产流程进行分析和优化，消除生产过程中的不必要环节和浪费，提高生产效率和产品质量。

4. 利用技术手段提升资源利用效率

现代技术的应用可以极大地提升资源利用效率。全过程管理可以借助信息技术和智能系统，对资源的分配和利用进行精细化管理和监控。例如，通过使用项目管理软件和企业资源计划（ERP）系统，可以实现对资源的实时监控和调度，从而及时发现和解决资源利用不足或过剩的问题，提高资源的利用率。

（三）确保项目按时完成

确保项目按时完成是全过程管理中至关重要的一环，它直接关系到项目的成功和客户的满意度。全过程管理通过合理的项目计划、严格的进度控制和及时的问题解决，能够有效地确保项目按时交付。

1. 精准的项目计划和时间安排

全过程管理的第一步是制订精准的项目计划和时间安排。这需要对项目的各项任务和活动进行全面的分解和评估，确定每个阶段和每个任务的工作量、时间节点和交付要求。通过合理的时间安排，可以避免项目中出现时间冲突和延误的情况。例如，在一个软件开发项目中，全过程管理团队会根据项目的功能需求和技术难度，制订详细的开发计划和里程碑，以确保项目按时完成。

2. 严格的进度控制和监督

除了制订项目计划外，全过程管理还需要对项目的执行过程进行严格的进度控制和监督。这包括对项目进度的实时跟踪和分析，及时发现和解决可能影响项目进度的问题和风险。通过及时调整和优化项目进度，可以保证项目按时完成。例如，在一个汽车生产项目中，全过程管理团队会定期检查生产进度和供应链情况，及时调整生产计划，以确保按时交付客户订单。

3. 敏锐的问题识别和解决能力

在项目执行过程中，可能会出现各种问题和挑战，如人力不足、材料供应延迟、技术难题等。全过程管理需要具备敏锐的问题识别和解决能力，及时应对和解决这些问题，以避免对项目进度的影响。例如，在一个建筑工程项目中，如果发现某个施工工序存在延误，全过程管理团队会立即采取措施加班加点或调整工作安排，以确保项目整体进度不受影响。

二、降低项目风险

（一）全面风险识别和评估

全面的风险识别和评估是工程项目全过程管理中至关重要的一环。这一阶段的核心目标是通过系统性、综合性的分析，全面地了解项目可能面临的各种潜在风险，并对其进行科学、合理地评估，以制定相应的应对策略，从而降低风险带来的不利影响。

第一，全面的风险识别和评估有助于项目管理者深入了解项目环境，从而做出明智的决策。在现实中，工程项目往往受到诸多因素的影响，如技术因素、市场因素、政策法规等。通过对这些因素进行综合评估，项目管理者能够更好地把握项目所处的环境，有针对性地制定管理策略和应对措施。例如，一家建筑公司在考虑开展新项目时，需要全面评估当地市场需求、政策支持、竞争对手情况等因素，以便制定合适的营销策略和项目实施计划。

第二，全面的风险识别和评估有助于提前发现潜在风险，减少风险带来的不确定性。通过对项目各个阶段进行全面而细致的风险识别和评估，可以尽早发现可能存在的问题和挑战，并及时采取相应的措施加以应对。例如，在一个大型基础设施建设项目中，全过程管理团队可能会对工程设计、土地征用、施工环境等方面的风险进行全面评估。如此一来，项目团队可以在项目启动阶段就预见到潜在问题，并采取相应措施，从而避免因风险而导致的延误和额外成本。

第三，全面的风险识别和评估还有助于提高项目的可控性和可预测性。通过深入分析项目可能面临的各种风险因素，项目管理者可以更加准确地评估项目的风险水平，并制定相应的风险管理策略。这有助于项目团队及时应对可能出现的问题，保障项目按计划进行。例如，在一个国际合作项目中，全过程管理团队可能会对国际政治形势、货币政策变化等因素进行评估，以规避可能的风险，并制定相应的危机应对计划，以确保项目的顺利实施。

（二）减少项目变更和延期的风险

全过程管理在减少项目变更和延期的风险方面发挥着重要作用。这一管理方法通过全面的规划和严格的进度控制，有效地降低了项目变更和延期的风险，从而确保项目能够按时完成，避免额外的成本和资源浪费。

一方面，全过程管理通过全面的项目规划和详细的进度安排，确保项目在既定的时间节点内按计划进行。通过制定清晰的项目目标、阶段性里程碑和任务分解，项目团队能够明确每个阶段的工作内容和时间要求。例如，在一个软件开发项目中，全过程管理团队会制订详细的项目计划，包括需求分析、设计、编码、测试等阶段的时间安排，并设立里程碑来监控项目进度。这样一来，项目团队可以及时发现进度偏差，并采取相应措施加以调整，避免项目延期的风险。

另一方面，全过程管理通过加强项目成员之间的沟通和协作，及时发现和解决可能导致项目变更和延期的问题。在项目执行过程中，团队成员可能面临各种挑战和障碍，如技术难题、资源短缺、需求变更等。通过定期召开项目进展会议、建立沟通渠道和协作机制，项目团队能够及时分享信息、协调资源、解决问题，从而避免因沟通不畅导致的误解和延误。例如，在一个市场营销项目中，全过程管理团队会定期与客户沟通项目进展和需求变更，确保及时调整项目计划，避免项目因客户需求变更而导致的延期风险。

（三）保障项目的顺利实施

保障项目的顺利实施是全过程管理的核心目标之一。这意味着在整个项目生命周期内，确保项目按计划进行，达到既定的目标和预期效果。全过程管理通过全面的风险控制和管理，以及合理的资源调配和协作机制，为项目的顺利实施提供了坚实的保障。

一是，全过程管理通过全面的风险控制和管理，预防和减轻可能影响项目实施的各种风险。在项目初期，团队会进行风险识别和评估，识别项目可能面临的各种技术、市场、法律、政策等方面的风险，并制定相应的应对策略。例如，在一个大型基础设施建设项目中，全过程管理团队会针对项目的复杂性和不确定性，建立风险清单，对每种风险进行评估和优先级排序，并采取相应的措施进行控制和应对，以确保项目能够在不受重大风险影响的情况下顺利进行。

二是，全过程管理通过合理的资源调配和协作机制，确保项目所需资源的及时供应和有效利用。在项目执行过程中，全过程管理团队会根据项目的实际情况，合理安排人力、物力、财力等资源，并建立相应的协作机制，以确保各项工作有序进行。例如，在一个国际合作项目中，全过程管理团队会建立跨文化沟通机制，加强与国外合作伙伴的协调和合作，确保项目所需资源的及时供应和有效利用，从而保障项目的顺利实施。

三是，全过程管理还强调项目团队之间的沟通和协作，促进信息的共享和问题的及时解决。在项目执行过程中，全过程管理团队会定期召开项目进展会议，与各相关部门共同商讨和解决项目中可能出现的问题，以确保项目能够顺利推进。例如，在一个建筑工程项目中，全过程管理团队会定期与建设单位、设计单位、施工单位等各方进行沟通和协作，共同解决项目中可能出现的技术、进度、质量等方面的问题，以确保项目的顺利实施。

三、提高项目质量

（一）建立完善的质量管理体系

质量管理体系是项目管理中的关键要素之一，其目的在于确保项目交付的产品或服务符合预期的质量标准，并能够满足客户的需求和期望。建立完善的质量管理体系可以帮助项目团队从源头上控制质量问题，提高项目交付的质量水平。

1. 制订质量管理计划

（1）明确质量目标和标准

在制订质量管理计划时，首先需要明确项目的质量目标和标准。这些目标和标准应该与项目的整体目标和客户的需求相一致。例如，在一个软件开发项目中，质量目标可能包括软件的性能、稳定性、安全性等方面的要求，质量标准可能包括符合 ISO 9001 质量管理体系的相关要求。

（2）确定验收标准

验收标准是衡量产品或服务是否符合质量要求的依据，其制定需要考虑到客户的需求和预期。在质量管理计划中，需要明确产品或服务的验收标准，以便在项目交付阶段进行验收和验收。

（3）建立质量管理组织结构

质量管理的有效实施需要明确质量管理的组织结构和职责分工。在质量管理计划中，应该明确质量管理团队的组成、各个成员的职责和权限，以及与其他项目团队成员的协作关系，确保质量管理工作能够有序进行。

2. 建立质量控制机制

（1）制订质量检查计划

质量管理计划中应包括制订质量检查计划的内容。质量检查计划应明确各个阶段和环节的质量检查内容、方法和频率，以确保在项目执行过程中对质量进行有效控制。

（2）设立质量检查点

质量管理体系需要设立质量检查点，及时发现和纠正可能存在的质量问题。这些检查点可以是在关键环节设立的质量检查节点，也可以是在时间节点上进行的定期质量检查。

（3）实施质量检查和测试

实施质量检查和测试是质量控制机制的重要环节。通过对产品或服务进行质量检查和测试，可以确保其符合质量标准和验收标准。在质量管理计划中应明确质量检查和测试的具体内容、方法和标准。

3. 强化供应链管理

（1）建立供应商评估机制

强化供应链管理需要建立健全的供应商评估机制。这包括评估供应商的资质、信誉、技术能力、质量管理体系等方面的情况，以确保选择的供应商符合质量要求。

（2）选择合格的供应商

在供应商评估的基础上，选择合格的供应商是保证原材料和关键零部件质量的重要保障。在质量管理计划中应明确供应商选择的标准和程序，以确保选择的供应商能够满足项目的质量要求。

（3）建立稳定的供应关系

建立稳定的供应关系对于项目的质量管理至关重要。稳定的供应关系可以确保原材料和关键零部件的质量稳定可控，降低质量风险。在质量管理计划中应考虑如何与供应商建立长期稳定的合作关系，以共同提升产品或服务的质量水平。

（二）质量监控和持续改进

质量监控是全过程管理中至关重要的环节，它能够帮助项目团队及时发现和纠正质量问题，确保项目交付的质量达到或超出预期。

1. 实施全面的质量监控

（1）建立完善的质量监控机制

项目团队应该建立完善的质量监控机制，以确保对项目的各个阶段和关键过程进行全面监控。这包括制订质量监控计划、确定监控指标和方法、建立监控记录和报告机制等。通过全面监控，可以及时发现潜在的质量问题，为及时纠正问题提供依据。

（2）监测质量特性和关键参数

质量监控需要关注产品或服务的质量特性和关键参数。项目团队应该制定相应的监测方案，对产品或服务的关键质量特性和参数进行监测和记录，及时发现质量异常，以便采取相应的措施进行处理。

（3）及时发现异常情况并采取措施

在质量监控过程中，项目团队应及时发现异常情况，并采取相应的措施进行处理。这包括制定应急预案，设立预警机制，建立问题解决小组等，以确保对质量问题的及时响应和处理，防止问题进一步扩大影响。

2. 建立有效的问题识别和解决机制

（1）建立问题反馈渠道

项目团队应建立问题反馈渠道，使项目参与者能够及时报告发现的质量问题。这可以通过设立专门的问题反馈平台、建立质量问题报告制度等方式实现，确保质量问题能够及时被发现和记录。

（2）设立问题处理流程

建立有效的问题处理流程是确保质量问题能够及时有效解决的关键。项目团队应制定明确的问题处理流程，包括问题的报告、分析、解决和跟踪等环节，明确各个环节的责任人和时间节点，以确保问题能够得到及时妥善处理。

（3）确保问题及时有效地处理和解决

项目团队应确保问题能够及时有效地得到处理和解决。这包括对问题进行全面的分析和评估，制订有效的解决方案，及时跟踪和验证问题的解决情况，以确保问题不再出现或再次发生的可能性降低到最低。

3. 进行质量评估和审核

（1）定期进行质量评估

项目团队应定期进行质量评估，对项目交付的产品或服务进行全面评估，发现潜在的质量问题。这可以通过制订定期的质量评估计划、组织质量评估小组、召开质量评估会议等方式实现，确保对项目质量的全面了解和评价。

（2）发现潜在的质量问题

质量评估过程中，项目团队应重点关注潜在的质量问题，即可能存在但尚未显现出来的质量隐患。通过对项目的各个方面进行深入分析和评估，可以发现潜在的质量问题，并及时采取措施进行预防和处理，以确保项目交付的质量稳定和可靠。

（3）及时采取措施进行改进

质量评估结果应该被视为持续改进的机会。项目团队应根据评估结果，制订改进措施和计划，并及时落实和跟踪改进措施的执行情况。通过持续改进，可以不断提高项目的质量水平和管理效能。

（三）满足客户需求和期望

客户是项目的最终受益者，满足客户的需求和期望是项目成功的关键因素之一。全过程管理应该重视客户需求和期望，确保项目交付能够完全满足客户的期望。

1. 全面了解客户需求

（1）多维度的需求获取

项目团队应该采用多种方式获取客户需求，以确保全面了解客户的需求和期望。这可以包括定期组织客户会议、进行客户访谈、发送调研问卷等方式。通过多样化的需求获取途径，可以更全面地收集到客户的需求信息。

（2）需求分析和整理

收集到客户需求后，项目团队应该进行系统的需求分析和整理工作。这包括将客户提出的各种需求进行分类、归纳和优先级排序，以便更好地理解客户的关注点和重点需求。

（3）建立需求管理机制

为了有效管理客户需求，项目团队应该建立起专门的需求管理机制。这包括建立需求数据库、设立需求评审机制、明确需求变更流程等，以确保客户需求能够被系统的管理和跟踪。

2. 及时沟通和反馈

（1）建立有效的沟通渠道

为了确保与客户之间的沟通畅通，项目团队应该建立起有效的沟通渠道。这可以包括定期召开项目进展会议、建立在线沟通平台、设立专门的客户服务团队等，以便随时与客户进行沟通和交流。

（2）积极主动地反馈机制

除了定期的沟通会议外，项目团队还应该建立起积极主动的反馈机制。这包括鼓励客户随时提出意见和建议，并确保能够及时给予回应和反馈。这可以通过设置客户反馈通道、定期发送满意度调查问卷等方式实现。

（3）及时响应客户需求

项目团队应该始终保持对客户需求的敏感度和及时响应能力。无论是正式的需求变更还是客户的建议意见，都应该及时进行评估和处理，并向客户给予及时地反馈和解决方案。

3.确保项目交付的质量

（1）制订质量管理计划

根据客户的需求和期望，项目团队应制订相应的质量管理计划。这包括确定质量目标和标准、建立质量检查点、制订测试方案等，以确保项目交付的产品或服务能够符合客户的要求和期望。

（2）严格执行质量管理流程

质量管理计划的执行是保证项目交付质量的关键。项目团队应该严格执行质量管理流程，包括质量控制、质量检查、质量测试等环节，确保项目的每一个过程都符合质量标准和要求。

（3）持续改进和优化

项目团队应该将持续改进作为贯穿项目整个生命周期的重要活动。通过对项目执行过程的不断总结和反思，发现问题和不足之处，并及时采取措施进行改进和优化，以提升项目交付的质量水平和客户满意度。

第三节　全过程管理的目标和原则

一、全过程管理的目标

全过程管理作为项目管理的一种重要方法论，其目标是实现项目的多方位优化，包括高效、高质、低成本、安全可靠地完成，以满足项目利益相关方的需求，并最大程度地实现项目的经济效益和社会效益。这一目标的实现需要综合考虑项目管理的各个方面，并在实践中不断进行调整和改进。

第一，全过程管理旨在实现项目的高效完成。这意味着在项目的各个阶段，资源得以最佳利用，工作流程得以最优化，从而提高项目的执行效率。例如，在建筑项目中，全过程管理可以通过精细的进度计划和资源分配，确保施工过程中各项工作有序进行，避免资源浪费和时间延误，从而提高项目的整体执行效率。

第二，全过程管理致力于实现项目的高质量完成。这意味着项目交付的产品或服务必须符合或超出相关的质量标准和客户期望，以确保项目的可持续发展和利益最大化。例如，在软件开发项目中，全过程管理可以通过严格的质量控制和测试流程，确保软件产品的功能完备、性能稳定，从而提高客户满意度和产品竞争力。

第三，全过程管理追求项目的低成本完成。这意味着在项目执行过程中，需要最大限度地降低成本，提高资源利用效率，以确保项目的经济可行性和盈利能力。例如，在制造业项目中，全过程管理可以通过精细的成本控制和供应链优化，降低生产成本，提高产品竞争力，实现项目的经济效益最大化。

第四，全过程管理关注项目的安全可靠完成。这意味着在项目执行过程中，需要保障人员安全和资产安全，减少事故和风险发生的可能性，确保项目能够按时按量交付，并保持良好的声誉和信誉。例如，在工程建设项目中，全过程管理可以通过严格的安全管理制度和培训计划，增强工人安全意识和操作技能，减少施工事故的发生，保障项目的顺利进行。

二、全过程管理的原则

（一）综合性原则

1. 综合考虑项目各个阶段和各种因素

综合考虑项目各个阶段和各种因素是全过程管理的核心原则之一，它要求项目管理团队在项目的规划、执行和控制过程中，不仅要全面地考虑项目的各个阶段，还要综合考虑各种因素的影响，以确保项目能够全面顺利地实施和完成。这种综合性的管理方式涵盖了项目管理的各个方面，包括项目目标、范围、时间、成本、质量、资源、风险、沟通、采购等，下面将对其中以下五个重要方面展开分析。

第一，综合考虑项目的目标意味着项目管理团队必须清楚地了解项目的整体目标和各项具体目标，并将这些目标贯穿于项目的各个阶段和各个过程中。例如，对于一个建筑工程项目来说，其整体目标可能是按时交付一个符合质量标准的建筑物，而具体目标则包括完成设计、施工、验收等阶段的各项任务。

第二，综合考虑项目的范围意味着项目管理团队需要全面理解项目的范围，包括项目的产品、服务和成果，以及项目的约束和假设条件。例如，在软件开发项目中，项目范围可能包括软件的功能需求、非功能需求、界面设计等方面，而项目的约束条件可能包括时间、成本、技术限制等。

第三，综合考虑项目的时间和成本意味着项目管理团队需要将时间和成本因素考虑在内，并在规划和执行过程中进行有效地平衡和控制。例如，在一个市政基础设施建设项目中，项目管理团队需要考虑工期的安排和成本的控制，以确保项目能够按时完成并在预算内完成。

第四，综合考虑项目的质量意味着项目管理团队需要将质量管理纳入项目管理的全过程中，从而确保项目交付的产品或服务符合质量标准和客户期望。例如，在制造业项目中，项目管理团队需要对产品的质量进行全面控制，包括从原材料采购到生产制造的全过程质量管理。

第五，综合考虑项目的资源、风险、沟通和采购等方面也是全过程管理的重要内容。首先，项目管理团队需要充分考虑项目所需的资源，包括人力资源、物资资源、技术资源等，并进行有效的资源分配和管理。其次，项目管理团队还需要识别和评估项目的风险，并制订相应的应对策略和计划。再次，项目管理团队还需要建立有效的沟通机制，确保项目各方之间的信息交流畅通。最后，项目管理团队还需要进行有效的采购管理，确保项目所需的外部资源和服务能够及时供应并符合质量要求。

2. 实现全面、系统的管理

实现全面、系统地管理是全过程管理中的关键原则之一，它要求项目管理团队将项目管理视为一个系统工程，全面考虑项目各个方面的相互关系和影响，从而实现全面、系统地管理。这种管理方式不仅仅关注单个环节或过程，而是涵盖整个项目生命周期的综合性管理，需要跨越各个阶段和领域进行有效地协调和整合。以下将通过几个实例加深分析这一原则的应用。

实例一：建筑工程项目

在一个建筑工程项目中，实现全面、系统地管理意味着项目管理团队需要在整个项目生命周期内全面考虑各个方面的因素，并确保它们之间的协调和整合。

首先，项目管理团队需要在项目规划阶段全面考虑项目的目标、范围、时间、成本、质量等因素，制订综合性的项目管理计划。例如，他们需要考虑建筑物的设计要求、施工周期、材料成本、人力资源等，以确保项目的顺利实施。

其次，在项目执行阶段，项目管理团队需要对施工过程进行全面监控和管理，确保各个施工环节协调顺利。他们需要与建筑设计师、施工队伍、供应商等各方合作，确保设计方案的质量和施工进度的控制。同时，他们还需要关注施工过程中可能出现的风险，采取相应的措施进行预防和应对，以确保项目的安全和质量。

最后，在项目交付阶段，项目管理团队需要对建筑物的验收和交付进行全面管理。他们需要确保建筑物符合相关的质量标准和法律法规要求，同时满足客户的需求和期望。他们还需要与客户和相关部门进行有效地沟通和协调，解决可能出现的问题，确保项目能够顺利交付并得到客户的认可。

通过以上实例可以看出，在建筑工程项目中实现全面、系统的管理是非常重要的。只有全面考虑各个方面的因素，并确保它们之间的协调和整合，才能确保项目的顺利实施和完成，最终实现项目的目标和利益。

实例二：软件开发项目

另一个例子是软件开发项目，在这类项目中，实现全面、系统地管理同样至关重要。在软件开发项目中，项目管理团队需要全面考虑项目的需求分析、设计、编码、测试、部署和维护等各个阶段，并确保它们之间的协调和整合。首先，在项目规划阶段，项目管理团队需要与客户充分沟通，了解客户的需求和期望，制订清晰的项目计划和需求规格书。其次，在项目执行阶段，项目管理团队需要协调开发团队的工作，确保软件的设计和编码符合客户的需求和质量标准。同时，他们还需要进行有效的测试和质量控制，确保软件的稳定性和性能符合要求。最后，在软件交付和维护阶段，项目管理团队需要与客户进行验收和培训，确保软件能够顺利投入使用，并及时解决可能出现的问题。

通过以上两个实例，我们可以看到，在不同类型的项目中，实现全面、系统的管理都是至关重要的。只有项目管理团队能够全面考虑各个方面的因素，并确保它们之间的协调和整合，才能够确保项目的顺利实施和完成，最终实现项目的目标和利益。

（二）预见性原则

1. 具有较强的预见性

全过程管理应具备较强的预见性，这意味着项目管理团队需要具备敏锐的洞察力和分析能力，能够提前识别和预测可能出现的问题、挑战和风险，并采取相应的措施进行应对和处理。在现代项目管理中，预见性被视为一种重要的能力，能够帮助项目团队在不确定的环境中做出正确的决策，保障项目的顺利进行和成功完成。

（1）敏锐的洞察力

项目管理团队需要具备敏锐的洞察力，能够及时发现项目中可能存在的问题和隐患。这包括对项目进展情况、团队合作关系、外部环境等方面的观察和分析，以便及时采取措施进行干预和调整。例如，在一个软件开发项目中，项目经理通过对团队成员的工作表现和项目进度的监控，发现了一个关键模块存在的技术难题，并及时调整了开发计划，避免了进一步的延误。

（2）准确地判断能力

除了具备敏锐的洞察力外，项目管理团队还需要具备准确的判断能力，能够对未来发展趋势和变化做出准确的预测。这需要项目管理团队具备丰富的行业经验和专业知识，能够对项目所处的行业环境和市场情况进行深入分析和判断。例如，在一个市场营销项目中，项目管理团队通过对市场趋势和竞争对手的分析，预见到了市场竞争的加剧和产品销售的下滑趋势，并及时调整了营销策略，保持了产品的市场竞争力。

2. 及时识别和应对问题和风险

预见性原则要求项目管理团队不仅要对已知的问题和风险进行有效管理，还要能够识别和应对那些潜在的、尚未显现出来的问题和风险。这需要项目管理团队具备全面的信息收集和分析能力，及时掌握项目进展情况，以便做出及时的决策和调整。

（1）全面的信息收集能力

项目管理团队需要具备全面的信息收集能力，能够获取项目相关的各种信息和数据，以便全面了解项目的进展情况和存在的问题。这包括对项目进度、成本、质量、风险等方面的信息进行收集和分析，以便及时发现和解决问题。例如，在一个新产品开发项目中，项目管理团队通过对市场调研、用户反馈、竞品分析等信息的收集和分析，及时发现了产品设计存在的问题，并采取了相应的改进措施。

（2）及时的决策和调整能力

除了全面的信息收集能力外，项目管理团队还需要具备及时的决策和调整能力，能够根据项目情况和需求做出准确的决策，并及时调整项目计划和执行方案。这需要项目管理团队具备灵活性和敏捷性，能够迅速响应项目中出现的问题和变化。例如，在一个市场推广项目中，项目管理团队通过及时调整广告宣传方案和推广渠道，应对了市场竞争的激烈变化，保障了项目的顺利实施和完成。

（三）灵活性原则

1.灵活适应项目实际情况和环境变化

全过程管理应具备灵活性，能够根据项目的实际情况和环境变化，及时调整管理策略和方法，以确保项目目标的顺利实现。这一原则要求项目管理团队能够灵活应对各种突发情况和不确定性因素，灵活调整资源配置和工作计划，以应对项目执行过程中的各种挑战和变化。

（1）灵活应对突发情况

在项目执行过程中，可能会出现各种突发情况，如人员变动、技术难题、供应链中断等。项目管理团队需要具备灵活性，能够迅速响应并应对这些突发情况。例如，当某个关键团队成员突然离职时，项目管理团队需要迅速调整团队组织架构，并进行必要的培训和资源调配，以确保项目进度不受影响。

（2）灵活调整资源配置和工作计划

随着项目执行过程中的不断变化，可能会出现资源需求的变动或工作计划的调整。项目管理团队需要根据实际情况，灵活调整资源的配置和工作计划，以确保项目能够顺利进行。例如，当某项任务出现延误时，项目管理团队需要重新评估资源分配情况，并可能调整其他任务的优先级或资源分配，以保证整体项目进度。

2.调整管理策略和方法

灵活性原则要求项目管理团队不僵化地按照既定计划和流程执行，而是根据实际情况和需求，灵活调整管理策略和方法。这包括对项目范围、进度、成本、质量等方面的灵活调整，以及对团队组织和沟通协调等方面的灵活应对，以确保项目能够在不断变化的环境中保持灵活性和适应性。

（1）灵活调整项目范围和目标

在项目执行过程中，可能会出现需求变更或目标调整的情况。项目管理团队需要能够灵活应对，并及时调整项目范围和目标，以适应变化的需求和环境。例如，当客户提出新的需求或调整原有的项目目标时，项目管理团队需要与客户进行充分沟通，并评估变更对项目进度和成本的影响，然后灵活调整项目范围和目标。

（2）灵活应对项目进度和成本变化

在项目执行过程中，可能会出现项目进度延误或成本超支的情况。项目管理团队需要能够灵活应对，并及时调整项目进度和成本计划，以确保项目能够按时交付并在预算内完成。例如，当项目出现进度延误时，项目管理团队可能会采取加班、调整工作计划或增加资源投入等措施，以缩短项目的执行周期。

（四）过程控制原则

1.强调对项目各个环节的过程进行有效控制

全过程管理注重对项目各个环节的过程进行有效控制，以确保项目目标的实现。这一原则要求项目管理团队对项目的各个阶段和关键过程进行全面监控和控制，及时发现和解决问题，确保项目按照计划顺利进行。

（1）全面监控项目各个阶段

在实施全过程管理的过程中，项目管理团队需要全面监控项目的各个阶段，包括规划、执行、监控和收尾阶段。通过对项目整个生命周期的监控，可以及时发现项目执行过程中的问题和风险，并采取相应的措施进行调整和处理。

（2）关注关键过程和环节

除了监控项目整个生命周期外，过程控制原则还要求项目管理团队重点关注项目执行过程中的关键过程和环节。这些关键过程和环节往往对项目的最终成功具有重要影响，需要进行更加细致和深入地监控和控制。例如，在一个软件开发项目中，关键过程可能包括需求分析、设计、编码、测试等，项目管理团队需要特别关注这些过程的执行情况，确保质量和进度的达到预期目标。

2.确保项目目标的实现

过程控制原则要求项目管理团队不仅要关注项目的最终交付成果，还要重视项目执行过程中的每一个环节和细节，确保每个过程都能够按照既定目标和标准进行控制，从而最终实现项目的整体目标。

（1）制定清晰的过程控制标准

为了确保项目目标的实现，项目管理团队需要制定清晰的过程控制标准，明确每个过程的执行要求和标准。这些标准可以包括质量要求、时间要求、成本要求等，以及相应的监控指标和控制方法。通过制定明确的标准，可以帮助项目管理团队更好地对项目的各个环节进行控制，并及时发现和解决问题。

（2）强调持续改进

除了制定过程控制标准外，过程控制原则还强调持续改进。项目管理团队需要不断总结经验教训，反思项目执行过程中存在的问题和不足，及时调整和改进管理方法和控制策略。通过持续改进，可以不断提高项目的执行效率和质量水平，从而更好地实现项目的整体目标。

（五）持续改进原则

1. 不断总结经验教训

全过程管理应不断总结项目执行过程中的经验教训，包括成功经验和失败教训，以及项目管理过程中的优点和不足，为未来项目的管理提供借鉴和参考。

（1）收集和记录经验教训

在项目执行过程中，项目管理团队应该及时收集和记录项目执行过程中的各种经验教训。这包括项目执行过程中取得的成功经验，如优秀的团队合作、高效的沟通方式、有效的问题解决方法等，以及失败教训，如错误的决策、不当的资源分配、未能及时发现和解决的问题等。通过收集和记录经验教训，可以帮助项目管理团队更好地总结经验，吸取教训，避免重复犯错。

（2）分析和归纳经验教训

收集和记录经验教训只是第一步，项目管理团队还需要对这些经验教训进行分析和归纳，找出其中的规律和原因。通过分析和归纳，可以帮助项目管理团队更深入地理解项目执行过程中的优点和不足，从而为未来项目的管理提供更有针对性地改进方案和建议。

2. 进行反馈和改进

持续改进原则要求项目管理团队能够根据经验教训进行反馈和改进，不断优化项目管理流程和方法，提高管理水平和效能。这包括对项目管理过程中的问题和挑战进行深入分析，制定改进措施和计划，并在实践中不断验证和调整，以实现项目管理的持续改进和提升。

（1）分析问题和挑战

项目管理团队应该对项目执行过程中出现的问题和挑战进行深入分析，找出问题的根本原因，分析造成问题的内在因素和外部环境，以及项目管理过程中存在的不足之处。只有通过深入分析，才能找到解决问题的有效途径和方法。

（2）制订改进措施和计划

在分析了问题和挑战的基础上，项目管理团队应该制订相应的改进措施和计划。这些改进措施和计划应该具体、可操作，包括对项目管理流程、方法和工具的优化，对团队组织和沟通协作机制的调整，以及对项目管理团队成员的培训和提升等方面的改进。通过制订改进措施和计划，可以帮助项目管理团队更好地应对项目执行过程中的挑战和困难，提高项目管理的水平和效能。

第二章 项目规划与准备阶段

第一节 市政道路规划与设计

市政道路规划与设计是城市道路与交通工程的起步阶段，其目的在于科学合理地规划城市道路系统，满足城市交通需求，提升交通效率和安全性。

一、城市交通需求分析

城市交通需求分析是道路规划与设计的第一步，它对城市交通系统的运行状况进行全面评估，以确定道路改建或新建的必要性和紧迫性。在这一阶段，需要进行以下方面的分析：

（一）交通流量分析

在进行城市交通需求分析时，首先需要对城市不同区域的交通流量进行调查和分析。这一步骤是为了了解道路的通行压力和拥堵状况，以确定交通改善的重点区域。

1. 收集

收集城市各个区域的交通流量数据，包括车辆流量、车速、车型分布等信息。可以通过交通监测设备、交通摄像头以及交通调查问卷等方式获取数据。

2. 流量分布分析

对收集到的交通流量数据进行分析，了解不同时间段和不同地区的交通流量分布情况。通过统计分析，找出交通高峰期和拥堵区域。

3. 瓶颈路段识别

识别出交通流量较大、通行能力相对不足的瓶颈路段。这些路段可能是城市交通拥堵的主要原因，需要重点考虑改善措施。

（二）交通状况评估

交通状况评估是对城市主要道路的交通状况进行综合评估，包括拥堵情况、交通事故发生频率等方面的分析，以确定改善的重点区域。

1. 拥堵情况分析

对城市主要道路的拥堵情况进行评估，分析交通高峰期的拥堵程度和持续时间，了解拥堵的原因和影响。

2. 交通事故分析

统计分析交通事故发生的频率、类型和原因，评估交通事故对道路通行的影响，为交通安全管理提供依据。

3. 交通运行效率评估

对城市道路的通行能力、车辆行驶速度等指标进行评估，分析道路运行效率的高低，确定改善的重点区域。

（三）交通结构分析

交通结构分析是指分析城市交通的组织结构，包括公共交通、私人交通和非机动车交通的比例和分布情况，以制定合理的交通优化方案。

1. 公共交通分析

评估城市公共交通的覆盖范围和运营情况，分析公共交通在城市交通系统中的地位和作用。

2. 私人交通分析

分析城市私人交通的车辆拥有量、出行特点等，了解私人交通对城市交通系统的影响。

3. 非机动车交通分析

分析城市非机动车交通的使用情况和安全问题，评估非机动车交通在城市交通中的地位和作用。

二、规划目标与原则确定

在城市道路规划设计中，需要明确规划的目标和原则，以确保设计方案符合城市交通发展的总体要求。具体内容包括：

（一）规划目标确定

在城市道路规划设计中，明确规划的目标至关重要，这些目标应该与城市交通发展的总体要求相一致，以指导后续设计方案的制订和实施。具体的目标确定为以下三个方面。

1. 提升交通效率

目标是通过优化道路布局和交通组织，提高城市交通系统的运行效率，减少交通拥堵和行车时间，提升通行能力和效率。

2. 优化交通结构

目标是合理规划城市道路网络，优化交通结构，提高交通系统的整体效能，促进不同交通方式的有序互联，实现多式联运，减少交通资源的浪费。

3. 改善交通环境

目标是通过规划设计，改善城市交通环境，减少交通污染和噪声，提升行车和行人的舒适度和安全性，促进城市可持续发展。

（二）原则制定

在规划设计过程中，需要遵循一系列基本原则，以确保设计方案的科学性、合理性和可行性。这些原则主要包括以下四项。

1. 安全性原则

设计应考虑交通参与者的安全，包括行人、骑行者、驾驶员等，采取措施确保道路交通安全，减少交通事故发生的可能性。

2. 便捷性原则

设计应使交通出行更加便捷和高效，包括缩短行车时间、提高通行速度、减少交通拥堵等，满足市民出行的需求。

3. 经济性原则

设计应充分考虑成本效益，尽量减少投资和运营成本，提高资源利用效率，确保规划设计的经济可行性。

4. 环保性原则

设计应考虑减少对环境的不良影响，包括减少排放物和噪声污染、保护生态环境、节约能源等，实现道路交通与环境的和谐共存。

三、道路路网布局与设计方案

在明确了城市交通需求和规划目标后，需要制定道路网的布局和设计方案，以满足城市交通发展的需求。具体包括以下三个步骤。

（一）综合分析

综合分析是制定道路网布局和设计方案的第一步，它需要考虑以下四种因素。

1. 城市地形地貌

考虑城市的地形地貌特点，如平原、丘陵、山地等，确定道路布局的基本方向和走向。

2. 土地利用现状

分析城市的土地利用现状，包括商业区、居住区、工业区等，确定不同区域的道路需求和优先级。

3. 人口分布

考虑人口密度和人口流动性，确定主干道路和支路的布局，以满足人口出行需求。

4. 交通流量分析

分析城市不同区域的交通流量，确定交通繁忙区域和交通拥堵点，为道路布局提供依据。

（二）设计参数确定

设计参数的确定是道路设计的基础，需要根据实际情况和交通需求进行合理设定。设计参数的确定主要包括以下四个方面。

1. 道路位置

根据综合分析的结果确定道路的位置和走向，连接城市各个重要区域和交通枢纽。

2. 道路长度

根据交通需求和城市规划，确定道路的长度范围，确保道路能够满足预期的通行需求。

3. 道路宽度

根据道路等级和功能，确定道路的宽度，包括车道宽度、人行道宽度、绿化带宽度等。

4. 车道数

根据交通流量和道路等级，确定道路的车道数，确保道路通行能力符合实际需求。

（三）交通组织方案

交通组织方案是道路设计的关键内容之一，它直接影响着交通系统的运行效率和交通安全性。交通组织方案主要包括以下三个方面。

1. 车道设置

根据道路等级和通行流量，合理设置车道，包括快车道、慢车道、超车道等，确保交通畅通。

2. 交叉口布局

设计交叉口的类型和布局，包括十字路口、环形交叉口、T 型交叉口等，优化交通流动，减少交通拥堵。

3. 交通信号控制

在需要设置交通信号的路段，根据交通流量和交叉口类型，合理设置信号控制方案，提高交通效率。

四、城市道路交通分析与交通工程设计技术要点

（一）城市道路交通设计的局限性分析

城市在规划和建设过程中，交通始终都是最基本和最重要的课题，能否有效解决城市交通问题，便成为判别城市规划和建设是否合理高效的首要标准。城市道路是联系城市各组团、各功能区的纽带，若道路系统规划、设计不合理，就会导致路网无法畅通，进而说明城市道路建设力度不足。经济的发展加速了城市的扩张，机动车保有量的迅速增长彰显了交通基础设施的相对滞后，高额的建设成本也要求城市道路交通系统必须具备高质量。就目前我国城市建设情况来看，城

市道路交通设计主要存在以下三个方面的限制因素。

1. 道路交通设计缺乏长远考虑

城市老旧区域的道路交通设计往往受到历史和资源的限制，导致缺乏对长远发展的考虑。这些区域的道路规划和设计主要是为了满足当时的通行需求，而未能充分预见到未来城市发展对道路交通系统的需求变化。例如，一些历史悠久的城市区域可能存在狭窄的街道和曲折的道路布局，这种设计在当时可能足以满足交通需求，但随着城市的发展和人口的增加，这些道路的瓶颈效应逐渐显现出来。

在这种情况下，一旦道路沿线的地块开发完成，后期对道路交通系统的升级改造就变得异常困难。因为这些老旧区域的道路规划和建设受到历史遗留问题的影响，要进行扩建或改造需要征地、拆迁等一系列复杂的程序和巨大的成本。而且，由于城市的发展是动态变化的，可能会出现无法预测的未来需求，使得道路交通设计的长远性变得更加困难。

2. 对某些道路功能定位和交通量预测不准

城市道路交通设计中，对某些道路的功能定位和交通量预测不准确，导致道路红线预留不足、横断面设计不合理，进而加剧了交通拥堵问题。这种情况主要出现在城市规划和发展过程中，对未来交通需求的预测不够准确，或者对某些地区的发展趋势和规模估计不足。

例如，一些新兴的城市区域可能由于城市升级或人口规模增大，地块开发强度不断提高，但是原有的道路系统却无法适应快速增长的出行需求。这导致整个片区的交通系统运转不畅，频繁出现交通拥堵和行车延误的情况。同时，由于对交通量的预测不准确，可能导致道路红线预留不足，使得后期道路改建或拓宽难度加大，增加了城市道路交通系统的维护和管理成本。

3. 城市道路交通系统对于安全、美观等方面的要求不足

城市道路交通系统不仅要满足交通运输功能的需求，还要考虑到安全性、美观性等方面的要求。然而，在一些城市道路交通设计中，这些方面的要求往往被忽视，导致道路绿化景观存在较多缺陷。

城市道路交通系统是城市面貌和景观的集中体现，而在某些地区的设计中存在诸多不足之处。例如，道路绿化不足、景观设计单调、道路硬化程度高等问题，使得道路缺乏人文关怀和城市美感。这不仅影响了城市居民的生活品质，也与现代城市规划和建设的高标准、高品质要求不符合。因此，城市道路交通设计应更加注重安全、美观等方面的要求，与城市整体规划相协调，营造宜居宜行的城市环境。

（二）城市道路交通分析及工程设计

城市道路交通系统的主要功能就是能够实现通行，将城市中各个功能单元联系起来，形成一个高效运转的系统。道路系统发挥作用的程度是规划设计是否合理有效的主要评价标准，也是所有城市进行道路交通系统规划和建设时必须重点考虑的一项内容，在此基础上才能研究采用何种标准、何种新技术等具体技术要点方面的问题。

1. 城市道路基本功能分析

（1）城市交通功能

城市道路的最基本功能是承载和管理城市的车流和人流，促进城市内部和城市之间的交流和联系。道路网络的建设和运行直接影响着城市的交通畅通程度和运行效率。通过合理规划和设计不同等级的道路，可以满足城市内不同区域对通行的需求，从而保障城市的正常运转。例如，主干道路承担着快速通行的功能，支路和街道则服务于居民区和商业区，连接起城市的各个功能区域。

另外，随着城市的发展，需要通过设置高架、隧道等设施来提高道路网络的立体化程度，构建起更加完善和高效的城市交通系统。这些设施可以有效地分流车流量，减少交通拥堵，提高道路通行效率，进而促进城市的经济发展和社会进步。

（2）城市景观功能

城市道路不仅仅是交通的通道，也是城市的重要景观之一，承载着城市的风貌和文化内涵。因此，在道路的规划和设计中，需要充分考虑景观功能，使道路既能满足交通需求，又能够美化城市环境，提升城市的形象和品质。

景观功能的体现主要包括道路本身的设计和布局，以及与周边环境的协调和融合。例如，通过合理的路缘绿化、景观照明和公共艺术装置等手段，使道路变得更加宜人和具有艺术感，增强了市民的归属感和幸福感。同时，道路的景观设计也可以反映城市的历史文化和地域特色，为城市增添独特的人文魅力和吸引力。

（3）城市经济功能

城市道路交通系统不仅是人流的通道，也是物流的重要通道，为城市的经济活动提供了必要的支撑和保障。通过道路网络，各种商品和服务可以顺畅地流通，促进了城市内外的经济交流和合作。

良好的道路交通系统设计可以提升经济运营效率，降低产业运输成本，促进产业结构的优化和升级。特别是在现代城市中，交通便捷性和通达性已成为吸引企业和人才的重要因素之一，因此，城市道路的设计和建设也直接影响着城市的经济发展水平和竞争力。

（4）城市其他辅助性功能

城市道路交通系统还与其他基础设施密切相关，形成了城市综合交通运输体系的重要组成部分。与轨道交通系统配合，形成了多层次、多模式的综合城市交通网络，提供了多样化的出行选择和便利。同时，与综合管线系统的配套建设，使得城市基础设施建设更加高效和协调，为城市的可持续发展奠定了坚实的基础。

2. 城市道路交通设计的基本准则

充分了解城市道路交通系统的功能定位，是对其进行设计的基础。为保证设计达到预期效果，设计准则是确保设计功能能够得到实现，需要在设计过程中必须坚持标准或者原则。

（1）设计师应坚持以人为本

城市道路交通系统的设计应当以人为本，这是保障道路系统能够真正为城市居民和出行者提供便利和安全的关键。在道路设计中，需要充分考虑道路使用者的需求和利益，以确保设计的道路系统能够满足他们的实际需求，并为他们提供舒适、便利的出行环境。以下是设计过程中应坚持的三项准则。

①强调道路的可用性和便利性

设计道路交通系统时，必须考虑到不同用户群体的出行需求，并确保道路系统能够满足他们的实际需求。这包括公共交通、私家车、自行车和行人等各种出行方式的需求。例如，在城市主干道路的设计中，需要确保道路宽度和交通流量能够满足私家车和公共交通的需求，同时也要考虑到行人和自行车的通行安全和便利。

②强调道路的使用安全性

道路交通设计必须将使用安全性放在首位，确保道路系统能够最大限度地保障道路使用者的生命安全和财产安全。这包括设计合理的交通信号灯、行人过街设施、交通标志和标线等，以提高交通流的有序性和安全性。此外，还需要考虑到道路沿线的道路照明、交通监控设备等，以提高夜间和恶劣天气条件下的交通安全性。

③强调道路的环境友好性

设计的道路系统不仅要满足交通需求，还要尽量减少对周边环境的负面影响，保护城市的生态环境和人居环境。在设计过程中，需要采取一系列的生态环境保护措施，包括减少土地开垦、合理配置绿化带和排水系统等，以保护城市的生态环境，提高道路系统的环境友好性。

（2）设计必须符合城市特色

城市道路交通系统的设计必须符合城市的特色和文化，这是保障道路系统与城市环境相协调，为城市增添独特魅力的关键。以下是设计过程中应坚持的两条准则。

①结合地域特征与城市风貌

城市道路的设计应该结合城市所在地的地域特征和文化传统，将城市的历史、文化和地域特色融入道路的设计中，形成具有地方特色和城市风貌的道路系统。例如，在城市的老城区，可以采用传统的石板路和青石板路来强调城市的历史文化和传统风貌。

②保持与城市总体形象的一致性

设计的道路系统应与城市的总体规划和形象相协调，与城市的建筑风格、道路布局和绿化环境相一致。在设计过程中，需要考虑到道路系统与城市其他基础设施的协调配合，保持城市总体形象的一致性和统一性。例如，在城市的新建区域，可以采用现代化的设计手法和材料，与城市的新型建筑风格相一致，营造现代、时尚的城市形象。

（三）城市道路交通工程设计技术及技术要点分析

交通工程设计是城市道路规划和建设的必要环节，对道路系统建设有着至关重要的影响。从工程设计技术内容和技术要点两个层面进行深入分析，确保设计效果和建设目标都能实现，这是进行工程技术设计的主要任务之一。

1. 城市道路交通设计技术内容

按照所能实现的功能对设计技术内容进行分析，城市道路交通设计技术主要包括以下三个方面。

（1）城市道路交通分类设计技术

在城市道路交通设计中，分类设计技术是根据不同道路的技术等级、功能定位、服务对象、主要交通流向和沿线环境等因素进行具体分析和选择的重要手段。以下是城市道路交通分类设计技术的三项主要内容。

①道路通行方式的设计

根据不同道路的功能和通行需求，进行合理的通行方式设计。例如，对于商业街道，需要设置合适的宽度范围，以满足人流量的控制和引导；而对于主干道，则需要考虑车辆通行的效率和安全性，可能需要设置双向或单向通行，以及合适的车道数量和宽度。

②人行道和绿化带的设计

针对不同类型的道路，设计合适的人行道和绿化带。人行道宽度的设置需要考虑到行人流量的大小，同时也要注意通行安全和建设成本的问题。绿化带的设计要保证其美观和合理性，同时考虑到对道路交通的影响和环境保护的需要。

③沿线景观设计

通过合理的沿线景观设计，增强道路的美观性和城市形象。景观设计需要考虑道路的功能和使用特点，选择合适的绿化植物和景观元素，打造具有地方特色和城市风貌的道路景观。

（2）城市主干道设计技术

城市主干道是城市交通系统中的主要组成部分，其设计直接影响着城市的交通效率和运行效果。城市主干道设计技术主要包括以下三个方面的内容。

①通行效率的设计

主干道设计应注重通行效率，包括车辆通行的顺畅性和行人交通的安全性。需要合理设计道路的车道宽度、交叉口设置和交通信号灯等，以提高道路的通行效率和安全性。

②交通辅助性设施的设计

在主干道设计中，需要考虑到交通辅助性设施的合理设置，包括公交车站、人行天桥、过街设施等。这些设施的设置要尽量减少对主线车流的干扰，提高道路的安全性和通畅性。

③道路隔离设施的设计

为提高主干道的安全性，需要设置合适的道路隔离设施，包括中央隔离带、路缘石和护栏等。这些设施可以有效分隔车辆和行人通行区域，减少交通事故的发生率。

（3）保障道路安全功能设计技术

道路安全功能设计技术是城市道路交通设计中至关重要的一环，直接关系到道路使用者的生命安全和财产安全。保障道路安全功能设计技术主要包括以下三个方面的内容。

①合理规划出入口位置

对沿线地块的车辆出入口位置进行合理规划，减少交通拥堵和安全隐患。需要考虑到出入口的位置和方式，以及与道路交通系统的协调配合，确保道路通畅和安全。

②交通安全设施的设置

在道路设计中设置各种交通安全设施，包括交通信号灯、标志标线、行人过街设施等，以提高道路的安全性。这些设施可以有效引导和控制交通流，减少交通事故的发生率。

③交通流量分析与控制

通过对道路交通流量的分析，合理控制交通流量，减少拥堵和事故发生的可能性。可以采用交通仿真软件进行模拟分析，优化道路设计方案，确保道路交通系统的顺畅和安全。

2.城市道路交通工程设计技术要点分析

对城市道路交通工程设计技术进行分析，从目前我国大多数城市的应用情况来看，其要点主要包括三个方面，如表1所示。

表1 城市道路交通工程设计技术要点

编号	城市道路交通工程设计技术要点	范例
1	城市交通枢纽设计	站前广场
2	道路交通工程设计	交通安全设施
3	道路景观设计	侧分带及中央绿化带

（1）城市交通枢纽设计

城市交通枢纽设计是城市道路交通规划与设计中的重要组成部分，其合理性和科学性直接影响着城市交通系统的运行效率和交通网络的畅通程度。在设计城市交通枢纽时，需要考虑诸多因素，包括交通流量、交通组织、人流组织、空间利用等方面，以实现交通枢纽的高效运行和良好的服务功能。

①交通流量分析

在城市交通枢纽设计中，首先需要进行交通流量分析，了解该区域的交通流量特点，包括不同交通方式的流量分布、高峰时段的交通压力、流量峰值等。通过对交通流量的分析，可以确定交通枢纽的设计标准和容量，以满足日益增长的交通需求。

例如，以某城市的火车站为例，通过对火车站周边道路的交通流量进行调查和统计，发现高峰时段出现了车辆和行人交通拥堵的情况，尤其是进出站口附近。这表明火车站交通枢纽的设计需要重点关注进出站口的交通组织和流线设计，以缓解交通压力和提升通行效率。

②交通组织设计

交通枢纽的交通组织设计是确保交通流畅和安全的关键。在设计过程中，需要考虑到不同交通方式的分流和优先级，合理设置车辆和行人通行区域，确保交通流线畅通无阻。同时，还要考虑到交通枢纽与周边道路的衔接，通过科学的交通组织设计，实现交通枢纽与城市道路的有机连接。

例如，在城市地铁站前广场的交通组织设计中，可以采取设置人行天桥或地下通道等措施，将进站和出站的行人流线进行分离，避免行人与车辆交叉干扰，提高行人通行安全性。同时，通过设置公交专用车道和站点，优化公交车辆的通行条件，提高公共交通的运行效率。

③空间利用与功能布局

在交通枢纽设计中，需要充分利用有限的空间资源，实现交通设施与功能的合理布局。通过科学的空间规划和设计，实现交通设施的集约利用和功能的互相补充，提高空间利用效率和交通枢纽的综合服务水平。

例如，在城市交通枢纽设计中，可以将停车场、换乘中心、客运站等功能区域进行合理布局和组织，使得不同功能区域之间互相衔接，便于乘客的换乘和出行。同时，还可以在交通枢纽周边设置商业服务设施和公共设施，满足市民的日常生活需求，提升交通枢纽的综合服务功能。

（2）道路交通工程设计技术

道路交通工程设计技术涉及多方面因素，包括车行道设计、过街设施规划、人行道设计等，在确保交通安全和通行效率的前提下，需要充分考虑道路使用者的需求和行为特点，以及道路环境的实际情况。

①车行道设计

车行道的设计在道路交通工程中至关重要，其合理性直接影响着车辆行驶的安全和顺畅。针对不同类型的道路和交通流量，设计者可以考虑采用对向车流分离或机械分离的方式，通过设置硬性隔离来减少车流之间的干扰，从而提高行车安全性。

例如，在城市快速路设计中，可以采用中央隔离带将对向车流进行分离，以确保车辆行驶的安全性和稳定性。例如，中国的一些城市在城市主干道上设置了隔离式单向快速路，有效地提高了车辆行驶的效率和安全性。

②过街设施规划

过街设施的合理规划是保障行人安全的重要措施之一。设计者需要根据沿线客流流向和最优路径确定过街位置，合理规划路口间距、路段过街设施位置及信号配时，以提高道路的通行效率和行人的安全性。

例如，在繁华商业街道设计中，设计者可以通过设置人行天桥、地下通道或者合理规划斑马线等过街设施，来确保行人安全过街，同时不影响车辆的通行。例如，东京的新宿区设置了多处人行天桥和地下通道，为行人提供了安全便捷的过街通道，有效缓解了人车交通的冲突。

③人行道设计

人行道的设计需要充分考虑人流量的大小、设施带的影响以及通行的连续性和平整度。设计者还应当避免路权及无障碍通道的中断或者错位，以确保行人的通行安全和舒适度。

例如，在城市居民区的人行道设计中，设计者可以通过设置适当的宽度、坡度和无障碍设施，为行人提供舒适、安全的通行环境。例如，日本的一些城市将人行道设置成为多功能空间，不仅用于行人通行，还可以作为休憩、健身等活动的场所，有效提升了城市的人居环境质量。

（3）道路景观设计

道路景观设计在城市规划和建设中具有重要意义，不仅可以美化城市环境，提升城市形象，还可以改善道路周边的生态环境，增强市民的生活品质。其中，道路设置绿化隔离带是一种常见的景观设计手段，它不仅能够美化道路，还能够起到一定的环境保护和生态改善作用。

绿化隔离带的设置对于道路环境的改善具有多重作用。第一，绿化隔离带可以有效提高道路的绿化率，增加城市的绿色空间，为市民提供愉悦的视觉享受和休闲场所。通过合理的植被配置和景观布局，可以打造出各具特色的绿化景观带，丰富城市的景观形态，增添城市的文化氛围。

第二，绿化隔离带还可以起到缓解交通压力和改善道路环境的作用。在道路红线宽度有限的情况下，科学合理地设置绿化隔离带可以有效降低道路周边的噪声和污染，净化空气，改善城市的空气质量，为市民提供良好的生活环境。同时，绿化隔离带还可以起到一定的隔离作用，分隔车行道和人行道，提高行车和行人的安全性。

第三，绿化隔离带的设置还可以促进生态系统的恢复和保护。通过选择适宜的植物种类和生长方式，可以建立起多样化的生态系统，为城市的生物多样性提供保障，增加城市的生态稳定性和抗灾能力。同时，绿化隔离带还可以起到保护土壤和水源的作用，减少水土流失，提高城市的环境承载力。

第二节　施工前期调查与准备

施工前期调查与准备是项目实施的前奏，对施工过程的顺利展开具有重要意义。这一阶段主要包括对工程所在地的环境、资源、施工条件等进行全面调查和评估，为后续施工提供必要的准备工作。

一、地质与地形调查

地质与地形调查是施工前期的重要环节之一，其主要内容包括：

（一）地质构造分析

地质构造分析是地质调查的核心内容之一，通过对工程区域的地质构造特征进行综合分析，为工程设计和施工提供必要的地质信息和依据。该分析包括以下具体步骤：

1. 地质资料收集

在进行地质构造分析之前，需要收集工程区域的相关地质资料，包括地质地图、地质调查报告、钻探资料等。这些资料能够提供关于地质构造、地层分布、岩性特征等方面的重要信息，为后续分析提供基础。

2. 构造形态分析

分析工程所在地的构造形态是地质构造分析的重要内容之一。这包括对地表形态的观察和分析，如山脉、平原、丘陵等地貌特征。同时，还需要关注地下构造，包括断裂、褶皱、岩性变化等构造形态的特征，了解地质构造对工程稳定性和地质灾害风险的影响。

3. 地层特征评估

评估工程区域的地层特征对于地质构造分析至关重要。这包括对地层的类型、厚度、产状、岩性、含水层情况等方面的评估。地层的特征直接影响着工程的基础设计、地质灾害风险评估和施工方法选择等，因此需要进行细致的地质调查和分析。

（二）土层情况评估

土层情况评估是地质调查中至关重要的一环，通过对工程区域土壤的类型、厚度和承载力等进行综合评估，为工程设计和施工提供重要参考依据。该评估包括以下具体步骤：

1. 土壤类型分析

（1）土壤种类调查

对工程区域的土壤种类进行调查和分类分析。常见的土壤类型包括砂土、壤土、粘土、淤泥等，各种土壤类型具有不同的物理性质和工程特性。

（2）土壤性质评估

分析各种土壤类型的物理性质，如密实度、含水量、流动性等，以及工程特性，如承载力、渗透性、膨胀性等。这些性质对工程的基础设计、地基处理和施工方法选择具有重要影响。

2. 土层厚度测定

（1）钻孔勘测

通过地质勘探方法，如钻孔勘测、岩芯取样等，测定工程区域不同地段的土层厚度。钻孔勘测可以直接获取土壤剖面的信息，了解土层的分布情况和厚度变化规律。

（2）地质剖面绘制

根据钻孔勘测结果，绘制工程区域的地质剖面图，清晰展示土层的分布情况和厚度变化。地质剖面图有助于工程师全面了解土壤层位和地质构造，为地基设计提供重要参考依据。

3. 土壤承载力评估

（1）现场试验

进行土壤力学性质的现场试验，如标贯试验、动力触探试验等，测定土壤的承载力、压缩模量等参数。这些参数能够直接反映土壤的力学性质和变形特性。

（2）工程案例分析

基于历史工程案例和经验数据，评估工程区域土壤的承载力，并根据实际情况进行修正和调整。通过对类似工程的分析，可以更准确地评估土壤的承载能力。

（三）地形地貌研究

地形地貌研究在工程地质调查中具有重要意义，它有助于工程师全面了解工程区域的地形特征和地貌类型，为工程设计和施工提供重要参考依据。以下是地形地貌研究的具体步骤：

1. 地形特征观察

（1）地表起伏观察

通过实地考察和航拍影像等方式，观察工程区域的地表起伏情况，包括山峦起伏、平原河谷、丘陵起伏等地貌特征。

（2）地势高低测量

利用地形测量仪器或卫星遥感技术，测量工程区域的地势高低，获取地形高程数据，了解地形地貌的高程变化规律。

2.地貌类型划分

（1）山地类型划分

根据地形特征和地势起伏，将工程区域划分为不同类型的山地地貌，如高山、丘陵、山谷等。

（2）平原类型划分

对地形平坦、地势较低的区域进行划分，包括平原、河滩、湖泊等平原地貌类型。

（3）丘陵类型划分

对地形起伏较为柔和、地势逐渐升高的区域进行划分，包括丘陵、坡地等丘陵地貌类型。

3.地形变化规律分析

（1）地貌演化过程分析

研究工程区域地形地貌的演化过程，了解地表地貌的形成原因和演变规律，包括构造运动、风化侵蚀等地质作用的影响。

（2）地形地貌特征分析

分析工程区域不同地貌类型的特征和特点，包括地貌形态、地表覆盖、水系分布等，为工程设计和施工提供依据。

二、环境影响评估

环境影响评估是施工前期的重要任务，其主要内容包括：

（一）环境资源调查

环境资源调查是环境影响评估的重要组成部分，它有助于全面了解工程项目所涉及的自然资源状况，为环境保护和可持续发展提供科学依据。以下是环境资源调查的具体内容：

1. 自然资源评估

（1）森林资源调查

调查工程区域的森林覆盖情况、植被类型和植被密度，评估森林资源的保护状况和可持续利用潜力。

（2）水资源调查

调查工程区域的水资源分布情况，包括河流、湖泊、水库和地下水等，评估水资源的量、质和分布特征。

（3）土壤资源调查

调查工程区域的土壤类型、厚度、质地和肥力情况，评估土壤资源的适用性和利用潜力。

2. 水资源状况调查

（1）河流调查

调查工程区域的河流数量、流量、水质和水文特征，评估河流对工程项目的影响和利用价值。

（2）地下水调查

调查工程区域的地下水位、水质和补给状况，评估地下水资源的可持续利用性和保护需求。

（3）水库调查

调查工程区域的水库数量、容量、蓄水量和调度特征，评估水库的供水、发电和防洪功能。

3. 土壤资源利用评估

（1）土壤类型调查

调查工程区域的主要土壤类型和分布情况，评估土壤的物理性质、化学性质和适用性。

（2）土地利用评估

评估工程区域的土地利用现状和规划情况，分析土地利用的合理性和可持续性，为土地资源的保护和合理利用提供建议。

（二）生态系统评估

生态系统评估是环境影响评估的重要组成部分，旨在全面了解工程项目对生物多样性、生态平衡和生态功能的影响，从而采取相应的保护和修复措施，确保生态环境的持续健康。以下是生态系统评估的具体内容：

1. 生物多样性调查

（1）物种调查：对工程区域内的植物和动物物种进行调查和分类，记录各类物种的数量、分布和生境偏好。

（2）物种丰富度评估：评估工程区域内的物种丰富度，包括物种的多样性指数、优势度指数等，了解生物多样性的程度。

（3）威胁物种识别：确认工程区域内是否存在受到威胁的物种，如濒危物种、特有物种等，评估其受到的威胁程度。

2. 生态平衡评估

（1）生态系统结构分析：分析工程区域内生态系统的组成结构，了解各种生物和非生物要素之间的相互作用和平衡关系。

（2）生态系统稳定性评估：评估生态系统的稳定性和韧性，了解其对外部干扰和变化的适应能力和响应速度。

（3）生态系统服务功能分析：分析生态系统对环境的调节、供给、支持和文化等各方面的服务功能，评估其对人类社会的价值和贡献。

3. 生态功能评估

（1）生态调节功能评估：评估生态系统对水源涵养、土壤保持、气候调节等方面的调节功能，了解其对环境的影响和调节作用。

（2）生态净化功能评估：评估生态系统对水体、大气和土壤的净化功能，了解其对污染物的吸附、分解和转化能力。

（3）生态景观功能评估：评估生态系统对人类文化、休闲和美学的景观功能，了解其对人类生活和精神需求的满足程度。

（三）气候条件分析

气候条件分析在环境影响评估中扮演着重要角色，它涵盖了对工程所在地气候特征、变化趋势以及对施工活动的影响等方面的评估。以下是对气候条件分析的详细阐述：

1. 气候数据收集

气候数据的收集是进行气候条件分析的基础，包括以下关键气象要素：

（1）气温：收集工程区域的气温数据，包括日、夜、季节和年际变化，以了解气温的变化规律和极端气温事件的发生频率。

（2）降水量：收集降水量的历史数据，包括降水量的季节分布、频率和强度，以评估降水对施工活动和环境的影响。

（3）风速和风向：获取风速和风向数据，分析风的季节性变化和主导方向，以评估风对施工安全的影响。

（4）湿度：收集湿度数据，了解工程区域的湿度变化趋势，对土壤、材料和施工工艺等方面的影响进行评估。

2.气候对施工的影响评估

气候条件对施工活动有着直接和间接的影响，需要进行综合评估：

（1）健康影响：高温、寒冷、高湿度等极端气候条件可能对施工人员的健康造成影响，需要制定相应的防护和安全措施。

（2）施工进度影响：大雨、暴雨等降水事件可能导致工地积水、泥浆流失等问题，影响施工进度和质量，需要制定排水和防水措施。

（3）设备性能：极端气候条件可能影响施工设备的性能和稳定性，需要选择适应气候条件的设备或者采取相应的保护措施。

3.气候变化趋势分析

气候变化对工程项目具有长期影响，因此需要对气候变化趋势进行分析：

（1）温度变化趋势：分析工程区域的气温变化趋势，了解气候变暖或变冷的趋势，为工程设计和规划提供依据。

（2）降水变化趋势：评估降水量的变化趋势，了解干旱或降水增多的可能性，以采取相应的应对措施。

（3）极端天气事件频率：分析极端天气事件（如暴雨、强风、干旱等）发生的频率和强度，评估其对工程安全和可持续性的影响。

三、工程技术可行性评估

工程技术可行性评估是施工前期必不可少的一环，其主要内容包括：

（一）工程设计方案评估

1. 方案可行性分析

方案可行性分析是评估工程设计方案在技术、经济、环境等方面是否具备实施条件的过程。具体包括：

（1）技术可行性：评估方案中所采用的技术手段是否成熟、可靠，是否能够实现设计目标。需要考虑技术的先进性、适用性和可操作性。

（2）经济可行性：分析设计方案的投资成本、运营成本和收益预期，评估项目的投资回报率和财务可行性。需要考虑成本效益、资金来源等因素。

（3）环境可行性：考虑设计方案对环境的影响，包括土地利用、水资源、大气环境、生态保护等方面的影响，确保方案符合环保要求，不会造成严重的环境污染或生态破坏。

2. 技术创新性评估

技术创新性评估是评估设计方案中的技术创新点是否具备实际应用的可行性和效益。具体包括：

（1）技术先进性：评估设计方案中所采用的技术是否处于行业领先水平，是否具备前瞻性和可持续发展性。

（2）技术适用性：分析设计方案中的技术创新是否适用于具体工程项目，是否能够解决项目面临的技术难题和瓶颈。

（3）效益评估：对技术创新点的预期效益进行评估，包括成本节约、效率提升、资源利用效率等方面的效益。

3. 方案可行性验证

方案可行性验证是通过模拟计算、实验验证等手段对设计方案进行验证，及时发现和解决存在的问题和隐患。具体包括：

（1）模拟计算：利用计算机模拟软件对设计方案进行仿真计算，评估方案在不同条件下的性能和稳定性。

（2）实验验证：在实验室或试验场地进行实验验证，对设计方案进行实际测试，验证方案的可行性和有效性。

（3）问题解决：发现问题和隐患后，及时采取措施进行调整和改进，确保设计方案符合工程实际需求。

（二）施工工艺可行性分析

施工工艺可行性分析是确保工程施工顺利进行的重要环节，旨在评估施工工艺的实施情况和可能面临的挑战，以及提出优化建议。以下将对施工工艺可行性分析的三个关键方面展开详细讨论。

1. 工艺流程分析

工艺流程分析是对施工工艺流程进行详细评估的过程，具体包括：

（1）操作性评估：评估施工工艺流程的操作性，包括操作步骤的清晰度、操作方法的简便性等，确保施工人员能够顺利执行工艺流程。

（2）稳定性评估：分析工艺流程的稳定性，即在不同条件下工艺流程的稳定性和可靠性，以确保施工过程不受外界因素影响。

（3）效率评估：评估工艺流程的效率，包括施工周期、资源利用效率等方面的评估，以确保施工过程能够高效进行。

2. 工艺风险评估

工艺风险评估是分析施工工艺可能面临的风险和难点的过程，具体包括：

（1）风险识别：对施工工艺可能存在的各种风险进行识别和分类，包括技术风险、安全风险、环境风险等。

（2）风险评估：对识别的风险进行评估，包括风险的概率、影响程度、紧急程度等方面的评估，以确定各项风险的优先级和重要性。

（3）风险应对策略：制定针对性的风险应对策略，包括风险预防、控制、应急处理等方面的策略，以防止风险的发生和影响。

3. 工艺优化建议

工艺优化建议是针对施工工艺存在的问题和不足提出的改进措施，具体包括：

（1）流程优化：提出对施工工艺流程的优化建议，包括简化流程、优化操作步骤等，以提高施工效率和质量。

（2）设备更新：提出更新和改进施工设备的建议，以提高设备性能和使用效率。

（3）人员培训：提出对施工人员的培训建议，以提高其操作技能和应对能力，确保施工工艺的顺利实施。

（三）技术设备适用性评估

技术设备适用性评估是确保施工过程顺利进行的关键环节之一，旨在评估所选用的技术设备在工程施工中的适用性和性能表现。以下将对技术设备适用性评估的三个关键方面进行详细讨论。

1. 设备性能评估

设备性能评估是对所选用的技术设备性能进行全面评估的过程，具体包括：

（1）稳定性评估：评估设备在长期使用过程中的稳定性，包括设备的工作稳定性、性能稳定性等方面。

（2）可靠性评估：评估设备的可靠性，包括设备的故障率、维修周期等方面，确保设备在施工过程中能够持续稳定运行。

（3）适用性评估：评估设备在工程施工中的适用性，包括设备的使用范围、适用条件等方面，确保设备能够满足工程需求。

2. 设备配套性分析

设备配套性分析是分析设备之间的配套性和协同性的过程，具体包括：

（1）设备协同性评估：评估不同设备之间的协同工作能力，包括设备之间的数据交换、信号传递等方面，确保设备能够协同工作，提高施工效率。

（2）配套设备匹配评估：分析不同设备之间的配套性，包括设备之间的功能互补性、使用匹配性等方面，确保设备之间能够相互配合，提高施工效率。

3. 设备更新换代规划

设备更新换代规划是根据工程的长期发展规划，评估设备的更新换代需求的过程，具体包括：

（1）设备更新周期评估：评估设备的更新周期，包括设备的更新换代周期、更新频率等方面，确保设备能够及时更新以适应工程的技术要求和市场需求。

（2）更新换代方案规划：制定设备的更新换代方案，包括设备的更新时间、更新内容等方面，确保设备能够及时更新以提高施工效率和质量。

第三章 施工过程管理

第一节 施工队伍组织与管理

在施工过程中，施工队伍的组织与管理是保证工程顺利进行的关键环节。这包括对施工队伍的组建、管理、培训等方面进行有效地管理与协调。

一、施工队伍组建

（一）规模确定

在确定施工队伍规模时，需要综合考虑以下四个因素。

1. 工程规模和复杂程度

工程规模和复杂程度是确定施工队伍规模的重要考量因素。这两个因素直接影响着项目所需的人力资源数量和结构。下面将从不同角度展开讨论，并通过实例加深分析，阐述它们对施工队伍规模的影响。

一方面，工程规模是指工程项目的总体大小和范围，通常以项目所涉及的面积、体积或工程量来衡量。对于大型工程，如高层建筑、大型桥梁、基础设施等，由于其项目量庞大，工期较长，因此需要庞大的施工队伍来保证施工进度和质量。例如，一座高层建筑的施工需要涉及多个施工区域、大量的建筑材料和设备，以及复杂的施工工艺和流程。为了保证施工能够按时完成并达到质量要求，需要一个庞大的施工队伍，包括各种技术工人、管理人员和专业工程师。相反，对于小型工程，如住宅小区、短距离道路等，由于其规模较小，所需施工队伍规模相对较少。

另一方面，工程复杂程度是指工程项目在技术、管理和资源等方面的复杂程度。复杂度越高的工程项目，所需的施工队伍规模通常也越大。例如，一座大型桥梁的施工涉及复杂的土木结构设计、高空作业、水下施工等技术要求，需要大量的专业技术人员和高素质的施工队伍来保障施工质量和安全。相比之下，一处简单的住宅建设项目可能只需要一支规模较小的施工队伍即可完成。

2. 施工周期

施工周期是指工程项目从开始到完成所需要的时间长度。长期工程通常涉及更长的施工周期，这意味着需要更长时间的人力资源投入。因此，对施工队伍规模的确定需要考虑到工程的持续性人员配备和管理，以确保在整个施工周期内有足够的人力资源支持项目的顺利进行。

第一，长期工程的施工周期可能涉及较长时间的连续施工，需要确保施工队伍在整个周期内的稳定性和持续性。例如，一个大型基础设施建设项目可能需要持续数年的施工时间，因此需要建立一支长期稳定的施工队伍，以确保在整个施工周期内有足够的人力资源支持项目的顺利进行。这就需要对人员的招聘、培训、管理和离职等方面进行全面规划和管理，确保施工队伍的稳定性和持续性。

第二，长期工程需要考虑到人员的疲劳和变动因素。长期的连续施工可能会对施工人员的身体和心理造成一定程度的压力和疲劳，可能导致人员的离职或变动。因此，项目管理者需要采取措施，如定期轮换工作岗位、提供培训和技能提升机会、提供良好的工作环境等，以减轻人员的疲劳感和增加他们的工作满意度，从而提高施工队伍的稳定性和持续性。

第三，长期工程的施工周期可能会受到外部因素的影响，如自然灾害、政策变化、市场波动等，这可能会导致施工周期的延长或缩短。因此，项目管理者需要及时调整施工队伍的规模和结构，以适应外部环境的变化，确保项目能够按计划进行并达到预期目标。

3. 技术要求

高技术含量的工程项目往往需要更多的专业人才，这些人才具备特定的技能和知识，能够确保施工质量和技术标准的达标。在确定施工队伍规模时，必须充分考虑工程的技术要求，以确保项目能够顺利进行并达到预期目标。

第一，高技术含量的工程项目需要具备特定的专业知识和技能。例如，在一个复杂的建筑工程项目中，可能涉及先进的建筑材料、结构设计和施工工艺等方面的技术要求。为了确保项目顺利进行，需要有足够数量和质量的专业人才，他们具备相关的专业知识和技能，能够熟练应对各种复杂情况，并确保施工质量和技术标准的达标。

第二，高技术含量的工程项目可能涉及先进的技术和设备。例如，在一个大型的工业制造项目中，可能需要使用最新的生产技术和设备，以提高生产效率和产品质量。为了保证项目顺利进行，需要有经验丰富的技术人才，他们能够熟练操作和维护这些高端设备，并解决在使用过程中出现的技术问题，确保项目顺利进行并达到预期目标。

第三，高技术含量的工程项目可能需要具备创新能力和解决问题的能力。由于这类项目常常面临着技术挑战和未知风险，因此需要有具备创新意识和解决问题能力的专业人才，他们能够主动探索和应对各种技术难题，确保项目能够顺利进行并取得成功。

4.资源预算

资源预算在工程项目中是至关重要的，它涉及人力、物力、财力等多方面资源的合理配置和管理。特别是在人力资源方面，合理的预算和配置可以确保施工过程中的人手充足，从而避免人手不足或过剩的情况发生，保障项目的顺利进行和按时完成。

第一，资源预算需要充分考虑项目的规模和工期。根据项目的规模大小以及施工周期的长短，合理预估所需的人力资源数量和时间分配。例如，对于一个大型工程项目，可能需要较多的工程人员和长期的人力投入，因此在资源预算中需要充分考虑到这一点，以确保在整个施工过程中有足够的人手支持。

第二，资源预算还需要考虑到工种和技能要求。不同的施工工种和岗位可能需要不同类型的人才，包括技术工人、管理人员、专业工程师等。在资源预算中，需要根据项目的实际需求，合理安排各种工种和技能的人员配备，确保施工队伍的多样性和专业性。

第三，资源预算还需要综合考虑项目的财务状况和资源限制。在制定预算时，需要充分考虑项目的资金来源、预算限额以及其他资源限制因素，确保资源的合理利用和管理。例如，如果项目资金有限，就需要在人力资源预算中控制成本，避免过度投入或浪费。

第四，资源预算需要灵活调整和动态管理。在施工过程中，可能会出现一些不可预知的情况，如工程进度变化、人员流动等，因此需要根据实际情况及时调整资源预算，确保项目能够顺利进行。例如，如果在施工过程中发现某一工段需要增加人手支持，就需要及时调整资源预算，安排更多的人力资源投入。

（二）人员结构设计

合理设计施工队伍的人员结构，可以提高工作效率和协调性：

1. 管理人员

（1）项目经理

负责整个项目的管理和协调工作，包括项目计划制定、资源分配、进度控制、成本管理等。项目经理应具有丰富的项目管理经验和领导能力，能够有效地组织团队，解决问题，并确保项目按时、高质量地完成。

（2）工程管理员

负责现场的日常管理和协调工作，包括安排人员、监督施工进度、处理工程变更等。工程管理员需要具备一定的技术和管理能力，能够有效地处理现场问题，保障施工的顺利进行。

2. 技术人员

（1）工程师

负责项目的技术支持和工程设计工作，包括施工方案制定、工程图纸设计、技术问题解决等。工程师需要具备较高的专业水平和技术能力，能够根据项目需求提供合理的技术方案，并指导现场施工。

（2）技术员

协助工程师进行技术支持和设计工作，负责勘察、测量、资料整理等工作。技术员需要熟练掌握相关软件和工具，能够准确记录和处理工程数据，为工程设计和施工提供支持。

3. 工人

（1）技术工人

负责具体的施工工作，包括土建施工、设备安装、管道布置等。技术工人需要具备相应的技能和经验，能够熟练操作施工设备和工具，确保施工质量和安全。

（2）普通劳动者

负责一些简单的体力劳动工作，如搬运材料、清理工地等。普通劳动者虽然工作内容相对简单，但也是施工队伍中不可或缺的一部分，他们的努力和配合对项目的顺利进行至关重要。

（三）岗位设置

明确各个岗位的职责和权限，有助于提高工作效率和责任心：

1. 项目经理

（1）职责

项目经理是整个施工项目的领导者和决策者，负责项目的组织管理、进度控制和决策协调。其职责包括但不限于制定项目计划、安排资源、协调各部门合作、监督项目进度和成本控制等。

（2）权限

项目经理具有较高的决策权限和管理权限，可以制定项目的各项政策和规章制度，并对项目执行过程中的重大问题进行决策和处理。

2. 工程管理员

（1）职责

工程管理员是负责施工现场日常管理和协调工作的重要角色，主要包括人员管理、材料管理、安全监督、施工进度跟踪等。

（2）权限

工程管理员具有一定的管理权限，可以对施工现场的人员和物资进行合理地调配和管理，并及时处理现场出现的问题和矛盾。

3. 技术工程师

（1）职责

技术工程师是负责工程技术管理和技术支持的关键角色，主要职责包括解决施工过程中的技术难题、审核施工图纸、指导现场施工等。

（2）权限

技术工程师具有较高的技术权限，可以对施工过程中的技术方案和施工方法进行评估和调整，并对技术问题进行决策和解决。

4. 施工队长

（1）职责

施工队长是现场施工队伍的主要负责人，负责指挥施工作业、组织施工人员和协调各个工种之间的配合。

（2）权限

施工队长具有一定的管理权限，可以根据施工计划和技术要求，合理安排施工作业和调配人力资源，确保施工任务的顺利完成。

二、施工队伍管理

（一）管理制度建立

在施工队伍管理中，制定适合项目需求的管理制度至关重要。这包括以下三个方面。

1. 组织架构

组织架构是项目管理组织的基础，它明确了各个管理层级的职责和权力，确保信息畅通和决策高效。在建立组织架构时，应根据项目的规模和复杂程度确定管理层级和人员配置。例如，一个大型建筑工程项目可能需要设立项目经理、工程管理员、技术工程师等多个管理岗位，以便有效地组织和协调施工工作。此外，组织架构还应体现出灵活性和适应性，能够根据项目的实际情况进行调整和优化。

2. 工作流程

工作流程的建立有助于规范施工过程中的各项工作流程和程序，明确任务分工、协作关系和沟通渠道，提高工作效率和协作性。在建立工作流程时，应考虑到施工过程中的各个环节，并根据工作内容和工作流程确定相应的操作步骤和规范。例如，在一个建筑工程项目中，工作流程可能包括工程准备、施工组织、材料采购、施工实施、质量检查等多个环节，每个环节都有相应的工作程序和操作规范。

3. 奖惩机制

建立激励机制和惩罚机制是激发员工积极性、提高工作效率和质量的有效手段。通过奖励优秀员工和惩罚违规行为，可以有效地调动员工的工作积极性，规范员工的工作行为，提高施工队伍的整体素质和绩效水平。例如，对于表现优秀的员工，可以给予物质奖励、荣誉称号或晋升机会等激励措施；对于违规行为，可以给予口头警告、书面警告、罚款等惩罚措施，严肃处理，以起到警示作用。

（二）岗位职责明确

明确各个岗位的职责和权限是施工队伍管理的重要内容，有助于建立清晰的工作分工和责任体系。

1. 项目经理

项目经理是整个施工项目的核心管理者，主要职责包括：

（1）组织管理和决策协调：负责项目的整体组织管理，制定项目计划、安排资源，并协调各个部门之间的工作关系。

（2）进度、质量和成本管理：监督项目的进度、质量和成本情况，及时调整项目方案，确保项目按时、按质、按量完成。

项目经理需要具备较高的管理和领导能力，能够有效地协调资源、解决问题，并具备良好的沟通和团队合作能力。对于大型工程项目，项目经理还需要具备一定的专业知识和经验，能够应对复杂的施工环境和问题。

2. 工程管理员

工程管理员是施工现场的管理者，主要职责包括以下两个方面。

（1）日常管理和协调工作：负责施工现场的日常管理工作，包括人员调配、材料管理、安全监督等，确保施工过程中的各项工作有序进行。

（2）施工现场安全管理：负责组织施工现场的安全管理工作，制定安全生产计划、开展安全培训，并监督施工现场的安全生产工作。

工程管理员需要具备一定的管理和组织能力，能够有效地安排工作、协调人员，并具备一定的安全管理知识和技能，能够有效地保障施工现场的安全。

3. 技术工程师

技术工程师是施工现场的技术支持者，主要职责包括以下两个方面。

（1）技术管理和支持：负责工程的技术管理工作，包括工程设计、施工方案制定等，为施工过程提供技术支持和指导。

（2）技术难题解决：解决施工过程中的技术难题，对工程中的技术问题进行分析和解决，确保施工质量和进度。

技术工程师需要具备较高的专业技术水平，能够熟练掌握相关技术知识和工程规范，具备良好的问题分析和解决能力，能够在施工过程中及时解决技术问题，确保工程的顺利进行。

第二节　设备与材料供应管理

设备与材料供应是施工过程中的重要环节，对工程施工进度和质量具有直接影响。有效的设备与材料供应管理可以保障施工过程的顺利进行。

一、设备需求分析与采购计划

（一）设备需求分析

设备需求分析在施工项目前期是至关重要的，它为项目的顺利进行提供了必要的基础和保障。这一过程需要综合考虑多个方面的因素，从项目的特点到工程的复杂程度，以确保所需设备的种类、规格和数量能够满足项目的实际需求，并在施工过程中发挥最佳效能。

第一，进行设备需求分析时，需要对施工项目的具体要求进行深入分析。这包括项目的性质、规模、工期、技术要求等方面。例如，在一项基础设施建设项目中，如果项目涉及大规模的土方工程，则可能需要大型挖掘机、推土机等重型机械设备；而在一个建筑施工项目中，可能需要塔吊、升降机等用于搬运建筑材料和设备的设备。因此，通过对项目性质和要求的分析，可以确定所需设备的种类和类型。

第二，需要考虑施工过程中可能遇到的特殊情况。这包括施工环境、地形地貌、气候条件等因素。例如，在高海拔地区进行施工时，可能需要考虑到气候寒冷和氧气稀薄的影响，选择适用于高海拔环境的设备；在恶劣天气条件下进行施工时，可能需要选择具有防水防尘功能的设备，以确保施工进度不受天气影响。因此，对施工环境和特殊情况的考虑，有助于确定所需设备的特殊功能和性能要求。

第三，还需要综合考虑工程的复杂程度和技术要求。不同类型的工程可能对设备的要求不同，例如，复杂的土木工程可能需要更多高性能的机械设备，而简单的建筑工程可能只需要基本的施工设备即可。同时，对技术要求的分析也是必不可少的，例如，需要进行高精度操作的工程可能需要配备精密的测量设备和控制系统，以确保施工质量和工程精度。

（二）采购计划制订

采购计划的制订是项目管理中至关重要的一环，它直接影响着项目的进度和成本控制。在根据设备需求分析制订采购计划时，需要考虑多个方面的因素，以确保采购计划的合理性、可行性和有效性。

第一，制订采购计划需要综合考虑项目的实际情况。这包括项目的工期、进度安排、施工环境、技术要求等方面。例如，如果项目工期紧迫，需要尽快开始施工，则采购计划需要尽早制订，并安排提前采购关键设备，以确保施工能够按时启动。另外，如果项目涉及多个阶段或分段施工，则需要根据不同阶段的需求制订相应的采购计划，以确保每个阶段的施工都能够顺利进行。

第二，采购计划的制订还需要考虑预算限制和资金安排。根据项目预算和资金情况，制定合理的采购预算，确保采购活动能够在预算范围内进行。如果项目预算有限，可能需要优先考虑采购必要和关键的设备，而推迟或调整其他设备的采购计划，以保证资金的有效利用和项目的顺利进行。

第三，采购计划的制订还需要考虑供应商的交货周期和供货能力。在选择供应商和确定采购时间表时，需要充分了解供应商的生产能力、交货周期、供货能力等情况，确保供应商能够按时交付所需设备，并在施工过程中保障设备供应的连续性和稳定性。

第四，制订采购计划时还需要考虑风险因素和应对措施。采购过程中可能面临的风险包括供应商延迟交货、设备质量问题、市场变化等，需要制定相应的风险评估和管理计划，以及应对措施，确保项目能够及时应对并解决采购过程中可能出现的问题，保障项目的顺利进行。

二、供应商选择与合作协商

（一）供应商选择

1.设备性能要求考量

在选择供应商时，首先需要根据项目需求明确设备的性能要求。这涉及设备的功能、技术指标、性能参数等方面。例如，在建筑施工项目中，可能需要挖掘机、起重机等设备，而这些设备的性能指标将直接影响到施工进度和效率。因此，项目团队需要综合考虑项目的具体需求，选择性能符合要求的供应商。

2. 质量标准评估

除了性能要求，设备的质量也是选择供应商的重要考量因素。项目团队需要对供应商的产品质量进行评估，了解其生产工艺、质量管理体系、产品认证情况等。这可以通过查阅供应商的资质证书、产品质量报告、客户评价等方式来获取信息，以确保所选供应商的产品符合质量标准。

3. 价格因素综合考虑

价格是选择供应商时需要考虑的另一重要因素。项目团队需要在设备性能和质量的基础上，综合考虑价格因素，选择性价比高的供应商。这不仅包括设备的购买价格，还需考虑后续的维护成本、运输费用等因素，以确保项目的采购成本控制在合理范围内。

4. 供应商信誉和实力评估

供应商的信誉和实力也是选择的关键因素之一。项目团队需要对供应商的经营状况、历史业绩、客户口碑等方面进行评估，了解其在行业内的声誉和地位。选择具有良好信誉和实力的供应商可以有效降低采购风险，保障设备供应的稳定性和可靠性。

（二）合作协商

1. 确定交货时间

在合作协商过程中，双方需要明确设备的交货时间。项目团队需提前与供应商沟通，确保设备能够按时交付，以保障项目的施工进度和工期安排。

2. 确定付款方式

付款方式是采购合同中的重要内容之一。项目团队和供应商需要协商确定付款方式，包括预付款比例、分期付款方式、尾款支付时间等。双方需要就付款方式达成一致，以确保采购过程中的资金安全和合法性。

3. 确定售后服务

在合作协商中，需要明确设备的售后服务内容。这包括设备的质保期、维修保养服务、技术支持等方面。项目团队需要与供应商就售后服务内容进行充分沟通，确保设备在使用过程中能够得到及时维修和支持，以保障项目的顺利进行和设备的正常运行。

三、设备运输与储存管理

（一）运输计划制订

1. 考虑运输距离

在制订设备运输计划时，首先需要考虑的是运输的距离。不同的设备运输距离不同，可能需要选择不同的运输方式和路线。对于距离较远的设备，可能需要选择陆运、水运或空运等方式，并制订相应的运输路线和时间表。

2. 确定运输方式

根据设备的尺寸、重量、特性以及运输距离等因素，确定最适合的运输方式。有些设备可能适合通过公路运输，而有些大型设备可能需要通过铁路、水路或空运进行运输。项目团队需要综合考虑各种因素，选择最合适的运输方式。

3. 考虑交通条件

在制订运输计划时，需要考虑到运输途中可能遇到的交通条件，如道路状况、交通管制等。特别是在施工现场距离交通要道较远或交通条件较差的情况下，需要提前做好相关的交通调查和规划，确保设备能够顺利运抵目的地。

4. 应对突发情况

在制订运输计划时，还需要考虑可能出现的突发情况，如天气变化、交通事故等。项目团队应该制定相应的应急预案，做好应对措施，确保在突发情况下能够及时调整运输计划，保障设备的安全运输。

（二）储存管理制度建立

1. 确定储存场地

在施工现场周围或项目附近选择合适的储存场地，确保设备能够安全、便捷地存放。储存场地应考虑到设备的数量、尺寸和重量等因素，以及施工现场的实际情况，确保设备储存的安全性和有效性。

2. 设备分类存放

根据设备的种类、尺寸和用途等特点，对设备进行分类存放。可以按照设备的功能进行分类，或者按照设备的尺寸、重量进行分类，以便于管理和使用。同时，还可以制定相应的标识和管理规范，方便设备的查找和识别。

3. 定期检查与维护

建立设备的定期检查和维护制度，定期对设备进行检查和维护，及时发现并解决设备存在的问题。这包括设备的外观检查、功能测试、润滑保养等内容，以确保设备的正常运行和延长使用寿命。

4. 安全管理措施

制定相关的安全管理措施，防止设备发生意外损坏或被盗。这包括加强场地的安全防范措施，如安装监控设备、加固围墙等，以及制定进出场地的管理规定，限制未经授权人员的进入。同时，还需要加强设备的保护和保险措施，确保设备在储存过程中的安全性和可靠性。

四、设备维护与保养

（一）定期检查与维护

1. 设备定期检查

定期对设备进行检查是确保设备正常运行的关键步骤。这包括检查设备的外观是否完好、各项指标是否正常、是否存在异响或异常现象等。定期检查有助于及时发现设备存在的问题，减少设备故障的发生，提高设备的可靠性和稳定性。

2. 维护工作

定期维护是保证设备长期稳定运行的重要保障。维护工作包括设备的清洁、润滑、紧固、调整等内容。通过定期的维护工作，可以保持设备的良好状态，延长设备的使用寿命，减少因设备故障而导致的停工和生产损失。

3. 故障排查与处理

除了定期检查和维护外，还需要及时处理设备出现的故障和问题。一旦发现设备存在故障，应立即停止使用，并进行详细的故障排查。根据故障的具体情况，采取相应的修复措施，确保设备尽快恢复正常运行。

4. 记录与反馈

对设备的定期检查、维护和故障处理情况进行记录，并及时反馈给相关责任人。记录可以帮助跟踪设备的运行状况和维护历史，发现设备存在的问题和隐患，及时采取措施加以解决。同时，还可以通过记录分析，优化设备维护计划，提高维护效率和质量。

（二）保养措施落实

1. 制订保养计划

在设备的使用过程中，制订合理的保养计划是保证设备长期稳定运行的关键。保养计划应包括设备的保养周期、内容和责任人等信息，确保保养工作得到有效的落实。

2. 设备清洁

设备的清洁是保养工作的重要内容之一。定期对设备进行清洁可以有效去除积尘、油污等杂物，保持设备表面的清洁和光滑，减少设备因污垢而导致的性能下降和故障发生。

3. 设备润滑

设备的润滑是保证设备正常运转的重要保障。定期对设备的润滑部位进行检查和补充润滑油，保证设备的润滑状态良好，减少设备的磨损和摩擦，延长设备的使用寿命。

4. 设备调试

设备调试是保证设备正常运行的重要环节。定期对设备进行调试，确保各项功能正常，效果稳定。对于新购设备或长时间未使用的设备，更应进行全面的调试工作，确保设备能够顺利投入使用。

第三节　安全与环保管理

安全与环保管理是施工过程中的重要环节，关系到工程施工的顺利进行和工人员工的身体健康，也影响到周边环境的保护和可持续发展。

一、城市道路交通工程施工的环保问题

在城市交通工程建设期间，各类环境污染问题时有发生，这不但会导致城市交通工程的施工效率受到影响，还会威胁周边地区居民日常生活。在城市交通工程施工时，施工人员应秉持环保理念，对各项施工环节进行科学合理的规划，及时解决施工过程中出现的环境污染问题，降低城市交通工程施工环节对周边环境产生的不利影响，充分发挥出城市交通工程的重要作用，提高城市交通工程经济效益以及社会效益。

（一）交通工程施工期间的环保理念

城市道路交通工程施工期间的环保理念是一项至关重要的任务，旨在在施工过程中最大限度地减少对环境的负面影响，保护生态环境，实现可持续发展的目标。环保理念在交通工程施工中涉及多个方面，其中节能环保是其核心所在。

1. 合理利用资源，避免浪费

在城市道路交通工程施工中，资源的有效利用和节约至关重要。施工人员应严格控制材料、能源和水资源的使用量，采用先进的施工技术和设备，最大限度地减少资源的浪费。例如，在材料选择上，应优先选择可再生材料和环保材料，减少对自然资源的开采和消耗；在施工设备的选择和使用上，应优先考虑节能型、低碳型设备，降低能源消耗。通过合理利用资源，不仅可以降低施工成本，提高经济效益，还能减少对环境的破坏，实现资源的可持续利用。

2. 生态环境保护

城市道路交通工程施工往往会对周边的生态环境产生影响，如土壤、水体、植被等。为了减少施工对生态环境的破坏，施工单位应在施工前进行详细的环境影响评估，并制定相应的环保措施和施工方案。例如，在施工现场周边设置生态护栏，保护周边植被；采取防尘、防扬尘等措施，减少对空气质量的影响；合理处理施工废弃物，减少对土壤和水体的污染。通过科学的环境保护措施，可以最大限度地减少施工对生态环境的破坏，实现生态环境的可持续发展。

3. 施工过程中的管理与协调

在城市道路交通工程施工中，涉及多个工种、多个部门的协作，施工管理和协调显得尤为重要。施工单位应建立健全的施工管理体系，明确各个工种的责任和任务，加强各个部门之间的沟通与协作。例如，在施工现场设置专门的环保监测岗位，监测施工过程中的环境指标，及时采取相应的环保措施；定期组织环境保护培训，增强施工人员的环保意识和技能。通过有效地管理与协调，可以确保施工过程中环保措施的有效实施，最大限度地减少对环境的影响。

4.技术难题的应对

城市道路交通工程施工面临诸多技术难题，如地下管网密集、施工测量难度大等。为了应对这些挑战，施工单位应采取相应的技术手段和措施。例如，在施工前进行详细的地下管网勘测和定位，制订专门的管线保护方案，避免施工过程中对管网的损坏；引入先进的测量技术和设备，提高测量精度和效率，确保施工质量和进度。通过技术手段的不断创新和应用，可以有效解决施工中的技术难题，保障施工的顺利进行和环保目标的实现。

（二）基于环保理念开展交通工程施工的重要意义

在城市交通工程施工中秉持环保理念具有重要意义，这不仅是对当代城市建设的迫切需求，也是为了实现可持续发展目标，保护城市环境和改善人民生活质量。下面将从四个方面展开阐述环保理念在交通工程施工中的重要意义。

第一，秉持环保理念开展交通工程施工可以最大程度地减少对环境的破坏。在传统的交通工程施工中，常常伴随着土地开垦、水体污染、大气污染等问题。而通过采用环保技术和绿色施工方法，可以降低施工对环境的影响。例如，在土方开挖过程中，采用环保型挖掘机和土方运输车辆，减少排放的废气和粉尘；在施工现场布置固定式扬尘监测设备，及时监测空气质量，采取控制措施，确保施工过程中的环境质量符合标准。这些措施有效地降低了施工活动对周边环境的影响，保护了当地的生态环境。

第二，秉持环保理念可以提高资源利用效率，降低施工成本。传统的施工方法常常存在资源浪费和能源消耗过高的问题，而采用环保技术和绿色材料可以有效地解决这些问题。例如，在道路铺设过程中，采用再生骨料和环保沥青可以减少对原材料的开采，降低成本；在施工设备选择上，选择能耗低、排放少的设备，可以节约能源，减少环境污染。通过合理利用资源，不仅可以降低施工成本，还能提高工程的经济效益，实现资源的可持续利用。

第三，秉持环保理念可以提升城市形象，增强市民的环保意识。现代城市居民对环境保护的意识越来越强，他们更加关注城市的生态环境和空气质量。而一座环境优美、绿化良好的城市不仅可以提升市民的生活品质，还能吸引更多的投资和人才。因此，在城市交通工程施工中，通过精心设计和合理规划，注重环保和绿色施工，不仅可以改善城市的生态环境，还能提升城市的形象，增强市民的环保意识。

第四，秉持环保理念可以推动城市交通工程向绿色可持续方向发展。随着人们对环境保护意识的不断增强，绿色交通工程已经成为未来城市建设的主流趋势。在交通工程施工中秉持环保理念，采用绿色施工技术和环保材料，可以为城市交通系统的绿色可持续发展奠定坚实基础。例如，在城市道路建设中采用透水铺装材料，可以有效减少雨水径流，改善城市的水环境；在交通枢纽建设中采用太阳能路灯和智能交通信号灯，可以减少能源消耗，降低碳排放。通过这些举措，可以实现交通工程施工的绿色可持续发展，为城市的可持续发展做出贡献。

（三）影响周边环境的主要交通工程施工环节

1. 场地平整及开挖环节

（1）场地平整工作

在城市交通工程施工期间，场地平整是施工的第一步，其质量直接影响着后续施工的进行以及周边环境的保护。如果场地平整不当，可能导致水土流失、植被破坏等问题。特别是在施工现场不规范地使用重型机械进行平整，会对地表植被造成损坏，导致土壤暴露在空气中，增加水分蒸发速度，加剧土壤干旱，进而引发水土流失问题。

（2）土方开挖工作

土方开挖是道路施工中的常见环节，但若管理不善，会对周边环境产生不利影响。开挖过程中，若不对周边环境进行有效保护，会导致地表植被的破坏，土壤的暴露，进而引发水土流失问题。同时，开挖过程中产生的扬尘也可能对周边空气质量造成污染，影响周边居民的健康。

2. 路基施工环节

（1）路基填筑工作

在城市交通工程施工中，路基填筑是一个关键环节。若路基填筑质量不达标，可能导致路基沉降、路面破损等问题，进而影响道路使用安全性。在填筑过程中，如果未进行有效的水土保护，会导致水土流失问题，加剧土地沙化现象。

（2）路基排水工程

良好的路基排水系统对于道路使用寿命和周边环境的保护至关重要。若排水系统设计不当或施工不到位，可能导致路面积水、路基侵蚀等问题，进而影响道路的使用安全性，同时也会加剧周边环境的水土流失问题。

3. 路面施工环节

（1）机动车道路面施工

机动车道路面施工过程中，常见的问题包括噪声污染和大气污染。施工机械和设备的操作会产生噪声，影响周边居民的生活。同时，施工过程中产生的尾气排放也会对周边空气质量产生影响，加剧大气污染问题。

（2）人行道路面施工

人行道路面施工过程中，同样可能会产生噪声污染和大气污染。此外，若施工现场未经妥善管理，可能会对周边植被和土壤造成破坏，加剧水土流失问题。

（四）交通工程施工期间常见环保问题

1. 大气污染问题

（1）路基开挖环节产生的扬尘污染

在道路工程施工过程中，路基开挖是常见的环节之一。施工人员在进行路基开挖时，常常会伴随着土壤的扬尘现象。特别是在干燥的季节或者大风天气下，扬尘现象更加严重。这些扬尘中含有土壤颗粒物、有机物和其他污染物，一旦扩散到周围环境，会对空气质量产生影响，对周边居民的健康构成威胁。

（2）混凝土及砂石运输产生的扬尘污染

在道路工程施工过程中，运输混凝土和砂石也会产生一定的扬尘。运输车辆在行驶过程中，轮胎与路面的摩擦、物料的撞击等都会产生粉尘。若施工现场未采取有效的尘埃控制措施，这些粉尘可能会扩散到周围环境中，影响周边地区的空气质量。

（3）散装材料使用产生的粉尘污染

在城市交通工程施工中，散装材料如水泥、煤灰等的使用也可能导致粉尘污染。这些材料在搬运、装卸、使用过程中会产生大量粉尘，若不加以控制，可能会对周围环境产生不利影响，加剧大气污染问题。

2. 水资源污染问题

（1）废物垃圾和生活垃圾导致的水资源污染

城市交通工程施工期间，施工现场产生的废物垃圾和施工人员生活垃圾是常见的污染源之一。如果这些垃圾未经妥善处理，可能会在降雨天气中被冲刷至周边水体，造成水资源的污染。特别是其中含有化学物质的垃圾，可能会对水质造成更严重的影响，危害生态环境和人类健康。

（2）雨水冲刷产生的水污染

施工现场未做好防护措施，降雨时会导致施工现场的泥土、废弃物等被冲刷至附近水体，造成水污染。这些泥土中可能携带着各种有害物质，如油污、重金属等，对水质造成严重影响，威胁周边生态系统的健康。

3. 噪声污染问题

（1）施工设备产生的噪声

城市交通工程施工过程中，施工设备的操作会产生噪声，影响周边居民的生活和工作。特别是一些大型机械设备在作业时噪声较大，如挖掘机、压路机等，噪声会扰乱周边居民的生活，甚至影响其睡眠质量。

（2）施工现场作业产生的噪声

除了施工设备的噪声外，施工现场作业本身也会产生噪声污染。例如，施工人员的交流声、机械设备的轰鸣声等都可能会影响周边环境的安静，对周边居民的生活造成干扰。

二、安全管理制度建立

（一）制定安全管理规章制度

在项目施工前期，制定详细的安全管理规章制度是确保施工过程安全的关键步骤。这一规章制度应当涵盖各个方面，明确施工现场的安全要求和操作流程，为施工人员提供明确的行为准则和操作指南。具体来说，安全管理规章制度应包括以下五个方面的内容。

1. 施工现场安全通行规定

明确施工现场的通行路线、安全出入口位置，规定施工人员的通行方式和注意事项，确保施工现场的交通秩序和安全。

2. 作业规范

规定施工人员在进行各类作业时应遵循的操作规范和安全程序，包括高空作业、电气作业、机械设备操作等，以防止意外事故的发生。

3. 应急处置程序

明确各类安全事故和突发事件的应急处置程序，包括火灾、事故伤害、化学泄漏等，规定施工人员应该采取的紧急措施和报警流程，以最大程度地减少事故损失。

4. 安全设施使用规定

规定施工现场应设置的安全设施，如安全警示标志、防护栏杆、安全带等，并明确施工人员使用这些安全设施的要求和注意事项。

5. 检查和监督要求

规定安全检查的频次和内容，明确安全监督的责任部门和人员，确保施工现场安全管理工作的持续开展和监督执行。

通过制定这些安全管理规章制度，可以为施工现场的安全管理提供明确的指导，有效预防和控制各类安全风险，保障施工过程的安全进行。

（二）设立安全管理机构

为了有效实施安全管理工作，项目团队需要建立专门的安全管理机构或安全管理部门。这一机构应当由具备专业安全管理知识和经验的人员组成，负责施工安全管理工作的组织和执行。具体而言，安全管理机构应包括以下四项职责和功能。

1. 安全监督和指导

负责对施工现场的安全状况进行监督和检查，发现安全隐患并及时采取措施进行整改，指导施工人员正确执行安全操作规程。

2. 事故调查和处理

负责对施工现场发生的安全事故进行调查和处理，分析事故原因，提出改进措施，防止类似事故再次发生。

3. 安全培训和教育

组织开展定期的安全培训和教育活动，增强施工人员的安全意识和技能水平，确保他们能够正确应对各类安全风险和突发事件。

4. 安全管理信息化建设

建立健全的安全管理信息系统，实现安全管理工作的信息化和数字化管理，便于安全数据的收集、统计和分析，为安全管理决策提供科学依据。

通过设立这样的安全管理机构，可以加强对施工现场安全管理工作的组织和协调，提高安全管理水平和效率，确保施工过程的安全稳定。

（三）开展安全教育培训

安全教育培训是增强施工人员安全意识和技能水平的重要途径。项目团队应定期组织开展安全教育培训活动，向施工人员传授安全知识、操作技能和应急处理能力，增强他们的安全意识和自我保护意识。具体来说，安全教育培训应包括以下两个方面的内容。

1. 安全知识普及

向施工人员介绍各类安全事故的案例和教训，讲解施工现场的各种安全风险和危害，提高他们对安全问题的重视和认识。

2. 安全操作技能培训

针对不同岗位的施工人员，开展相应的安全操作技能培训，包括高空作业、机械操作、电气安全等方面的培训，教授正确的操作方法和注意事项，确保他们能够安全地进行施工作业。

三、施工现场安全管理

（一）加强施工现场监督

在施工现场加强监督是确保施工安全的重要举措。项目管理团队应建立有效的监督机制，以确保施工现场符合安全规范和标准。具体措施主要包括以下三项。

1. 建立施工现场巡查制度

制定详细的巡查计划和程序，安排专人定期对施工现场进行巡查。巡查内容包括施工区域的整洁程度、安全设施的完好情况、作业人员的安全行为等。

2.定期安全检查

定期组织安全检查活动，对施工现场的安全情况进行全面检查。检查重点包括高空作业、临时用电、施工机械设备等存在安全隐患的区域和设施。

3.及时整改安全隐患

发现安全隐患后，应立即进行整改，并在规定的时间内完成整改工作。确保施工现场的安全问题得到及时有效的解决，防止事故的发生。

通过加强施工现场监督，可以及时发现和解决安全隐患，提高施工现场的安全水平，确保施工过程的顺利进行。

（二）设置安全警示标识

设置安全警示标识是预防施工现场事故的重要手段之一。项目管理团队应在施工现场设置明显的安全警示标识，以提醒施工人员注意安全，避免意外事故的发生。具体做法如下。

1.制订标识设置方案

根据施工现场的特点和安全需求，制订安全警示标识的设置方案。确定标识的位置、形式和内容，确保标识能够清晰可见。

2.设置安全警示标识

根据标识设置方案，在施工现场设置各类安全警示标识，包括禁止通行标志、安全通道标志、危险作业区域标志等。标识应采用醒目的颜色和图案，以便施工人员识别和理解。

3.定期检查维护

定期对安全警示标识进行检查和维护，确保标识的清晰可见和完好无损。及时更换损坏或褪色的标识，保障标识的有效性和稳定性。

通过设置安全警示标识，可以提高施工人员对安全的重视程度，降低施工现场事故的发生率，保障施工安全。

（三）加强安全防护设施

在施工现场设置必要的安全防护设施是保障施工人员安全的重要举措。项目管理团队应采取有效措施，加强施工现场的安全防护。具体做法如下。

1. 设置安全网和护栏

对存在坠落、高空作业等安全风险的区域设置安全网和护栏，防止施工人员坠落或物体坠落伤人。

2. 提供个人防护装备

为施工人员提供必要的个人防护装备，包括安全帽、防护眼镜、耳塞、防护手套等，确保他们在施工过程中的人身安全。

3. 加强施工设备安全防护

对施工现场使用的机械设备进行安全防护，设置安全警示标志和安全保护装置，防止设备相关的安全事故发生。

四、环境保护措施落实

（一）合理施工排放控制

1. 合理安排施工时间

（1）环境敏感期的避让

在制订施工计划时，需避开环境敏感期进行施工活动，以减少对周边环境的干扰和污染。例如，在鸟类繁殖期或特定植物生长期，避免进行破坏性施工，保护生态系统的完整性。

（2）避开夜间或高峰时段

避免在夜间或城市交通高峰时段进行施工活动，以减少对周边居民的影响和交通拥堵。合理安排施工时间，选择在白天非高峰时段进行施工，有利于降低施工引起的环境压力。

（3）减少施工噪声

针对噪声敏感区域，采取措施减少施工活动产生的噪声。可以选择低噪声设备和工具，合理安排施工顺序，采取隔音措施等，保护周边居民的生活质量。

2. 采用清洁能源

（1）替代传统能源

选择清洁能源替代传统能源，减少有害气体的排放和对环境的影响。例如，使用天然气代替煤炭或柴油作为能源供应，利用太阳能或风能作为电力来源，降低对大气环境的污染。

（2）节能环保设备的应用

选用节能环保型设备和工具进行施工作业，减少能源消耗和废气排放。例如，使用电动机械设备代替燃油机械设备，采用发光二极管（LED）照明设备替代传统照明设备，降低施工活动对能源资源的消耗，减少对环境的影响。

3. 减少施工废弃物排放

（1）优化施工工艺

通过优化施工工艺流程，减少废弃物的产生和排放。例如，采用精细化施工工艺，减少剩余材料和废弃物的产生，提高资源利用效率。

（2）加强材料利用率

提高材料利用率，减少施工废弃物的排放。可以选择高效利用材料的施工方法和工艺，最大限度地减少材料的浪费，降低对环境的影响。

（3）实施资源综合利用

采取资源综合利用的措施，对废弃物进行分类、回收和再利用。通过建立废弃物处理系统，将可回收的材料进行再利用，降低资源消耗和环境污染。

（二）建立污染治理设施

1. 设置污水处理装置

（1）污水收集系统的建设

在施工现场建立污水收集系统，包括管道网络和污水收集池等设施，将施工过程中产生的污水收集起来，避免直接排放到周边环境中造成污染。

（2）污水处理设备的安装

安装污水处理设备，如生物处理池、沉淀池、过滤器等，对收集到的污水进行处理。通过物理、化学和生物方法去除污水中的有害物质，使其达到排放标准，保护周边水体的水质。

（3）监测与维护

对污水处理设备进行定期的监测和维护，确保其正常运行和处理效果。定期对污水进行监测分析，及时发现问题并进行处理，保证污水处理系统的稳定运行。

2. 建立垃圾分类处理系统

（1）垃圾分类收集

设立垃圾分类收集点，设置不同的垃圾桶或容器，用于收集不同类型的垃圾，如可回收物、有害垃圾、厨余垃圾等，便于后续的分类处理。

（2）垃圾处理设施建设

建立垃圾处理设施，包括堆肥场、焚烧炉、填埋场等，针对不同类型的垃圾采取相应的处理方式，实现资源的有效利用和废物的减量化。

（3）资源化利用与处置

对可回收物进行回收利用，将其送往再生资源回收站进行再加工或直接投入再利用流程；对有机废物进行堆肥处理，生产有机肥料或发电等；对有害垃圾进行专门的处理，确保不对环境造成危害。

3. 设置污染治理设备

（1）除尘器的安装

在施工现场的相关设备和工艺中安装除尘器，对产生的粉尘进行有效收集和过滤，减少对大气环境的污染。

（2）烟气脱硫装置的应用

对可能产生的废气进行脱硫处理，安装烟气脱硫装置，去除废气中的硫化物等有害物质，降低对大气环境的影响，保护空气质量。

（3）监测与维护

对污染治理设备进行定期的监测和维护，保证其正常运行和处理效果。及时清理和更换滤网、吸附剂等材料，确保治理设备的长期稳定运行。

（三）采取节能减排措施

1. 采用节能环保型设备

（1）选择高效节能的机械设备

采用高效节能的机械设备，如节能型挖掘机、推土机等，其设计采用先进的节能技术，能够降低能源消耗，减少施工活动对环境的负荷。

（2）应用低功耗的照明设备

使用低功耗的照明设备，例如 LED 照明灯具，其能耗较低，寿命较长，相比传统照明设备能够大幅减少能源消耗，降低二氧化碳排放。

2. 优化施工工艺流程

（1）提高资源利用率

通过工艺流程的优化，减少材料浪费，提高材料利用率。例如，采用先进的施工工艺，减少材料切割损耗，提高材料的利用效率。

（2）提升能源利用效率

优化施工工艺流程，减少施工活动中不必要的能源浪费。例如，合理安排施工顺序，避免重复作业和能源冗余消耗，提高能源利用效率。

3. 推广低碳施工理念

（1）减少机械化作业

在施工过程中，鼓励采用人力作业或半机械化作业方式，减少对燃油等能源的消耗，降低施工活动对环境的影响。

（2）采用环保建材

选择符合环保标准的建筑材料，如可再生材料、低碳材料等，减少资源消耗和环境污染，推动建筑业向着低碳、环保的方向发展。

第四章 质量控制与验收

第一节 施工质量管理体系

施工质量管理体系是保证工程质量的关键，它涵盖了质量管理的各个方面，确保施工过程中质量标准的达到和维护。

一、建立质量管理体系

（一）建立质量管理组织架构

1. 设立质量管理部门或委员会

在施工前期，项目团队应设立专门的质量管理部门或委员会，负责全面统筹和管理工程质量。该部门或委员会应由质量管理专业人员组成，具有丰富的质量管理经验和技能。他们将负责制定质量管理策略、规划质量管理活动，并监督质量管理实施的全过程。

2. 明确职责和权限分工

在质量管理组织架构中，明确各级管理人员的职责和权限分工，确保质量管理工作的有序进行。例如，设立质量主管负责整个质量管理体系的实施和执行，设立质量管理员负责具体的质量检查和问题整改工作，同时还需要建立质量委员会或小组，协调处理质量问题和提出改进意见。

（二）制定质量管理制度和流程

1. 质量管理手册

制定质量管理手册，明确质量管理的基本原则、目标和要求，规范施工过程中的质量管理行为。质量管理手册应包括质量政策、质量目标、组织结构、工作职责、程序文件、质量记录等内容，为质量管理工作提供指导和依据。

2. 质量管理流程的顺畅

确保质量管理流程的顺畅进行，建立起完善的质量管理流程和工作程序。例如，制定质量管理计划、质量检查程序、质量问题整改程序等，明确各项质量管理活动的操作步骤和要求，确保质量管理工作的高效实施。

二、质量目标与标准确定

（一）制定质量目标

在制定可衡量的质量目标时，需要充分考虑工程的性质、客户需求以及相关标准。这些目标不仅能够被客观地度量和评估，还应具有可实现性，以确保工程质量能够达到预期水平并满足各方利益相关者的期望。

举例来说，对于建筑工程而言，可以针对不同方面制定可衡量的质量目标。

（1）建筑结构的承载能力

这是建筑工程中最基本、最重要的质量目标之一。可以通过对结构设计方案的审查和计算验证，确定建筑结构在设计荷载下的安全性能是否符合要求。例如，对于一个高层建筑项目，可以制定承载能力指标，如楼板和柱子的承载能力，以确保建筑在设计荷载下不会出现结构失稳或倒塌的风险。

（2）建筑外观的美观度

外观美观是衡量建筑质量的重要标准之一，它不仅关乎建筑的整体形象和视觉效果，也直接影响到业主和用户的满意度。可以制定外观美观度评价指标，如墙面平整度、色彩搭配、线条美感等，通过视觉检查或者客户满意度调查等方式进行评估。

（3）建筑材料的耐久性

建筑材料的质量直接影响到建筑的使用寿命和维护成本。可以制定材料耐久性指标，如混凝土抗压强度、钢材的防腐性能、外墙材料的抗风化能力等，通过实验室测试或者现场检测来评估材料的质量。

（4）施工工艺的合规性

施工工艺的合规性直接关系到建筑工程的质量和安全。可以制定施工工艺合规性评价指标，如施工过程中是否符合相关标准和规范、是否采用了适当的施工方法和工艺流程等，通过现场检查和记录来评估施工工艺的质量。

2. 项目的质量控制点和验收标准

在项目的质量管理中，质量控制点和验收标准是确保工程质量达标的关键要素。通过制定明确的质量控制点和验收标准，可以对施工过程中的质量进行有效监控和评估，及时发现和解决问题，保证工程质量符合设计要求和合同约定。

（1）质量控制点

①浇筑前质量控制点

在混凝土浇筑之前，需要对施工现场进行准备工作，包括模板安装、钢筋检查、浇筑材料检查等。此时的质量控制点包括模板尺寸、钢筋安装质量、混凝土配合比等。确保模板的平整度和稳定性，钢筋的布置符合设计要求，混凝土的配合比符合标准。

②浇筑中质量控制点

在混凝土浇筑过程中，需要密切关注混凝土的坍落度、流动性、浇筑速度等参数，以确保混凝土的质量。此时的质量控制点包括浇筑过程中的混凝土坍落度、流动性、浇筑速度等。确保混凝土浇筑过程中没有发生堵塞、渗漏等问题，保证混凝土的均匀性和密实度。

③浇筑后质量控制点

混凝土浇筑完成后，需要对浇筑后的混凝土进行质量检查和养护。此时的质量控制点包括混凝土的表面质量、养护措施的执行情况等。确保混凝土表面平整光滑，无裂缝和坍塌，且采取了合适的养护措施，以保证混凝土的强度和耐久性。

（2）验收标准

①外观验收标准

外观验收主要针对混凝土表面的平整度、平整度、色泽等方面进行评估。例如，可以规定混凝土表面的平整度不得大于一定范围内的凹凸度，色泽应符合设计要求等。

②尺寸验收标准

尺寸验收主要针对混凝土构件的尺寸和几何形状进行评估。例如，可以规定混凝土构件的尺寸公差范围，以确保构件的尺寸精度符合设计要求。

③强度验收标准

强度验收主要针对混凝土的抗压强度进行评估。例如，可以规定混凝土强度等级和相应的抗压强度要求，以确保混凝土的强度满足设计要求。

（二）明确质量标准

1. 国家标准和行业标准

参考国家标准、行业标准以及相关规范，明确工程质量的基本要求和标准。例如，对于建筑工程，可以参考《建筑工程质量验收标准》，明确建筑材料、构件尺寸、施工工艺等方面的质量标准，作为施工过程中质量管理的依据。

2. 项目标准

根据项目的特点和要求，制定项目专用的质量标准。例如，对于重要工程项目，可以制定项目特定的质量标准，明确工程质量目标和要求，以确保项目顺利实施和工程质量可控。

三、过程控制与检查

（一）设立质量检查点

在施工现场，设立质量检查点是确保施工质量的关键措施之一。这些检查点通常位于关键工序、重要节点和易发生质量问题的地点，通过定期检查，可以及时发现和解决质量问题，确保施工质量符合设计要求和合同约定。设立质量检查点需要考虑诸多因素，包括施工过程中的关键环节、可能存在的风险因素、质量控制的重点等。

1. 混凝土浇筑前后的质量检查点

在混凝土浇筑过程中，存在着许多影响混凝土质量的因素，如混凝土配合比、振捣质量、浇注工艺等。因此，在混凝土浇筑前后设立质量检查点是十分必要的。在浇筑前，需要检查混凝土原材料的质量和配比是否符合要求，检查模板的安装是否牢固，以及浇筑过程中的振捣设备是否正常运行。而在浇筑后，需要对混凝土的密实性、表面平整度等进行检查，确保混凝土的质量达到设计要求。

2. 施工前后的质量检查点

在结构施工中，尤其是对于关键结构节点的施工，需要设立质量检查点，以确保结构的稳定性和安全性。例如，在钢结构安装过程中，设立节点连接处的质量检查点，检查连接螺栓的紧固情况、焊接接头的质量等；在混凝土结构施工中，设立梁柱节点的质量检查点，检查模板的设置是否准确、钢筋的绑扎是否符合要求等。

3. 施工工序的质量检查点

除了混凝土浇筑和结构施工外，还有许多其他施工工序也需要设立质量检查点。例如，在管道布置工程中，需要设立管道连接处的质量检查点，检查管道的连接密封性和稳固性；在室内装修工程中，需要设立瓷砖贴合点的质量检查点，检查瓷砖的平整度和间隙是否符合要求。

通过设立这些质量检查点，可以有效地控制施工过程中的质量，及时发现和解决问题，确保工程质量符合设计要求和合同约定。同时，质量检查点的设置还有助于增强施工人员的质量意识，形成全员参与质量管理的氛围，进一步保障施工质量的稳定和可靠。

（二）制订施工工艺流程

1. 混凝土浇筑工艺流程

混凝土浇筑是建筑施工中的重要工序，其质量直接关系到建筑物的结构安全和使用性能。制订混凝土浇筑工艺流程需要考虑以下四个方面。

（1）原材料准备和配比

在原材料准备阶段，需要明确混凝土所需原材料的种类和比例，如水泥、砂子、碎石等，并根据设计要求确定混凝土的配比比例。

（2）模板安装和准备工作

在进行混凝土浇筑前，需要安装好混凝土浇筑的模板，并进行必要的防漏处理和防粘剂处理，以确保混凝土能够顺利浇筑且表面平整。

（3）混凝土浇注工艺

在混凝土浇注工艺中，需要控制浇筑的速度和厚度，避免混凝土过早硬化或出现裂缝。此外，还需要采取适当的振捣措施，确保混凝土密实，并排除气泡。

（4）养护处理

混凝土浇筑完成后，需要进行养护处理，保持适当的湿度和温度，以促进混凝土的早期强度发展，防止龟裂和渗水。

2. 钢结构安装工艺流程

钢结构安装是建筑物结构的重要组成部分，其安装质量直接影响到建筑物的稳定性和安全性。制定钢结构安装工艺流程应考虑以下四个方面。

（1）基础准备和支撑安装

在进行钢结构安装前，需要对基础进行准备，确保基础的平整度和承载能力。然后，安装支撑系统，为钢结构的安装提供支撑和稳定。

（2）吊装与安装

钢结构的吊装和安装是整个安装工艺的关键环节。在吊装过程中，需要严格控制吊装点和吊装速度，确保钢构件安全到位。

（3）连接与固定

钢结构各构件之间的连接和固定是确保整个结构稳定的重要环节。需要采用合适的连接方式和固定措施，确保连接牢固、稳定。

（4）质量检查与验收

在钢结构安装完成后，需要进行质量检查和验收，检查连接处的质量和紧固情况，确保结构的安全性和稳定性。

3. 布置工艺流程

管道布置是建筑物中管道系统的重要组成部分，其布置质量直接关系到建筑物的供水、供气和排水等功能。制定管道布置工艺流程应考虑以下三个方面。

（1）管道设计和布局

在进行管道布置前，需要进行管道设计和布局，确定管道的走向、连接方式和支撑结构，确保管道布置合理。

（2）管道安装

在进行管道安装时，需要严格按照设计要求和布局图进行操作，确保管道连接牢固、无泄漏。

（3）管道固定和支撑

管道安装完成后，需要进行管道的固定和支撑工作，以保证管道的稳定性和安全性。对于高压管道或长距离管道，应设置支架或支撑架，以分散管道重量和减轻管道的振动。

（三）实施工序检查

实施工序检查是质量管理中至关重要的环节，它直接关系到工程质量的稳定性和可靠性。通过全面的工序检查，可以及时发现和解决存在的质量问题，确保施工过程中质量的稳定和可靠。

第一，对施工过程中的材料验收进行检查是至关重要的。在施工前，项目团队需要对所采购的材料进行验收，确保其符合设计要求和标准规范。检查包括材料的外观质量、尺寸规格、强度性能等方面。例如，在钢结构安装工序中，对钢材的外观、表面平整度、焊接接头等进行全面检查，以确保钢结构的质量符合要求。

第二，对施工工艺的合规性进行检查也是必不可少的。工艺合规性检查包括施工过程中所采用的工艺方法、操作规程、施工程序等是否符合相关的标准和规范要求。例如，在混凝土浇筑工序中，需要检查混凝土的配合比、浇筑方式、振捣程度等是否符合设计要求和施工规范，以确保混凝土结构的强度和稳定性。

第三，对施工过程中的质量记录完整性进行检查也是必要的。质量记录包括施工过程中的各种检查记录、测试报告、验收记录等，这些记录是对施工质量的重要证明和依据。例如，在管道布置工序中，需要对管道的焊接质量、连接处的密封性、管道的水压测试结果等进行记录和归档，以便今后的质量跟踪和管理。

第二节　现场质量控制与检验

现场质量控制与检验是质量管理体系的重要组成部分，它直接关系到工程的质量水平和工程验收的顺利进行。

一、现场质量控制措施

（一）实时监控关键工序和节点

在施工现场实施实时监控措施，对关键工序和节点进行监控，以确保施工质量的稳定和可控性。

1.混凝土浇筑监控

在混凝土浇筑过程中，实施实时监控措施，对关键参数进行监测和控制，以确保混凝土浇筑质量的稳定性和可控性。

（1）流动性监测

使用流动性测量仪器，如流动度计，实时监测混凝土的流动性，确保混凝土的流动性符合设计要求，避免因流动性不足导致浇筑不均匀或渗漏现象的发生。

（2）坍落度监测

利用坍落度测试工具，如坍落度锥，实时监测混凝土的坍落度，确保混凝土的坍落度符合施工要求，保证混凝土的均匀性和稳定性。

（3）温度监测

配备温度监测设备，如温度计或红外线测温仪，实时监测混凝土的温度变化，特别是在高温或低温环境下，及时采取降温或保温措施，防止混凝土温度过高或过低影响其性能。

2.钢筋焊接监控

对钢筋焊接工序进行实时监控，确保焊接质量和焊接接头的牢固性，以保证工程结构的稳定和安全。

（1）焊接参数检测

使用焊接参数监测设备，实时监测焊接电流、电压、焊接速度等参数，确保焊接过程中参数稳定，焊接质量可控。

（2）焊接质量检测

配备焊接质量检测仪器，如超声波探伤仪，对焊接接头进行实时质量检测，检测焊缝的质量、缺陷和完整性，确保焊接质量符合标准要求。

（3）焊接过程记录

实施焊接过程记录和追溯制度，记录焊接参数、焊工信息和焊接时间等关键信息，建立焊接质量档案，便于质量追溯和问题处理。

3.砌体砌筑监控

对砌体砌筑过程进行实时监控，保证墙体的垂直度、平整度和尺寸精度，确保建筑结构的稳定性和外观质量。

（1）水平度监测

使用水平仪或激光扫平仪，实时监测砌体墙体的水平度，确保墙体水平度符合设计要求，避免因水平度不良导致墙体倾斜或不平整。

（2）垂直度检测

利用垂直度测量工具，如垂直度测量仪，实时监测砌体墙体的垂直度，确保墙体垂直度符合标准要求，避免因垂直度不良导致墙体倾斜或不垂直。

（3）尺寸精度检验

采用尺寸测量工具，如激光测距仪，实时监测砌体墙体的尺寸精度，确保砌体的尺寸与设计要求一致，避免因尺寸偏差而导致的结构不稳定或外观质量问题。

（二）制订施工质量检查方案

制订详细的施工质量检查方案，明确检查内容、频次和责任人，以确保施工质量的可控性和可靠性。

1. 混凝土浇筑检查

混凝土浇筑是施工过程中关键的一步，混凝土的质量直接影响到工程的安全性和耐久性。因此，在施工现场进行混凝土浇筑检查至关重要。设计混凝土坍落度、强度、密实度等指标，并通过现场抽检和实验室检测等手段，对混凝土质量进行全面、细致地检查，以确保施工质量达到设计要求。

在进行混凝土浇筑检查时，首先，需要关注混凝土的坍落度。坍落度是衡量混凝土流动性和可塑性的重要指标，直接影响到混凝土在模板内的铺设和振捣。对于不同的混凝土工程，坍落度要求也会有所不同。例如，在大坝、桥梁等重要工程中，通常要求混凝土的坍落度较小，以保证混凝土的密实性和稳定性；而在地板、路面等水平面施工中，则可能需要较大的坍落度，以确保混凝土能够顺利地铺设和振捣。

其次，需要检查混凝土的强度。混凝土的强度是衡量其抗压能力的重要参数，直接关系到工程结构的承载能力和安全性。在进行混凝土强度检查时，通常会采用现场取样或者预制试件等方式进行试验。通过对试样的压缩试验或者拆块试验，可以得到混凝土的抗压强度，进而评估混凝土的质量是否符合设计要求。

最后，需要检查混凝土的的密实度。混凝土的密实度也是一个重要的检查指标。密实度反映了混凝土内部的孔隙率和致密程度，直接影响到混凝土的耐久性和抗渗性。通常情况下，密实度较高的混凝土具有较好的抗渗性能和耐久性。因此，在混凝土浇筑检查中，需要对混凝土的密实性进行评估，以保证工程结构的长期稳定性和安全性。

2. 钢筋焊接检查

钢筋焊接是钢结构施工中常见的连接方式之一，焊接质量直接关系到整个结构的安全性和稳定性。在进行钢筋焊接检查时，需要关注焊缝的焊接长度、焊透性等指标，并通过视觉检查、渗透检测等方法对焊缝的质量进行全面评估。

焊缝的焊接长度是衡量焊接质量的重要参数之一。焊接长度指的是焊条或焊丝在焊接过程中所焊接的长度，它直接影响到焊接接头的强度和稳定性。在进行焊接检查时，需要根据设计要求和相关标准规定的焊接长度进行检查。通常情况下，焊接长度越长，焊接接头的强度和稳定性就越高，因此在焊接检查中需要确保焊缝的长度符合设计要求。

除了焊接长度，焊缝的焊透性也是一个关键的检查指标。焊透性是指焊接过程中焊材与被焊材的融合深度，它直接影响到焊缝的强度和密封性。在进行焊接检查时，需要通过视觉检查或者使用渗透检测方法，对焊缝的焊透性进行评估。通常情况下，焊缝应该具有足够的焊透性，确保焊材与被焊材完全融合，从而保证焊缝的质量和稳定性。

例如，假设在一座钢桥的施工中，需要进行大量的钢筋焊接作业。在焊接过程中，焊工应当根据设计要求，确保焊缝的长度和焊透性符合标准。在进行焊接检查时，质检人员可以采用焊缝切割、渗透检测等方法，对焊接接头进行全面检查。通过这些检查手段，可以及时发现焊接质量存在的问题，并及时采取措施进行修复，以确保钢结构的安全和稳定。

3. 砌体砌筑检查

砌体砌筑作为建筑施工中常见的工序之一，其质量直接影响着建筑物的结构稳定性和美观性。在进行砌体砌筑检查时，通常需要关注砌体的尺寸、垂直度、平整度等指标，以确保砌体质量达到设计要求和相关标准。

第一，砌体的尺寸是砌筑质量的重要指标之一。砌体的尺寸应符合设计图纸中规定的要求，包括长度、宽度、高度等。在进行砌体砌筑检查时，需要使用测量工具（如尺子、测量仪器等），对砌体的尺寸进行准确测量，以确保砌体的尺寸符合设计要求。

第二，砌体的垂直度也是一个重要的检查指标。垂直度指的是墙面与垂直方向的偏离程度，其直接影响着墙体的结构稳定性和美观度。在进行砌体砌筑检查时，可以使用水平仪等工具，对砌墙面进行垂直度检查，确保砌体墙面的垂直度符合规范要求。

第三，砌体的平整度也是一个重要的检查内容。平整度指的是砌墙面表面的平整程度，包括墙面的凹凸、波浪等情况。在进行砌体砌筑检查时，可以通过目测、触摸等方式对砌墙面进行检查，确保墙面平整度符合设计要求和施工规范。

例如，假设在一栋住宅楼的砌体砌筑工程中，需要进行大量的砖墙砌筑。在进行砌体砌筑检查时，质检人员应当根据设计要求，对砌墙面的尺寸、垂直度、平整度等指标进行全面检查。通过使用测量工具和视觉检查方法，可以及时发现砌墙面存在的问题，如尺寸不准确、垂直度不足、平整度不够等情况，并及时通知施工人员进行整改，以确保砌体墙体的质量达到要求。

此外，提高施工人员的技术水平和安全意识，建立员工档案和考核制度，激励员工的积极性和创造性。通过系统的培训和严格的考核，确保施工人员掌握必要的技术技能和安全知识，从而进一步提升砌体砌筑的整体质量和施工效率。建立健全的员工档案，记录每位员工的技术水平和工作表现，根据考核结果制定相应的激励措施，激发员工的工作积极性和创新能力，为砌体工程的顺利实施提供坚实的人力资源保障。

二、质量检验与评定

（一）定期组织施工质量检查

定期组织施工质量检查活动，对施工过程中的关键环节和重要节点进行检查，以保证施工质量的可控性和稳定性。

1.混凝土质量抽检

混凝土质量抽检是保障混凝土施工质量和结构安全的重要措施之一。通过定期抽取混凝土样品进行质量检测，可以及时发现潜在的质量问题，从而有效地保证混凝土结构的安全性和耐久性。在实施混凝土质量抽检时，需要综合考虑多个因素，并采取相应的措施以确保检测结果的准确性和可靠性。

（1）坍落度的重要性

坍落度是衡量混凝土工作性能和施工性能的重要指标之一，反映了混凝土的流动性和可塑性。混凝土的坍落度需要根据具体工程的要求进行调整，过高或过低的坍落度都会对混凝土的质量和工程效果产生不利影响。通常，坍落度过高会导致混凝土易于分层、泌水，进而影响混凝土的均匀性和强度；而坍落度过低则会使混凝土难以施工，导致混凝土的密实度和强度不足。因此，在混凝土质量抽检过程中，应根据不同工程的具体要求，采用标准试验方法对混凝土的坍落度进行检测，并根据检测结果适时调整混凝土的配合比和施工工艺，以优化其工作性能。

（2）强度检测的必要性

混凝土的强度是评价其质量优劣的关键指标之一，直接影响混凝土结构的承载能力和使用性能。在混凝土质量抽检过程中，需要采用科学的取样方法，通过压痕试验、劈裂试验等多种检测方式对混凝土的强度进行全面检测。压痕试验主要通过施加逐步增大的压力，测定混凝土试样在不同压力下的变形情况，从而推算出其抗压强度；而劈裂试验则通过测定混凝土试样在侧向拉力作用下的劈裂强度，评价其抗拉性能。检测结果不仅可以帮助及时调整混凝土的配合比和施工工艺，确保混凝土达到设计要求的强度等级，还能为后续施工和质量控制提供科学依据。

（3）密实度检测的必要性

混凝土的密实度对其耐久性和抗渗性能具有重要影响，是混凝土质量抽检的重要内容之一。混凝土的密实度不足会导致其内部孔隙率增加，降低其抗渗性能和耐久性，从而影响结构的整体质量和使用寿命。在进行混凝土密实度检测时，通常采用表观密度试验、气孔率测试等方法。表观密度试验通过测定混凝土试样的体积和质量，计算其密度；气孔率测试则通过分析混凝土内部的孔隙结构，评估其密实度。通过这些检测方法，可以及时发现混凝土密实度不足的问题，并采取相应的措施进行纠正，以确保混凝土结构的质量和使用寿命。

2. 钢筋焊接质量检查

钢筋焊接质量检查是保障焊接结构安全和可靠性的重要环节，通过对焊接工艺进行定期检查和评估，可以及时发现焊接质量问题，确保焊接结构符合设计要求和标准。在进行钢筋焊接质量检查时，需要综合考虑多个因素，并采取相应的措施来保证焊接质量的稳定性和可靠性。

第一，焊缝外观是钢筋焊接质量检查的重要指标之一。焊缝外观直接反映了焊接质量和工艺的好坏，是评价焊接结构质量的直观依据。在进行钢筋焊接质量检查时，需要对焊缝的外观进行仔细观察和评估，包括焊缝的形状、均匀度、焊道的均匀性等方面。通过目视检查和测量检验等方法，对焊缝外观进行全面评估，确保焊缝外观符合设计要求和标准。

第二，焊接强度是钢筋焊接质量检查的关键指标之一。焊接强度直接影响着焊接结构的承载能力和使用安全性，是评价焊接质量优劣的重要依据。在进行钢筋焊接质量检查时，需要采用适当的检测方法，对焊缝的强度进行评估，包括拉伸试验、冲击试验、硬度测试等。通过对焊接试样进行强度测试，可以准确评估焊接接头的承载能力和耐久性，确保焊接结构的安全可靠。

第三，焊接工艺参数的监控和记录也是钢筋焊接质量检查的重要内容之一。在进行焊接质量检查时，需要对焊接工艺参数进行定期监控和记录，包括焊接电流、焊接电压、焊接速度、焊接温度等参数。通过对焊接工艺参数的监控，可以及时发现焊接质量异常，及时调整焊接工艺参数，保证焊接质量达到设计要求和标准。

3. 砌体砌筑质量评估

砌体砌筑质量评估是确保建筑结构稳固和美观的重要环节之一。通过定期对砌体的尺寸、垂直度、平整度等关键指标进行检查和评估，可以及时发现问题并采取措施进行修正，保证建筑工程的质量达到设计要求和标准。在进行砌体砌筑质量评估时，需要综合考虑多个因素，并采用合适的方法和工具进行检查和评估，以确保评估结果的准确性和可靠性。

第一，尺寸的检查是砌体砌筑质量评估的重要内容之一。建筑物的尺寸直接影响着建筑结构的稳定性和美观程度，因此需要对砌体的尺寸进行定期检查和评估。在进行尺寸检查时，可以采用测量工具如激光测距仪、直尺、量角器等，对墙体的长度、高度、宽度等尺寸进行测量，确保砌体的尺寸符合设计要求和标准。

第二，垂直度的评估也是砌体砌筑质量评估的重要指标之一。墙体的垂直度直接影响着建筑物的垂直度和整体稳定性，因此需要对砌体的垂直度进行定期检查和评估。在进行垂直度评估时，可以采用水平仪或者激光水准仪等工具，对墙体的垂直度进行测量和检查，确保墙体垂直度符合设计要求和标准。

第三，平整度也是砌体砌筑质量评估的重要指标之一。建筑物的表面平整度直接影响着建筑物的外观质量和美观程度，因此需要对砌体的平整度进行定期检查和评估。在进行平整度评估时，可以采用目视检查或者平板仪等工具，对墙体的表面平整度进行检查，确保墙体表面平整度符合设计要求和标准。

（二）及时整改质量问题

对施工过程中发现的质量问题，采取及时的整改和处理措施，以确保施工质量的持续稳定：

1.制订整改方案

整改方案的制订是确保施工质量持续改进和问题得到有效解决的关键步骤之一。在发现施工中的缺陷和不合格项后，及时制订整改方案是保障工程质量的重要举措之一。整改方案应当具有针对性、可操作性和有效性，需要明确整改措施、责任人和时间计划，以确保整改工作有序进行并取得实质性成果。

第一，整改方案应当明确缺陷和不合格项的具体内容和影响程度。这需要通过对问题的全面分析和评估，确定问题的性质、原因以及可能带来的后果。例如，在钢筋焊接过程中发现了焊接不牢固的问题，需要进一步分析焊接工艺、焊材选择、操作规范等方面可能存在的问题，以及可能造成的安全隐患和结构稳定性问题。

第二，整改方案应当明确整改措施和责任人。针对不同的问题和缺陷，需要制定具体的整改措施，并明确责任人负责实施。例如，针对焊接不牢固的问题，可能需要调整焊接工艺参数、更换焊接材料、加强焊工培训等措施，并明确相关工程师或监理人员负责监督和落实整改工作。

第三，整改方案还应当明确整改时间计划和验收标准。根据问题的紧急程度和影响程度，制订合理的整改时间计划，确保整改工作能够及时有效地完成。同时，还需要明确整改后的验收标准，以确保整改后的结果符合设计要求和相关标准。例如，针对焊接不牢固的问题，需要制定焊接质量验收标准，确保焊接质量符合相关规范要求。

第四，整改方案的执行和跟踪是整改工作的关键环节。需要建立有效的监督和跟踪机制，确保整改措施得到有效实施，并及时发现和解决可能出现的问题。同时，需要定期对整改工作进行评估和总结，及时调整和完善整改方案，以确保整改工作的持续改进和质量提升。

2. 采取修复措施

采取修复措施是质量管理中至关重要的一环，它直接关系到质量问题是否能够得到有效解决，进而影响整个工程的质量和安全。在实践中，针对不同的质量问题，需要采取不同的修复措施，并确保这些措施能够有效、可靠地解决问题。

第一，对于一些简单的质量问题，可以采取局部修复措施。例如，在建筑工程中，如果发现某个混凝土构件存在细微裂缝，可以采用喷浆修补的方式进行修复；如果发现某个焊缝存在气孔或夹杂物，可以采用局部再焊或打磨的方式进行修复。这些局部修复措施能够快速解决问题，但需要注意修复后的质量是否能够满足要求。

第二，对于一些较为严重的质量问题，可能需要进行整体替换或重建。例如，如果发现某段墙体存在严重裂缝，且无法通过简单的修补措施解决，可能需要拆除重建整段墙体；如果发现某个关键构件存在严重质量问题，可能需要进行整体更换。这些整体修复措施可能会造成一定的时间和成本损失，但可以确保问题彻底解决，避免日后再次出现质量隐患。

第三，还需要注意修复措施的可持续性和预防性。除了及时解决当前发现的质量问题外，还需要分析问题产生的根本原因，并采取相应的预防措施，防止类似问题再次发生。例如，在进行墙体裂缝的修复时，不仅要修复当前的裂缝，还要分析裂缝产生的原因，可能是由于基础沉降或结构设计不合理等因素导致，因此需要针对性地进行基础处理或结构调整，以防止裂缝再次出现。

3. 质量跟踪监控

质量跟踪监控是对整改后质量问题的持续关注和监测，旨在确保整改措施的有效性和持续性，防止问题再次发生。通过质量跟踪监控，可以及时发现问题的变化趋势和潜在风险，采取相应的措施加以解决，从而保障工程质量的稳定和可靠。

第一，质量跟踪监控需要建立科学的监测体系和方法。这包括确定监测指标、建立监测点位、选择监测工具和设备等。例如，在对混凝土质量问题进行跟踪监控时，可以通过设置定期的混凝土抽检点位，采用物理测试、化学分析等手段，对混凝土的坍落度、强度等指标进行实时监测。

第二，质量跟踪监控需要建立健全的数据管理和分析体系。收集和记录监测数据，建立数据分析模型，对数据进行分析和评估，及时发现问题的变化和趋势。例如，通过对混凝土抽检数据进行统计和分析，发现混凝土坍落度或强度存在异常波动或趋势，及时采取调查措施进行处理。

第三，质量跟踪监控需要建立有效的沟通和反馈机制。及时将监测结果和分析结论反馈给相关责任人和相关部门，共同商讨问题的解决方案和整改措施。例如，在发现混凝土质量存在问题时，及时通知施工单位和质量监督部门，共同商讨整改方案，并跟踪监控整改效果。

第四，质量跟踪监控需要建立持续改进的机制。根据监测结果和问题反馈，及时调整监测方案和控制措施，不断优化监测方法和流程，提高监测的精度和有效性。例如，根据混凝土抽检数据的分析结果，优化混凝土配合比和浇注工艺，提高混凝土质量的稳定性和可控性。

（三）制定质量评定标准

制定合理的质量评定标准，对施工质量进行客观评价和打分，以保证工程质量达到设计要求和施工标准。

1. 质量评定指标制定

制定施工质量评定指标是确保工程质量符合标准要求的关键步骤之一。这些指标必须具有科学性、可操作性和可评估性，以便对工程质量进行准确评定和监控。在制定这些指标时，需要考虑到工程的具体特点、相关规范和标准的要求，以及业界的最佳实践。

第一，针对不同类型的工程项目，需要确定相应的质量评定指标。例如，在建筑工程中，常见的质量评定指标包括结构强度、尺寸精度、外观质量等；而在道路工程中，常见的质量评定指标包括路面平整度、路肩坡度、排水性能等。这些指标应当能够全面反映工程质量的各个方面，以便全面评价工程的质量水平。

第二，需要根据相关标准和规范，确定各项指标的合格标准。这些合格标准应当具有科学性和实用性，能够清晰地表达工程质量的要求，并能够被施工人员和监理人员理解和执行。例如，对于混凝土强度指标，可以根据混凝土标准规范中的要求，确定相应的合格标准，如28天龄期的抗压强度应达到多少兆帕等。

第三，需要制定评定方法和评分体系，以便对工程质量进行量化评定。评定方法应当具有科学性和客观性，能够有效地评价各项指标的达标情况。例如，可以采用定量化的评定方法，根据各项指标的具体数值和合格标准，给予相应的评分，以便客观地评价工程质量的优劣。

第四，需要建立完善的监督和评估机制，确保质量评定指标的有效执行和实施。这包括对施工现场进行定期检查和抽样检测，对质量评定结果进行审核和评估，及时发现和解决存在的质量问题，保障工程质量的稳定和可靠。

2. 质量问题分类评定

质量问题的分类评定对于施工管理和质量控制至关重要。通过对质量问题进行分类评定，可以更好地了解问题的严重程度、影响范围和紧急程度，从而采取针对性地整改和改进措施，提高工程质量和施工效率。

一种常见的分类方法是按照问题的严重程度进行评定，通常可以分为严重、一般和轻微三个等级。严重的质量问题可能会导致工程结构安全隐患或者功能失效，对工程的整体质量和安全性造成严重影响，需要立即采取措施进行整改。一般的质量问题虽然不会造成严重后果，但仍然需要及时处理，以避免问题进一步扩大或者影响工程进度。轻微的质量问题可能只是一些细枝末节的问题，但也不能忽视，应当及时整改，以保证工程的整体质量。

除了严重程度外，质量问题还可以按照其影响范围进行分类评定。影响范围可以分为局部和整体两种。局部的质量问题主要影响到工程的局部区域或者某个特定部位，对整体工程的影响较小，可能只需要局部修复或者调整。而整体的质量问题则会影响到工程的整体结构或者功能，需要全面分析和整体处理，以确保工程的整体质量和安全性。

例如，如果在建筑工程中发现了墙体开裂的问题，根据裂缝的宽度和长度可以评定裂缝的严重程度，同时需要评估裂缝对整个建筑结构的影响范围，如是否影响了建筑的稳定性和安全性。如果裂缝较宽且影响到了整体建筑结构的稳定性，则属于严重问题，需要立即采取整改措施；如果裂缝较窄且只是影响到了局部墙体的外观，可以作为一般问题，可以在合适的时间进行修补处理。

3. 最终验收依据提供

将质量评定结果作为工程最终验收的依据是确保工程质量符合设计要求和合同约定的重要步骤之一。通过对质量问题的分类评定和整改措施的执行，可以得出工程质量的综合评价，作为最终验收的依据，以确保工程达到交付标准。

在进行最终验收时，质量评定结果起着至关重要的作用。首先，质量评定结果反映了整个施工过程中出现的各种质量问题的性质、严重程度和影响范围，可以客观地评价工程的整体质量水平。其次，质量评定结果也是施工单位、监理单位和业主之间沟通交流的重要依据，可以帮助各方就工程质量达成一致意见，避免因质量问题产生的纠纷和争议。最后，质量评定结果还为工程最终验收提供了科学依据，帮助业主和相关单位确定是否满足了设计要求和合同约定，是否达到了交付标准。

例如，假设某工程在施工过程中出现了一些质量问题，经过评定后被划分为严重、一般和轻微三个等级，并制定了相应的整改措施。在最终验收时，相关各方可以根据质量评定结果进行综合评估，确定哪些问题已经得到了有效解决，哪些问题还需要进一步改进。例如，对于严重问题，可能需要特别关注相关整改措施的执行情况和效果，确保问题得到彻底解决；对于一般和轻微问题，可以根据实际情况灵活处理，例如在验收中提出整改意见或者在后续维护中加以修复。

第五章　项目收尾与验收

第一节　竣工验收流程

项目竣工验收是工程实施的最后环节，是对工程质量和性能的综合评定，也是工程交付的标志。

一、制订竣工验收计划

（一）验收程序明确

1. 初步验收阶段

初步验收阶段是工程接近竣工时的重要环节，其目的在于确保工程的基本要求已经得到满足，为后续的质量验收和技术验收奠定基础。在这一阶段，需要进行以下四个方面的工作。

（1）工程进度检查

对工程的施工进度进行全面检查，确保各项工程任务按计划进行，并且已经完成的工程部分符合质量要求。

（2）施工质量评估

对已经完成的工程部分进行初步质量评估，重点关注是否存在明显的质量缺陷和不合格项，及时进行整改和修复。

（3）安全检查

对工程现场的安全状况进行检查，确保施工过程中没有发生安全事故，并且各项安全措施得到落实。

（4）合同履约检查

检查施工方是否按照合同要求履行各项义务，包括工程进度、质量标准、安全责任等方面的履约情况。

2. 质量验收阶段

质量验收阶段是对工程质量进行全面检查和评定的重要环节，其主要内容包括以下三个方面。

（1）建筑结构验收

对建筑结构的稳定性、承载能力等进行检查和评估，确保建筑结构达到设计要求并且符合相关标准。

（2）装修质量验收

对室内外装修质量进行检查，包括墙面平整度、地面平整度、装饰材料的质量等方面，确保装修质量满足设计要求和客户需求。

（3）设备安装验收

对设备的安装质量和性能进行检查，包括设备的固定、接线、调试等方面，确保设备安装符合规范要求并且能够正常运行。

3. 技术验收阶段

技术验收阶段是对工程技术指标和性能进行检查和评定的环节，其主要内容包括以下三个方面。

（1）设备运行检查

对设备的运行情况进行全面检查，包括启动、停止、运转稳定性等方面，确保设备运行正常。

（2）系统功能检查

对工程系统的功能进行检查，包括供水系统、供电系统、通风系统等方面，确保系统功能完好。

（3）安全性能检查

对工程的安全性能进行评估，包括消防设施、安全出口、应急救援措施等方面，确保工程满足安全要求。

（二）验收标准和指标确定

1. 参考标准和规范

在确定验收标准和指标时，必须充分参考国家标准、行业标准以及相关规范。这些标准和规范是工程质量评定的基础，具有权威性和科学性。通过遵循这些标准和规范，可以确保验收工作的科学性和合理性。例如，在建筑工程中，可以参考《建筑工程质量验收标准》（GB 50300）等相关标准，明确建筑工程质量验收的基本要求和评定方法。

2. 针对性指标

针对性指标是根据工程的特点和要求确定的具体验收指标，以确保工程质量的全面评定。这些指标应当具有可操作性和可验证性，能够直接反映工程质量的优劣。例如，在道路工程中，可以将路面平整度、路面坡度、路面硬度等作为针对性指标，用于评定道路质量的好坏。

3. 量化评价

为了确保验收结果的客观性和准确性，应尽可能将验收标准和指标量化。通过量化评价，可以使验收工作更加具体和可操作，避免主观性和随意性。例如，可以将建筑结构的承载能力以最大承载力、安全系数等指标来量化评价，以便于实际检查和评定。

例如，对于一座新建的桥梁工程，在确定验收标准和指标时，首先应参考《公路桥梁设计规范》（GB 50010）等相关标准，明确桥梁结构、材料、施工工艺等方面的验收要求。针对性指标可以包括桥面平整度、桥梁荷载能力、桥墩和桥面的连接牢固性等。通过量化评价，可以将桥面平整度指标设置为每米偏差不超过 5 毫米，荷载能力指标设置为按设计荷载的 1.2 倍进行检测，桥墩和桥面连接牢固性指标设置为承受特定拉力下不产生松动或位移等。这样一来，就可以确保对桥梁工程质量进行科学准确地评定。

（三）验收人员组织

1. 项目负责人

（1）项目负责人的角色定位

项目负责人是工程项目的领导者和决策者，其主要职责是确保项目按时、按质、按量完成，并协调项目各方资源，以实现项目的整体目标。

（2）项目负责人的职责与重要性

①制定项目方向和目标：项目负责人需要明确项目的整体方向和目标，确保项目团队明白工作的重点和方向，以便达成共识并推动工作的顺利进行。

②项目计划的制订与管理：负责人需制订详细的项目计划，并对项目进度进行全面管理，确保各项工作按时完成，并在必要时调整计划以适应变化。

③资源调配与管理：负责人需要合理分配项目资源，包括人力、物力和资金等，以保障项目的顺利进行，并优化资源利用效率，确保资源的最大化利用。

④团队管理与协调：负责人需要建立有效的团队组织结构，招聘和培训项目团队成员，并协调各个团队成员之间的合作，以保证团队的高效运作。

⑤风险管理与问题解决：负责人需要对项目可能面临的风险进行全面评估和管理，并及时制定应对措施以规避风险，同时在项目出现问题时，能够迅速做出决策并解决问题，以确保项目进展顺利。

⑥沟通与利益平衡：负责人需要与项目各方保持良好的沟通，包括客户、供应商、团队成员等，以确保项目各方利益的平衡和协调，提高项目成功的可能性。

2.技术专家

（1）技术专家的角色定位

技术专家是工程项目中的技术顾问和专业评估者，其职责是通过专业的技术知识和经验，对工程项目的技术指标和性能进行评估，并提供专业的意见和建议，以确保工程的质量、安全和可靠性。

（2）技术专家的职责与重要性

①技术指标评估：技术专家负责评估工程项目的各项技术指标，包括结构设计、材料选用、施工工艺等方面，确保其符合相关标准和规范要求。

②问题诊断与解决：技术专家在工程实施过程中可能面临各种技术问题和挑战，他们需要通过对问题的诊断和分析，提出解决方案，并指导实施，以确保工程项目顺利进行。

③技术方案优化：技术专家根据工程项目的实际情况和需求，提出技术方案的优化建议，以提高工程的效率、质量和经济性。

④技术监督与质量控制：技术专家参与工程项目的技术监督和质量控制工

作，对施工过程中的关键技术环节进行监督和检查，确保工程质量符合要求。

⑤技术培训与知识传承：技术专家还负责对项目团队成员进行技术培训和指导，传授专业知识和技能，提升团队成员的技术水平和综合素质。

3. 质量监督员

（1）质量监督员的角色定位

质量监督员是工程项目中负责质量监督和检查的专业人员，其职责是对施工过程中的质量问题进行及时发现、解决和防范，保障工程质量的稳定和可控。

（2）质量监督员的职责与重要性

①质量检查与监督：质量监督员负责对施工现场的各项工作进行质量检查和监督，包括材料使用、施工工艺、工程实施等方面，确保工程质量符合设计和标准要求。

②问题诊断与整改：当发现质量问题时，质量监督员需要及时进行问题诊断和分析，提出整改措施并指导实施，确保问题得到及时解决，防止质量问题扩大影响。

③合规性评估：质量监督员负责评估施工过程中各项工作的合规性，包括是否符合相关法律法规、技术标准和施工规范要求，以确保施工行为合法合规。

④记录与报告：质量监督员需要及时记录和报告施工过程中的质量情况，包括发现的问题、整改情况、质量改进建议等，为项目管理和决策提供参考依据。

⑤技术支持与培训：质量监督员还可以提供技术支持和培训，帮助施工人员提升质量意识和技术水平，促进质量管理的持续改进。

二、竣工验收实施

（一）初步验收阶段

1. 工程基本情况了解与评估

在初步验收阶段，项目团队应对工程的基本情况进行全面了解和评估。这主要包括以下三个方面。

（1）施工质量评估

对施工质量进行初步检查，包括结构是否完整、材料使用是否合格、工艺是否规范等。

（2）安全情况评估

评估施工过程中的安全措施是否到位，是否存在安全隐患，确保施工现场的安全。

（3）环境保护检察

检查施工现场的环境保护措施是否有效，是否存在环境污染等问题，确保施工过程符合环保要求。

2. 发现问题与隐患

在初步验收过程中，项目团队应重点关注并发现存在的问题和隐患，包括但不限于施工质量缺陷、安全隐患、环境污染等。这些问题的发现有助于及时采取整改措施，确保工程质量和安全。

3. 制订整改方案

针对发现的问题和隐患，项目团队应及时制订相应的整改方案。整改方案应包括问题的具体描述、整改措施、责任人和整改期限等内容，确保问题能够得到有效解决。

（二）质量验收阶段

1. 验收标准和指标确定

质量验收阶段是对工程质量进行详细检查和评定的重要阶段。项目团队应根据事先确定的验收标准和指标，对工程的各项质量指标进行检查和评定。

2. 质量指标检查与评定

针对工程的各项质量指标，项目团队应进行详细的检查和评定。这包括建筑结构的稳定性、材料的使用质量、施工工艺的符合性等方面的检查，确保工程质量符合设计要求和合同约定。

（三）技术验收阶段

1. 技术指标和性能评定

技术验收阶段是对工程技术指标和性能进行评定的关键阶段。项目团队应根据项目设计要求和相关标准，对工程的技术指标、设备性能、系统运行情况等进行检查和评估。

2.技术性能符合性检查

在技术验收阶段，项目团队应对工程的技术性能进行全面检查，包括设备运行是否稳定、系统功能是否正常、安全性能是否达标等方面的检查，确保工程技术性能符合设计要求和合同约定。

第二节　项目交接与维护管理

工程竣工验收后，需要进行项目交接和维护管理工作，确保工程能够持续运行和维护。

一、项目交接程序

（一）编制交接文件

1.项目基本信息

（1）项目名称

交接文件中应明确标注项目的名称，以便交接双方清楚地了解项目的身份和范围。

（2）项目地点

详细记录项目所在地的具体位置，包括地址、地理坐标等信息，有助于交接双方对项目位置的准确理解。

（3）起止时间

记录项目的开始和结束时间，包括实际施工时间和计划完成时间，帮助交接双方了解项目的历史和进度。

（4）主要参与方

说明项目的主要参与方，包括业主、总承包商、设计单位、监理单位等，确保交接双方对项目的相关利益方有清晰的认识。

2.工程完成情况

（1）施工进度

详细描述工程的施工进度，包括各个施工阶段的完成情况、施工进度的延误情况等，帮助交接双方了解工程的整体进展。

（2）质量验收情况

说明工程的质量验收情况，包括各个阶段的质量验收结果、存在的质量问题及处理情况，确保交接双方对工程质量的认知一致。

（3）存在的问题和隐患

列举工程中存在的问题和隐患，包括质量问题、安全隐患、未完成的工作等。描述问题的性质、影响范围和可能的解决方案，为后续的交接工作提供参考。

（4）未完成的工作及后续维护管理计划

说明项目交接后需要完成的工作，包括未完成的施工任务、尚未解决的问题、后续维护管理的计划和措施等。确保交接双方对后续工作有清晰的认识和规划。

（二）组织交接会议

1. 会议准备

（1）确定会议时间和地点

在召开交接会议之前，项目负责人应与相关参与方商定会议时间和地点，确保所有关键人员都能参加，并选择一个适合的会议场所进行会议。

（2）准备会议材料

负责人应提前准备好会议所需的各类材料，包括交接文件、项目进展报告、质量验收报告等，以便在会议上进行参考和讨论。

（3）邀请相关人员参加会议

项目负责人应向项目团队成员、相关利益方和其他必要参与方发出会议邀请，并确保他们能够及时参加会议。

2. 会议议程

制定会议议程，明确会议的主题和内容安排。议程应涵盖项目的各个方面，包括工程完成情况、存在的问题和隐患、未完成的工作及后续维护管理计划等。

3. 议题讨论

（1）逐项讨论交接文件内容

在会议上，交接双方应就交接文件中的内容进行逐项讨论和确认，包括项目的基本信息、工程完成情况、存在的问题和隐患、未完成的工作及后续维护管理计划等。通过讨论，解决可能存在的疑问和问题，确保双方对项目情况的理解一致。

（2）达成共识并确定后续工作安排

在讨论过程中，双方应共同努力，就各项议题达成共识，并确定后续的工作安排和责任分配。这包括解决问题的具体措施、确定交接的时间节点和方式、明确各自的责任和义务等。

（三）确定交接责任人

1. 负责人选定

在确定项目交接的负责人时，需要综合考虑项目的复杂程度、规模和交接的具体情况。这些负责人将承担着组织、协调和推动整个交接过程的重要角色。他们应该具备以下四个特点和能力。

（1）专业知识和经验

负责人应具备相关的专业知识和经验，能够全面了解项目的技术细节、运行情况和问题所在。这样他们可以更好地理解交接的复杂性和挑战，并提出有效的解决方案。

例如，在一个大型建筑工程的交接中，负责人可能需要具备建筑工程管理和施工经验，以便全面了解工程的质量、进度和安全情况，从而有效地组织和推动交接工作。

（2）沟通和协调能力

负责人应具备良好的沟通和协调能力，能够与各方沟通顺畅、有效地协调各项工作，并处理交接过程中可能出现的矛盾和问题。

例如，在项目交接过程中，负责人需要与项目团队成员、相关利益方和其他参与方进行频繁的沟通和协调，以确保信息畅通，问题及时解决。

（3）领导和决策能力

负责人应具备良好的领导和决策能力，能够在交接过程中做出正确的决策，并有效地指导团队成员执行。

例如，当交接过程中出现问题或争议时，负责人需要果断地做出决策，并指导团队成员采取相应的行动，以确保交接工作顺利进行。

（4）组织和规划能力

负责人应具备良好的组织和规划能力，能够制订详细的交接计划，合理安排工作进度，并有效地管理交接过程中的资源和时间。

例如，负责人需要制订详细的项目交接计划，明确交接的各个阶段、任务和时间节点，以确保交接工作有序进行。

2. 责任分工

在项目交接过程中，明确各个责任人的职责和任务至关重要，这有助于确保交接工作有条不紊地进行，并最大程度地减少交接过程中可能出现的问题和风险。以下是责任分工的五个重要方面。

（1）项目负责人

职责：负责整个交接过程的组织和协调工作，监督交接计划的执行，确保交接工作按时完成并达到预期目标。

任务：制订项目交接计划，安排交接会议，协调各方合作，解决交接过程中的问题和矛盾。

（2）技术专家

职责：提供专业的技术支持和咨询，评估工程技术指标和性能，为交接过程提供专业意见和建议。

任务：对工程的技术指标和性能进行评估，确定技术性的整改方案和建议，确保工程技术性能符合设计要求和合同约定。

（3）质量监督员

职责：负责对工程质量进行检查和监督，确保施工质量符合标准和要求。

任务：对工程的各个方面进行质量检查和监督，及时发现和解决质量问题，确保工程质量达到要求。

（4）项目团队成员

职责：协助项目负责人完成交接工作，配合其他责任人的工作，提供必要的支持和协助。

任务：根据项目负责人的安排，参加交接会议，提供项目相关的信息和资料，积极配合完成交接任务。

（5）各方合作方

职责：配合项目交接工作，提供必要的信息和支持，积极参与交接会议，解决可能出现的问题和矛盾。

任务：提供所需的项目资料和信息，积极配合交接工作，及时解决可能出现的问题和难题，确保项目交接顺利进行。

二、制订维护管理计划

（一）确定维护管理的周期和责任部门

1. 确定维护周期

（1）日常维护

日常维护是针对设备和工程设施日常使用过程中的常规性问题进行的维护工作。这种维护通常由设备操作人员或相关技术人员负责，其周期一般为每日或每周进行一次。例如，对于机械设备，日常维护可能包括润滑、清洁、检查设备运行状况等，以确保设备的正常运行。

（2）定期维护

定期维护是按照预定的时间间隔进行的例行性检查和维护工作，旨在发现和预防设备的潜在问题，保障设备的长期稳定运行。维护周期根据设备的特性和使用情况而定，可能是每月、每季度或每年进行一次。例如，对于电力设备，定期维护可能包括电气系统的检查、电缆连接的检验等。

（3）特别维护

特别维护是针对设备发生故障、遭受损坏或需要应急处理的情况下进行的维护工作。这种维护通常是在突发事件发生后立即展开，旨在快速修复设备并恢复其正常运行。特别维护的周期取决于具体情况，可能是即时进行。例如，如果设备发生故障导致生产中断，特别维护可能需要立即启动，以最短的时间内恢复设备的运行。

2. 确定责任部门

（1）设备管理部门

设备管理部门负责制订和执行设备的维护计划，监督维护工作的执行情况，并负责设备的保养、检修和维修工作。该部门通常由设备经理或设备工程师领导，其职责包括设备的日常管理、维护保养和技术支持等。

（2）维护部门

维护部门是执行维护工作的具体执行机构，负责日常维护、定期维护和特别维护等工作。该部门通常由技术人员和维修工程师组成，他们根据维护计划进行设备的检修和维护，确保设备的正常运行。

（3）安全部门

安全部门负责设备的安全管理和安全维护工作，确保设备在运行过程中不发生安全事故。该部门通常由安全主管或安全工程师领导，其职责包括制定安全管理制度、开展安全教育培训、监督安全生产等。

（二）建立维护管理制度和流程

1. 建立维护管理制度

（1）设立维护管理机构

维护管理机构的建立是维护管理制度的首要步骤。通常由专门的维护管理部门或维护管理小组负责，该机构应具备一定的权威性和执行力，负责制定和执行维护管理计划，监督维护工作的执行情况，并及时调整和改进管理制度。

（2）建立维护管理规章制度

维护管理规章制度是维护管理工作的依据和保障。这些规章制度包括维护工作的组织架构、维护流程、维护标准和要求等。例如，规定维护管理人员的职责和权限、维护工作的流程和步骤、维护作业的安全操作规范等，以确保维护工作按照既定程序和标准进行。

（3）制定维护管理的工作流程

维护管理的工作流程是维护管理计划的具体实施方案，是维护管理制度的具体体现。该流程应涵盖维护工作的计划制订、任务分配、执行监督、结果评估等环节。例如，确定维护计划的制订周期和程序、确定维护任务的分配和执行程序、建立维护记录和报告制度等，以确保维护工作有序进行和及时反馈。

2. 管理流程确定

（1）制订维护工作计划

确定维护管理的管理流程首先需要制订维护工作计划。在计划制订阶段，需要考虑设备和工程设施的特点、使用情况和维护需求，制定维护工作的时间安排、任务分配和执行计划。

（2）执行维护工作

维护工作的执行阶段是根据维护计划进行具体的维护工作。在这一阶段，维护管理人员应根据任务分配和工作要求，按照维护流程和操作规范，开展设备的检修、保养和维修等工作。

（3）维护工作的监督和评估

维护工作的监督和评估是维护管理流程中的重要环节。通过对维护工作的执行情况进行监督和评估，及时发现和解决存在的问题，提高维护工作的质量和效率。监督和评估的内容包括维护工作的执行情况、维护结果的达成情况以及维护工作中可能存在的问题和改进措施等。

（三）制订定期维护计划

1. 定期检查计划

（1）确定检查内容

在定期检查计划中，首先需要确定需要检查的内容。这些内容应包括设备的各项关键部件、功能和性能指标，以及可能影响设备运行的因素。例如，对于机械设备，检查内容可能包括机械传动系统、润滑系统、电气系统等方面。

（2）确定检查频次

定期检查计划还需要确定检查的频次。检查频次应根据设备的使用频率、工作环境、使用条件和厂家建议等因素来确定。通常，设备使用频繁或工作环境恶劣的情况下，检查频次会相对较高。

（3）确定检查方法

对于每一项检查内容，需要确定相应的检查方法和步骤。这包括检查所需的工具、设备和仪器，以及检查的具体操作流程和标准。例如，对于设备的润滑系统，检查方法可能包括观察润滑油的颜色和质量、测量润滑油的温度和粘度等。

2. 保养计划

（1）确定保养内容

在制订保养计划时，需要确定设备的日常保养内容。这些内容通常包括清洁、润滑、紧固、调整等日常维护工作。根据设备的特点和要求，确定各项保养工作的具体内容和操作方法。

（2）规划保养周期

确定各项保养工作的周期是制订保养计划的重要步骤。保养周期应考虑设备的使用频率、工作环境、使用条件和厂家建议等因素，确保保养工作的及时性和有效性。

（3）建立保养记录

为了跟踪和管理保养工作的执行情况，建立保养记录是必要的。保养记录应包括每次保养的具体内容、执行人员、保养时间、保养结果等信息，以便及时了解设备的保养情况和效果。

3. 维修计划

（1）确定维修项目

维修计划需要确定可能出现的维修项目和维修内容。这些项目可能包括设备的故障、损坏、磨损和老化等情况，以及需要进行的维修工作和维修措施。

（2）确定维修周期

确定维修计划的周期是保障设备正常运行的关键。维修周期应根据设备的使用情况和维修需求来确定，既要确保设备的正常运行，又要避免不必要的停机和损失。

（3）建立维修流程

维修计划需要建立完善的维修流程，包括维修申请、维修排程、维修执行、维修记录和维修反馈等环节。这些流程应该清晰明确，确保维修工作的有序进行和及时反馈。

第二部分

建筑工程

项目管理

第一章　建筑工程招投标和合同管理

第一节　招投标方案制定与实施

在建筑工程项目管理中，招投标方案的制定与实施是确保项目能够按时、按质、按量完成的重要保障。

一、招投标方案制定

（一）明确项目需求与目标

1. 充分了解业主需求

在制定招投标方案之前，项目管理团队必须深入了解业主的需求。这包括项目的技术要求、质量标准、安全要求以及工程进度等方面。通过与业主的沟通，项目团队可以确保招标方案与业主期望保持一致，从而为项目的顺利实施打下坚实基础。

2. 明确项目目标

除了理解业主需求外，项目团队还需要明确项目的整体目标。这包括项目的预期成果、交付要求、预算限制等方面。通过明确项目目标，可以指导招标过程中的决策，确保投标人理解项目的整体方向，为实现项目目标做好准备。

（二）制定招标策略

报价工作是投标全过程当中十分重要的组成部分，它是从一定程度上决定企业能否盈利的水准线，也从侧面反映出企业的直接竞争优势。一般来说，投标单位会委托企业内部的专门机构进行投标文件的编制工作，工作内容主要包括审核工程量、编制施工组织设计、材料询价、计算工程报价等。建筑工程项目投标价格的确定应严格按照企业内部定额或政府消耗量定额标准确定人工、材料和机械的费用，并以该项直接费用为计算基础确定管理费和利润的部分，由此计算各分部分项工程的综合单价。同时按照政府的有关规定执行各项税金的要求，考虑企业自身情况，将分部分项工程费、规费和税金等汇总形成最终报价。

1. 低价策略

低价策略在招投标过程中是一种常见且有效的竞争策略，它通过以相对较低的价格获取项目来获取竞争优势。然而，采用低价策略也伴随着一系列风险和挑战，需要投标单位在综合考虑各种因素后做出决策。

第一，低价策略在传统的工程招标中具有明显的优势。在工程量清单计价模式下，投标单位的投标价格是评审的主要依据，因此低价策略可以直接影响中标结果。然而，在采用定额计价模式的情况下，低价并不总是意味着中标，因为招标人还会综合考虑工程质量、工期等因素。

第二，采用低价策略需要投标单位充分了解项目需求和要求，以确保在降低报价的同时不影响工程质量和工期。这可能需要投标单位通过技术创新、资源优化和管理精简等方式来实现成本的降低，同时要确保项目的可持续性和合规性。

例如，某施工企业在投标过程中发现竞争对手的报价相对较低，为了保持竞争力，该企业采取了以下措施：首先，通过优化施工方案和施工组织设计，合理安排施工流程，减少不必要的成本支出；其次，精简企业管理层和管理流程，提高内部运转效率，降低管理成本；再次，建立企业定额库，及时了解市场价格变化，有效控制材料和设备采购成本；最后，调整期望利润率，降低项目报价，以获取项目并扩大市场份额。

2. 高价策略

高价策略在招投标过程中作为一种战略选择，与低价策略相比，其侧重点不在于以最低价格中标，而是通过提高报价来实现更高的利润，并通过高质量的工程项目建设提升企业形象和市场竞争力。以下是高价策略的深入探讨。

其一，高价策略的核心在于企业要有足够的竞争优势和资源支持。这包括企业掌握先进的施工和生产技术，拥有稳定的资本结构和雄厚的资金实力，以及拥有经验丰富的专业人员团队，能够严格把控施工质量。例如，一家建筑企业在投标过程中可以展示其在技术创新、工艺水平和施工管理方面的领先优势，从而吸引招标人对其高价报价的认可。

其二，高价策略适用于对质量、工期等方面要求较高的项目，或者施工技术复杂、潜在风险较大的项目。在这些项目中，招标人更加注重工程质量和项目管理水平，愿意为高水平的服务付出更高的价格。例如，一家建筑企业可以针对高端别墅或高档商业项目采用高价策略，以提供更加精细化、个性化的服务，并保证项目的高品质完成。

其三，高价策略也适用于企业希望提升品牌知名度和市场影响力的情况。通过在招标过程中展示自身的品牌实力和专业形象，企业可以吸引更多的关注和认可，进而扩大在市场上的份额和影响力。例如，一家知名建筑企业可以通过高价策略参与标志性城市建设项目，以提升其在业界的声誉和地位。

3. 不平衡报价策略

不平衡报价策略是一种在招投标过程中灵活运用的策略，其核心在于在总标价不变的情况下，通过调整工程量清单中某些单价的高低来获取更大的利润。

第一，不平衡报价策略的核心是在总标价不变的前提下，通过对工程量清单中单价的调整来实现利润的最大化。这种策略允许承包商在投标报价的过程中灵活调整价格，以应对市场变化和竞争对手的动态。通过提高率先完成的工程内容的单价，如开办费、临时设施等，以及降低后续工作内容的单价，如路面、交通标志等，承包商可以在保持总标价不变的情况下获取更大的利润。

第二，不平衡报价策略需要承包商在工程开工前做好准备工作，确保每一个单项工程在完成时都能及时结算工程款项。这种策略要求承包商争取早收钱、多收钱，通过提前结算工程款项来优化企业的经济效益。虽然可能会出现在项目结束时入不敷出的情况，但由于前期已基本回收成本，承包商实际上并不存在资金周转的问题，从而提高了企业风险应对能力。

第三，不平衡报价策略需要承包商在投标决策过程中注意避免模糊性、随意性和盲目性，确保投标价格的合理性和准确性。投标单位中报价人员的专业水平至关重要，需要具备理性分析和判断的能力，并且要掌握丰富、准确的信息并注意经验积累。决策者的水平和勇气也是不可忽视的因素，在决策过程中需要勇于承担风险和责任。

4. 突然降价策略

突然降价策略在招投标过程中被广泛应用，其核心在于在最后一刻突然调整价格以获取竞争优势。以下是对突然降价策略的深入探讨。

其一，突然降价策略的关键在于灵活应对市场情况和竞争对手的动态变化。在投标前数小时最后决定最终的价格竞争，使得投标单位能够根据最新的情报信息和市场竞争态势来灵活调整价格。这种策略允许少部分决策者在最后时刻做出决定，避免了真实价格泄露的风险，同时也保护了企业的商业机密。

其二，突然降价策略的实施需要在投标函内声明，确保招标人和其他竞争对手都能理解和接受这种突然调整价格的行为。此外，在最后审查招标文件时，如果发现计算错误或其他错误，可以通过调整降低价格系数来弥补，而无需修改所有的计算和报价，保证了投标文件的及时性和准确性。

其三，突然降价策略不仅适用于总承包企业，对于一些专业性较强的工程内容，分包企业也可以采用类似的策略。通过将部分业务专长分包给其他专业的工程施工公司，可以保障工程质量、工期和降低成本，实现风险的分散和共担，提高了整个工程项目的成功率和效益。

例如，一家建筑企业在投标前得知竞争对手的报价情况后，通过突然降价策略，在最后一刻调整价格以达到竞争优势。该企业可以根据市场情况和自身实力，灵活调整价格系数，以确保最终的报价能够吸引招标人的关注并获得中标。

5. 利用调整系数的策略

利用调整系数的策略是一种在合同条款中灵活运用价格调整公式的方法，以实现企业经济效益最大化的策略。在大多数情况下，合同中会规定价格调整的条件，例如法律法规的变化、价格波动、工程变更等因素，但并没有明确规定具体的调整系数，而是给出了一个价格范围或者价格指数。在这种情况下，企业可以根据自身利益和市场情况，通过调整系数来获取更高的价格或者更大的经济效益。

第一，企业需要对合同条款中的价格调整条件进行全面地分析和理解。这些条件可能包括法律法规的变化、原材料价格的波动、工程范围的变更等因素。对于每一个可能影响价格的因素，企业需要评估其可能的影响程度，并确定是否需要调整系数来应对这些变化。

第二，企业需要根据市场情况和自身利益，确定合适的调整系数。调整系数可以根据实际情况灵活变化，可以选择较高的系数以获取更高的价格，也可以选择较低的系数以提高竞争力或降低成本。这需要企业对市场行情和竞争对手的情况有深入地了解和分析，以确定最适合自身利益的调整系数。

例如，假设某企业与政府签订了一份长期工程合同，合同中规定了价格调整的条件但未确定具体的调整系数。在合同执行过程中，由于原材料价格上涨和工程范围的变更，企业面临着成本增加的压力。为了应对这种情况，企业可以提出调整系数，以确保合同价格能够覆盖成本增加的部分，并保障企业的利润。

第三，企业需要与合同对方进行充分的沟通和协商，确保调整系数的合理性和公正性。企业可以提供相关的市场数据和成本信息，以支持调整系数的提出，并与合同对方共同商讨最终的调整方案。通过充分的沟通和协商，企业可以达成双方都能接受的调整系数，保障合同的顺利执行和双方的利益最大化。

6. 以提高质量和进度优势赢得标的的策略

在竞标过程中，通过提高质量和进度优势来赢得标的是一种有效的策略，它不仅能够提升企业的知名度和声誉，还能够增加中标的概率。为了实现这一目标，施工企业可以采取以下四种策略。

第一，建设工程施工方案的编制至关重要。施工方案是对拟建工程施工进行全面部署的文件，其中包括施工方法、工序安排、施工流程、质量控制措施等内容。通过精心设计和详细规划施工方案，可以确保施工过程的高效顺利，并最大程度地减少施工期间的延误和质量问题。例如，在设计施工流程时，可以采用先进的技术和设备，优化施工顺序，以提高施工效率和质量。

第二，合理配置生产要素，缩短建设周期。在编制施工组织设计时，施工企业应根据具体情况，合理配置人力、物力、财力等生产要素，以确保施工进度和质量的同时，尽可能缩短建设周期。例如，可以采用先进的施工技术和设备，提高施工效率；合理安排施工队伍和施工进度，确保施工工序之间的紧密配合和顺畅进行。

第三，注重工程质量的提升，增加业主的吸引力。在竞标过程中，施工企业应注重工程质量的提升，采取有效的质量控制措施，确保施工过程中的各项工程质量符合标准和要求。例如，可以建立严格的质量管理体系，加强对施工过程的监督和检查，及时发现和解决质量问题，提升工程质量水平，增加业主的吸引力。

第四，为投标报价的降低创造条件。通过提高施工效率和质量水平，可以有效地降低施工成本和工程周期，从而为投标报价的降低创造条件。例如，可以通过提高施工效率和质量水平，降低施工过程中的人工和材料成本，优化施工流程，提高资源利用率，降低施工成本，从而使得投标报价更具竞争力。

（三）编制招标文件

编制完整的招标文件，包括招标公告、招标文件、技术规范、合同草案等，明确投标人应提交的资料和要求。

1. 招标公告

招标公告是向潜在投标人发布的信息，其中包含了项目的基本信息、招标范围、投标要求等内容。招标公告应发布在合适的平台上，以吸引到合适的投标人。

2. 招标文件

招标文件是投标人参与投标的重要依据，应包含项目的详细说明、技术规范、合同条款等内容。招标文件应清晰地描述项目的需求和要求，以便投标人理解并准备投标文件。

3. 技术规范

技术规范是招标文件中的重要组成部分，用于规定项目的技术要求和标准。技术规范应根据项目的实际情况进行编制，确保项目的技术方案符合相关标准和要求。

4. 合同草案

合同草案是招标文件中的重要内容，用于规定项目的合同条款和条件。合同草案应清晰地描述双方的权利和义务，以及合同的履行方式和期限，确保项目的合同能够有效执行。

二、招标实施

（一）发布招标公告

在招标实施的初期阶段，发布招标公告是至关重要的一步。招标公告是招标方向潜在投标人公开项目信息的主要途径，其内容应当包括以下五个方面。

1. 项目基本信息

招标公告应首先明确项目的基本信息，包括项目名称、建设地点、建设内容以及招标单位名称。项目名称应当简洁明了，准确反映项目的性质和规模。建设地点则需要明确指出具体的地理位置，以方便投标人了解项目的所在地。建设内容则是对项目的概要描述，可以简要介绍项目的规模、功能、主要工作内容等。招标单位名称是发布招标公告的单位，需要清晰列出以便投标人联系和查询相关信息。

2. 招标范围和要求

在招标公告中，需要明确招标的范围和具体要求，这包括工程量清单、技术规范、合同条款等。工程量清单是对工程项目所包含工程量的清单，列出了各项工程的名称、数量、单位和单价等信息，以便投标人准确理解项目的工作量和内容。技术规范则是对工程施工过程中需要遵循的技术标准和规范的说明，以确保施工质量符合要求。合同条款则是招标方和中标方之间约定的具体合同内容，包括付款方式、交付期限、责任和义务等，需要明确列出以便投标人了解相关约定。

3. 招标文件获取方式

招标公告应明确说明投标人如何获取招标文件，包括购买方式、报名方式等。招标文件是投标人参与投标的重要依据，因此需要确保投标人能够及时获取相关信息。可以提供多种获取途径，如通过招标单位的网站、实体办公地点或邮寄方式等，以方便投标人根据自身情况选择适合的获取方式。

4. 投标截止时间和地点

在招标公告中，需要明确投标截止时间和地点，以便投标人按时提交投标文件。投标截止时间是投标人提交投标文件的最后期限，需要明确指出以避免误解和延误。投标地点则是投标人提交投标文件的具体地点，可以是招标单位的办公地点或指定的投标地点，需要清晰列出以便投标人准确提交投标文件。

5. 其他相关信息

除了上述基本信息，招标公告还应包括其他相关信息，如投标保证金、开标时间、评标标准等。投标保证金是投标人在参与投标时需要缴纳的保证金，以确保投标人的诚意和责任，需要明确要求和金额。开标时间是公开评审投标文件的具体时间，需要提前通知投标人以确保其能够及时参加。评标标准是评审投标文件的具体标准和方法，需要公开透明以保证评标过程的公平和公正。

发布招标公告的方式可以多样化，包括在政府官方网站、行业媒体、专业招标平台等发布，以确保信息的广泛传播和接收。

（二）组织投标人参与

组织投标人参与招标活动是招标实施的关键环节之一。在此阶段，招标单位需要积极地组织各项活动，解答投标人的疑问，确保招标过程的顺利进行。具体工作主要包括以下三个方面。

1. 技术交流会

技术交流会是招标单位与投标人之间进行技术交流和沟通的重要平台。在技术交流会上，招标单位可以详细介绍项目的技术要求和工程特点，解答投标人提出的各种技术问题和疑问。同时，技术交流会也是投标人了解项目需求和准备投标文件的重要机会。招标单位应当及时组织技术交流会，并确保会议内容充分、清晰地传达给所有潜在投标人，以便他们能够充分理解和准备。

2. 现场勘查

现场勘察是投标人深入了解工程项目情况、实地考察施工环境的重要途径。通过现场勘察，投标人可以直观地了解项目的地理位置、工程规模、施工条件等情况，有助于投标人准确评估工程风险和确定施工方案。招标单位应当组织投标人进行现场勘察，并提供必要的支持和指导，确保投标人能够全面了解项目情况，提高投标的准确性和可靠性。

3. 咨询服务

咨询服务是为投标人提供投标过程中的各种咨询和帮助的重要方式。招标单位应当设立专门的咨询服务机构或委托专业机构，为投标人提供投标文件解读、投标流程指导、技术咨询等服务。通过咨询服务，投标人可以及时获取所需信息和帮助，解决在投标过程中遇到的各种问题和困难。招标单位应当积极响应投标人的需求，确保咨询服务及时、准确地提供给投标人，保障投标过程的顺利进行。

（三）评标与定标

评标与定标是招标实施的最后阶段，也是最为关键的环节之一。在此阶段，招标单位需要根据招标文件规定的评标标准和程序，对投标文件进行评审，最终确定中标人。具体工作主要包括以下三个方面。

1.评审投标文件

评审投标文件是评标与定标过程的核心环节之一。在评审投标文件时，评标委员会应根据招标文件中确定的评标标准和指标对投标文件进行全面、客观、公正的评定。评审内容主要包括投标人的技术方案、施工组织设计、工程质量保证措施、施工进度计划等方面，以及投标报价等。评审过程中需要确保评审标准的一致性和公正性，避免出现任何偏颇或不当行为。

2.组织评标委员会

评标委员会是负责对投标文件进行评审和评定的专业机构。评标委员会由具有相关专业背景和资质的专家组成，其人员应具备丰富的行业经验和专业知识，能够客观公正地评定投标文件。招标单位需要确保评标委员会的成员结构合理、专业性强，并对其进行必要的培训和指导，以保证评标工作的顺利进行和评审结果的准确性。

3.确定中标人

根据评审结果，评标委员会最终确定中标人。中标人应在技术方案、施工组织设计、工程质量保证措施、施工进度计划等方面表现出色，并具有合理、透明、合法的报价。确定中标人后，招标单位需要及时进行相关程序的公告和通知，向所有投标人和相关利益方公布中标结果，并按照法律法规的要求签订合同，最终落实中标结果。

第二节　合同条款的制定

建筑工程项目合同的制定是明确各方责任和权利、规范工程实施的重要环节。

一、合同内容的确定

合同内容的确定是招标实施中至关重要的一环，它直接关系到工程项目的顺利进行、各方权益的保障以及合同执行的有效性。在确定合同内容时，需要充分考虑合同标的、价格约定、履约期限、变更和索赔机制等方面的内容，以确保合同的全面性、准确性和可执行性。

（一）明确合同标的

合同标的是合同中最基本的内容之一，它直接决定了合同的实施范围和工作任务。在确定合同标的时，应当详细列明工程范围、工程量清单和工程技术要求等信息。工程范围应当明确界定工程的具体范围和内容，以便各方明确工作任务和责任。工程量清单则包括了各项工程量和相应的计量单位，用于确定工程的实际数量和成本。工程技术要求则规定了工程的技术标准、质量要求和验收标准等，对工程实施起到了指导作用。

（二）约定合同价格

合同价格是合同中的核心内容之一，它直接关系到合同的经济利益和资金支付安排。在确定合同价格时，需要明确合同价款及支付方式，包括合同总价款、支付期限和款项比例等内容。合同总价款应当明确列明合同的总金额，支付期限则规定了各个款项的支付时间和方式，款项比例则决定了各个款项的比例和支付顺序。

（三）规定履约期限

合同的履约期限是合同中的重要内容之一，它规定了工程开工、竣工及交付使用的时间节点和要求。在确定履约期限时，需要考虑项目的实际情况和工程的复杂程度，确保履约期限的合理性和可行性。合同应当明确规定了工程的开工日期、竣工日期和交付使用日期，并对可能发生的延期情况进行了相应的约定和处理。

（四）确立合同变更和索赔机制

合同变更和索赔机制是合同中的重要内容之一，它规定了合同变更和索赔的程序、原则和责任分配。在确定合同变更和索赔机制时，需要充分考虑工程实施中可能出现的变更和索赔情况，确保各方的权益得到合理保护。合同应当明确规定了变更和索赔的申请和审批程序、责任分配原则、索赔的计算和支付方式等内容，以确保合同的稳定性和可执行性。

二、法律合规性

（一）遵循相关法律法规

1. 合同法律适用

在合同条款的制定过程中，首先要确保合同条款符合国家相关法律法规的规定。这包括对于合同的成立、履行和变更等方面的法律要求，以确保合同的合法性和有效性。

2. 特定行业法规遵循

针对特定行业的合同，还需要遵循相关的行业法规和规范。例如，建筑工程合同需要符合建筑法规，金融合同需要符合金融监管法规等。

3. 保护弱势方权益

合同条款应当合理保护弱势方的权益，如消费者、劳动者等。在合同的制定过程中，要考虑到弱势方的利益，避免合同条款对其权益造成损害。

（二）保障各方权益

1. 权益平衡原则

合同条款应当平衡各方的权益，确保合同的公平性和合理性。这包括在合同中合理规定风险分担和责任限制等内容，以确保各方的利益得到充分保障。

2. 风险分担原则

在合同条款中，需要明确规定各方在合同履行过程中可能面临的风险，并合理分担这些风险。这包括合同中的违约责任、不可抗力等方面的规定。

3. 责任限制原则

合同条款还需要合理规定各方的责任限制，以确保在合同履行过程中各方的责任得到合理地限制和约束，避免因不可抗力等原因导致的超出合同范围的责任承担。

三、合同签订和履行

（一）签订合同

1. 合法性、自愿性、平等性原则

合同签订应当遵循合法、自愿、平等的原则。这意味着合同双方应当在合法的前提下，基于自愿和平等的原则签订合同，不存在强迫、欺诈等非法行为。

2. 明确约定义务

在签订合同时，双方应当明确约定各自的权利和义务。合同应包括明确的合同标的、履行期限、支付方式、违约责任等条款，以确保合同的清晰和可执行性。

3. 合同文本的规范性

签订合同时，应当采用规范的合同文本，确保合同条款的准确表述和法律有效性。合同应当清晰明了，避免歧义和漏洞，防止未来发生纠纷。

4. 法律顾问建议

在签订重要合同之前，建议双方寻求法律顾问的意见，以确保合同符合法律法规的要求，并最大程度地保护各方的权益。

（二）合同管理与监督

建筑工程合同管理是依照法律，行政手段对合同一起进行编写、指导、协调和监督的。目的是将合同当事人的合法权益进行保护，合同纠纷被更有效地处理，杜绝一切有违市场经济规律的违法违规行为，并确保一系列合同条款的有效实施。建筑工程合同明确了甲方单位与乙方承包单位之间权利和义务，属于经济协议，从而实现商定的建设目标和与项目建设目标相关的具体内容。作为规范施工管理和施工合作的规范性文件，除了具有一般合同管理的特点，施工合同管理还具有与其他合同管理不同的特点：工期长、工程价格高、合同变更频繁、合同管理复杂、合同执行的风险很高。

1. 建筑工程项目合同管理的必要性

（1）加强合同管理符合社会主义市场经济的要求

在社会主义市场经济体制下，加强合同管理是符合市场规则和法律法规要求的重要举措。合同作为一种经济手段和管理工具，有助于规范市场行为，维护市场秩序，保障各方合法权益。随着市场经济体制的不断发展和完善，加强合同管理已成为促进经济社会发展的重要途径之一。通过建立健全的合同管理制度和规范，可以有效引导市场主体依法履约，促进资源配置效率和优化，推动市场竞争的公平性和透明度，促进市场的健康发展。

在社会主义市场经济体制下，加强合同管理还有助于政府职能转移和市场监管体系的建设。合同作为市场主体之间的约束和约定，可以引导企业依法经营，促进市场自律和规范发展。政府部门可以通过加强对合同管理的监督和指导，维护市场秩序，保护消费者权益，促进公平竞争，推动经济社会的稳定和健康发展。

（2）规范各建设主体行为的需要

加强合同管理也是规范各建设主体行为的需要。在建设工程领域，合同规定了参与建设各方的基本权利和义务，是建设各方履行义务、正确处理建设项目实施过程中出现的各种纠纷、享有权利的法律依据。通过加强合同管理，可以规范建设主体的行为，明确各方责任，防止违约和纠纷的发生，保障工程质量和工期，维护工程建设的正常秩序。

在合同管理中，建立健全的合同管理制度和规范操作流程，可以有效规范各建设主体的行为，提高合同履行的效率和质量。合同管理不仅涉及合同签订和履行的具体操作，还包括合同履行过程中的监督和检查等环节，通过全面监督和管理合同履行过程，可以及时发现和解决问题，保障工程项目的顺利进行。

（3）迎接国际竞争的需要

随着改革开放的不断深入，中国的建筑市场也已全面开放，国内建筑企业面临着来自国际市场的竞争和挑战。加强合同管理是我国建筑企业迎接国际竞争的必然要求。只有规范合同管理，才能使国内建筑企业适应国际市场规则，提高国际竞争力，确保企业的生存和发展空间。

在国际市场上，合同管理是企业赢得订单和客户信任的重要保障。国际合同的签订和履行往往涉及复杂的法律制度和商业规则，需要企业具备良好的合同管理能力和专业素养。通过加强合同管理，国内建筑企业可以规范合同操作流程，提高合同履行的效率和质量，降低合同风险，增强企业在国际市场的竞争力。

2. 加强建筑工程项目合同管理的办法

（1）重视建筑工程项目合同文本的拟定与分析

在加强建筑工程项目合同管理的过程中，重视建筑工程项目合同文本的拟定与分析是至关重要的一环。合同文本作为合同的基础，直接影响着合同的执行效果和合同各方的权益。因此，应当认真对待合同文本的拟定和分析工作，采取以下两项措施。

第一，应重视合同文本的拟定。在实践中，使用市场上比较成熟的合同样本可以有效降低合同纠纷的风险。避免双方自行拟定合同文本，以免出现不平等条款和漏洞，增加违约风险。此外，合同文本应当明确、清晰，避免出现歧义，确保各项条款的合法性和完整性。

第二，应重视合同文本的分析。对于拟定的合同文本，应当进行全面深入的分析，包括时间和优先顺序、定价中批准的数量清单的时限、特殊条款中的合同的文件和解释顺序等方面。同时，要充分考虑合同条款的合法性和有效性，以及项目的实际情况和可能出现的不合理现象，为合同的执行提供有力的依据。

（2）建立健全建筑工程项目合同管理制度并善加利用

在加强建筑工程项目合同管理的过程中，建立健全的合同管理制度是保障合同执行的重要保障。具体措施主要包括以下四个方面。

①建立合同管理制度，明确各环节的运作流程和责任分工，确保合同管理的标准化和严格性；

②建立合同管理系统，包括责任分解系统、合同结算系统、日常工作报告系统和进度支付审批系统，提高合同管理的效率和质量；

③建立合同支付制度，落实不同建设阶段责任到相应的部门，加强合同执行的监督和管理；

④建立完善的合同档案管理制度，对合同文件和相关资料进行及时、全面的归档和管理，为合同履行提供有力支撑。

（3）对建筑工程项目合同进行动态管理

在建筑工程项目合同管理过程中，动态管理是保障合同执行的重要手段。具体措施主要包括以下四个方面。

①注意合同文本的签订，避免出现过早签约和过度签约的情况，特别是在签订合同变更补充协议时必须格外谨慎；

②建立合同变更记录机制，及时记录、收集和组织项目涉及的各类文件，对合同变更和索赔进行及时处理；

③严格执行定额规定，对未规定定额的情况，根据项目实际情况进行合理补偿，防止工程停工损失；

④在合同执行过程中，及时处理工程停工、延误等问题，建立有效的协调机制，确保工程项目的顺利实施。

（4）有效地实施施工过程中的合同管理

在建筑工程项目施工过程中，需配备专业的合同管理人员，进行全面的现场监督和管理，及时处理施工过程中的各种问题和应急事件，保证合同执行的顺利进行。合同管理的实施至关重要，具体措施主要包括以下三个方面。

①对合同条款进行全面解读，确保各方对合同内容有深刻的理解和共识，避免因理解偏差而导致的合同履行失败；

②建立合同事件责任分解机制，明确各方责任和义务，并解释未完成项目可能带来的影响和法律后果；

③建立有效、方便的文件系统，便于合同的监督、跟踪和诊断，为决策提供及时和准确的信息和证据。

（5）有效地做好合同跟踪

在建筑工程项目合同管理中，做好合同跟踪是确保合同执行顺利的关键。具体措施主要包括以下四个方面。

①及时跟踪和分析合同文件和工程文件，了解项目实施情况，分析项目实施状态和合同的符合度；

②针对项目实施过程中面临的问题，评估合同的实施效率和合规性，并提出改进措施；

③实施有效的合同改进监督，监督现场各工程团队和项目团队的工作，并为他们提供合同协助，如实施计划、工作协调等；

④根据分析结果，对合同执行情况进行调整和优化，确保合同执行的顺利进行。

通过以上办法的实施，可以有效加强建筑工程项目合同管理，提高合同执行的效率和质量，确保各方权益得到有效保障，推动建筑工程项目的顺利实施。

第三节　合同执行和监控

建筑工程项目的合同执行和监控是确保工程按合同约定进行、按时完成的关键环节。

一、合同执行

（一）严格执行合同约定

1.遵守合同条款

在建筑工程项目中，遵守合同条款是确保合同执行顺利的基石。合同作为双方约定的法律文件，明确了项目的基本要求、参与各方的责任和义务、支付方式、违约责任等重要内容。严格按照合同条款执行，对于保障项目各方的合法权益、避免合同纠纷的发生至关重要。

第一，遵守合同条款体现了各方对合同的尊重和信守承诺的态度。当各方严格执行合同约定时，就意味着他们认可并遵循了合同的规定，这有助于建立合作关系的信任和稳定。

第二，遵守合同条款有利于确保工程项目的顺利进行。合同中规定了工程的基本要求，包括工程质量标准、工期要求等，各方若严格遵守合同约定，就能够有效地控制工程的质量和进度，保障工程按时、按质完成。

第三，遵守合同条款也是防范合同纠纷的有效手段。合同是项目各方之间的法律约束文件，只有在各方严格遵守合同条款的前提下，才能最大程度地减少合同纠纷的发生。通过合同规定的违约责任等条款，可以明确各方的权利和义务，为解决潜在的纠纷提供了法律依据和途径。

2.履行责任和义务

在建筑工程项目中，合同的签订不仅仅是双方权利和义务的约定，更是项目顺利进行的关键保障。履行责任和义务是合同执行的核心内容，承包商和业主作为合同的主要当事方，应当分别承担起各自的责任和义务，以确保项目的顺利进行和合同的有效履行。

第一，对于承包商而言，他们的责任主要体现在按照合同约定的要求完成施工任务。这包括了严格遵守工程质量标准、按时完成工程进度、提供符合合同要求的施工成果等方面。承包商应当保证施工过程中的安全性、稳定性和质量，确保工程能够按照合同约定的要求达到预期的效果和标准。

第二，业主作为合同的另一方，其责任主要体现在按时支付合同款项，提供必要的配合和支持。业主应当根据合同约定的进度和条件，按时支付合同款项，以保障承包商的施工资金需求。同时，业主还应当为施工提供必要的资源、信息和支持，积极配合承包商的施工工作，确保项目的顺利进行。

只有当承包商和业主都能够严格履行各自的责任和义务，才能保证项目的顺利进行，避免合同执行过程中可能出现的纠纷和争议。责任和义务的履行不仅需要双方共同努力，也需要在合同签订之初就明确各方的权利和义务，并在项目执行过程中不断沟通和协调，及时解决可能出现的问题和难题。

3. 保障工程质量

在建筑工程项目中，保障工程质量是合同执行过程中至关重要的一环。工程质量的好坏直接关系到工程的安全性、耐久性和可靠性，因此在合同执行过程中，特别需要注重工程质量的保障。

一方面，承包商作为工程的实际施工方，应严格按照合同约定和相关技术要求进行施工。这包括但不限于采用符合标准的材料、符合技术规范的施工工艺、符合设计要求的施工方案等方面。承包商应严格遵守施工图纸和技术规范，确保每一个施工细节都符合要求，从而保证工程的整体质量达到预期水平。

另一方面，业主作为工程的委托方，应加强对工程质量的监督和检查。业主应设立专门的质量监督部门或委托专业的监理单位进行监督，对工程施工过程中的关键节点和重要工序进行抽检和验收，确保工程质量符合相关标准和规范。同时，业主还应及时处理施工中出现的质量问题，积极配合承包商进行整改和改进，以确保工程的整体质量水平。

在工程质量保障的过程中，除了承包商和业主的积极配合，还需要加强合同管理和技术监督。合同管理部门应对工程质量进行全程跟踪和管理，及时发现和解决工程质量问题，确保工程质量得到有效保障。同时，技术监督部门应加强对施工过程和施工质量的监督和检查，及时发现和纠正施工中存在的质量隐患，确保工程质量的稳定和持续提升。

4. 按时按质完成

在建筑工程项目的合同执行过程中，按时按质完成是各方共同的责任和目标。承包商和业主作为合同的主要双方，需要共同努力，确保工程在约定的时间内按照合同规定的质量标准完成。这一目标的实现不仅需要承包商合理安排施工进度，还需要业主提供必要的支持和配合，共同应对施工过程中可能出现的各种问题和困难。

首先，承包商在合同执行过程中应合理安排施工进度。他们需要根据工程的实际情况和合同约定，制订出合理可行的施工计划，并将其落实到实际施工中。承包商应对施工过程中可能遇到的各种风险和不确定因素进行充分的评估和预防，采取有效的措施确保施工进度的顺利推进。同时，他们也应积极与业主沟通，及时报告施工进展情况，以便及时协调解决可能影响工程进度的问题。

其次，业主在工程施工过程中应提供必要的支持和配合。这包括但不限于及时提供施工所需的材料和设备、解决施工现场的各种问题和困难、协助承包商解决施工过程中的技术难题等。业主应积极参与工程的监督和管理，及时发现和解决施工过程中的质量问题和安全隐患，确保工程质量得以保障。此外，业主还应在合同约定的时间节点内支付合同款项，以保障施工资金的顺利流转，确保施工进度不受资金问题的影响。

最后，只有实现按时按质完成的目标，才能满足业主的需求，提升企业的声誉和竞争力。按时按质完成的工程不仅能够提高业主的满意度，还能够增强企业的市场竞争力，树立良好的品牌形象，为企业未来的发展奠定坚实的基础。因此，合同双方都应积极配合，共同努力，确保工程按时按质完成，实现合同目标，实现双赢局面。

（二）合同变更管理

1.合理性审查

在建筑工程项目中，合同变更是一种常见且不可避免的情况，但是变更必须经过合理性审查，以确保变更的合理性和必要性。这种审查是项目管理中至关重要的一环，它能够有效地控制项目的范围、成本和进度，从而保障项目的顺利实施和合同双方的利益。

一方面，合理性审查需要评估变更请求的合理性和必要性。这意味着审查人员必须深入了解变更请求的背景和原因，分析其是否符合合同约定的程序和条件。合理性审查不仅要考虑到变更对项目的影响，还需要综合考虑其对工程质量、安全性、成本和进度等方面的影响。只有当变更确实是合理且必要的，才能够进行下一步的审批和实施工作。

另一方面，合理性审查需要避免不必要的额外工作和成本。在进行审查时，必须慎重考虑变更请求的合理性，避免因为不必要的变更而增加额外的工程量和成本。审查人员需要从整体项目的角度出发，权衡变更的利弊，确保变更不会对项目造成不必要的损失和影响。

例如，如果变更请求是由于设计方案的错误或不完善而引起的，那么变更就是合理且必要的。在这种情况下，合理性审查应该重点考虑变更是否能够有效地解决设计方案存在的问题，并且是否能够提高工程的质量和可靠性。如果变更能够满足这些要求，那么就可以认定为合理且必要的变更，进而进行后续的审批和实施工作。

2. 程序管理

程序管理在合同变更管理中扮演着至关重要的角色，它涉及变更请求的审批流程和程序，必须得到严格的管理以确保合法、合理的审批过程。合同变更的审批程序不仅影响着项目的进展和成本，也直接关系到各方之间的合作关系和信任度。因此，对于合同变更的程序管理必须十分谨慎，以避免可能出现的纠纷和误解。

第一，合同变更的审批流程和程序应该在合同签订之初就明确定义并写入合同文本中。这样一来，各方都清楚知道变更请求应该如何提交、审批的程序，以及责任人员的角色和职责。这种明确的程序可以有效地规范变更管理的流程，避免出现程序上的混乱和不规范，确保变更请求的处理能够及时、顺利地进行。

第二，变更请求提交后，应严格按照约定的程序进行评审、审批和签署变更协议。在审批过程中，应该确保相关责任人员的合法性和合理性，避免因个人主观意识而导致的偏见和误判。例如，变更请求首先应经过工程师或项目经理的审查，确认变更是否符合技术要求和合同规定，然后再提交给业主或委托方进行最终审批。在审批过程中，必须确保各方的权益得到充分地保障，避免因程序上的不合理性而导致的纠纷和争议。

第三，程序管理还应注重变更审批的及时性和透明度。审批流程应该尽量简化和透明，以减少审批的时间和成本，提高项目的执行效率。同时，各方之间应保持沟通畅通，及时共享审批进展和结果，确保变更请求的处理能够公正、公开地进行。

3. 风险评估

在建筑工程项目中，合同变更是一种常见但不可避免的情况。然而，合同变更可能会引入额外的风险和影响，因此需要进行全面的风险评估和分析，以便及时采取措施进行应对和防范。

首先，对于合同变更可能带来的风险和影响，需要进行全面的评估和分析。这包括对工程进度、成本和质量等方面的影响进行综合评估。例如，变更可能会导致工期延长，造成施工进度受阻；变更可能会增加额外的成本，超出原定预算；变更可能会影响工程质量，导致工程不符合相关标准和要求。因此，需要对这些可能产生的风险进行充分地认识和评估。

其次，针对评估得到的风险，需要及时采取措施进行应对和防范。这包括制定相应的风险应对策略和预案，以降低风险发生的可能性和影响程度。例如，针对可能导致工期延长的风险，可以调整施工计划，加强施工组织和管理，提高施工效率；针对可能增加额外成本的风险，可以优化资源配置，精简施工流程，控制成本支出；针对可能影响工程质量的风险，可以加强质量监控和检查，严格执行技术规范和标准。

最后，还需要建立风险预警机制，及时监测和识别可能产生的风险，以便及时采取应对措施。同时，要加强风险沟通和信息共享，确保各方对风险的认识和应对措施的统一。只有通过全面的风险评估和有效的风险管理，才能最大程度地降低合同变更可能带来的风险和影响，确保项目顺利实施并达到预期的目标。

4. 合理补偿

合理补偿在合同变更管理中扮演着至关重要的角色。合同变更可能会给工程项目带来额外的费用和责任，因此需要对这些额外费用和责任进行合理的补偿，以维护各方的合法权益和公平原则。在变更协议中，应明确变更造成的额外费用和责任分担方案，确保各方都能够公平地承担责任，并得到相应的补偿。

首先，合理补偿应当根据变更造成的具体影响进行确定。例如，如果变更导致施工成本增加，业主应根据合同约定向承包商支付额外的费用。这种补偿应当基于实际发生的费用增加情况，经过合理计算和审核后确定，避免出现不合理的费用要求或支付。

其次，合理补偿应当考虑到双方的合法权益和公平原则。合同双方在变更协议中应进行充分协商，明确各自的责任和义务，确保补偿方案公正合理。例如，承包商应对变更造成的额外费用提供详细的费用清单和计算依据，业主则应根据合同约定及时支付相应的补偿费用。

最后，合理补偿还应考虑到变更对工程进度和质量可能造成的影响。例如，如果变更导致工期延长，承包商可能需要额外的人力和物力投入，以保证工程按时完成。在此情况下，业主应考虑适当调整合同约定的工期，并根据实际情况对承包商进行补偿，以确保工程顺利进行。

二、合同监控

（一）进度监控

1. 实时监测和评估工程进度

实时监测和评估工程进度是建筑工程项目管理中至关重要的一环。通过对工程进度的实时监控和评估，可以及时发现问题和延误，采取相应的纠正措施，确保工程按时完成。在实践中，实时监测和评估工程进度主要通过建立进度计划和里程碑来实现。

一方面，建立进度计划是实时监测工程进度的基础。在项目启动阶段，项目管理团队应制定详细的进度计划，明确工程的各个阶段和关键节点，确定每个阶段的工作内容、时间和资源需求。进度计划应该具体、可行，并与项目的实际情况相适应。通过进度计划，可以清晰地了解工程的整体时间安排，为实时监测和评估工程进度提供基础数据。

另一方面，设立里程碑是实时监测工程进度的重要手段之一。里程碑是指在工程进度中具有重大意义和特定意义的节点或事件，通常与项目的重要阶段或关键任务相关联。通过设立里程碑，可以将工程进度分解为若干个可量化的阶段，便于实时监测和评估工程的推进情况。当达到一个里程碑时，就意味着工程已经完成了一个重要阶段，有助于及时发现工程进度是否符合预期。

实时监测工程进度的过程中，需要不断对比实际进度和计划进度，以及时发现延误并采取纠正措施。这可以通过定期进行进度会议、现场检查和进度报告来实现。管理团队应根据实际情况对工程进度进行动态调整，及时解决影响工程进度的问题和障碍，确保工程按时完成。同时，也需要注意与各相关方进行沟通和协调，确保他们的配合和支持，共同推动工程的顺利进行。

2. 采取应对措施

当在建筑工程项目中发现进度偏差或延误时，采取及时有效的应对措施至关重要，以确保工程能够按时完成并避免对整个项目进展造成不利影响。这些应对措施可能涉及以下四个方面。

第一，调整工程计划是应对进度延误的常见方式之一。根据实际情况重新评估工程进度，确定延误的原因和影响范围，并相应地调整工程计划。这可能包括重新安排工作任务的优先级、调整工作流程、重新分配资源等，以确保工程能够尽快恢复正常进度。

第二，增加人力资源可能是应对进度延误的有效手段之一。通过增加工程人员的数量或提高工作人员的工作效率，加快工程进度的推进。这可能涉及招聘临时工人、加大工人轮班制度的力度、提供必要的培训和技能提升等，以提高工程施工的力量和效率。

第三，加班加点也是应对进度延误的一种常见方式。通过延长工作时间、增加工作日或加大工作强度等方式，尽可能地提高工程的推进速度，以弥补延误造成的时间损失。然而，在采取加班加点措施时，需要注意工人的安全和健康，并遵守相关劳动法规，确保合法合理。

第四，还可以通过优化资源配置、加强沟通协调、采用先进技术和工具等方式来应对进度延误。例如，合理利用现代信息技术，实施远程监控和协同办公，提高工程管理的效率和精准度。同时，加强与相关方的沟通和协调，协同解决问题，共同推动工程进展。

（二）质量监控

1. 制订质量控制计划

在进行工程施工之前，制订详细的质量控制计划至关重要，这有助于确保工程质量得到有效管理和控制。质量控制计划应该是一个系统性的文件，明确规定了各项质量管理的责任和流程，以确保工程的质量符合预期标准，并满足相关法规和标准的要求。

首先，质量控制计划需要明确材料采购的流程和标准。这包括确定可靠的供应商和供货渠道，对材料进行严格的质量把关和验收，确保所采购的材料符合工程设计和规范要求。此外，还需要建立材料台账，记录每批材料的来源、规格、质量证明等信息，以便追溯和管理。

其次，在施工过程中，质量控制计划应该规定详细的检验和测试程序。这包括对施工现场、施工设备、施工工艺等方面的检查和测试，以确保工程施工符合规范和标准要求。检验和测试应该由专业人员进行，并及时记录和归档检测结果，以便跟踪和分析工程质量状况。

最后，质量控制计划还应规范工艺操作的具体要求。这包括制定施工工艺流程图、操作规程和作业指导书等文件，明确各项施工工艺的要求和标准。同时，应对施工人员进行培训和指导，确保他们理解并严格遵守工艺操作规范，提高工程施工的质量和效率。

2. 持续监测和检验

持续监测和检验是确保工程质量的重要环节，它能够有效地发现和纠正施工过程中的质量问题，以确保工程质量符合合同约定和相关标准。在工程施工过程中，质量监控需要采取持续性的措施，对各个环节进行实时监测和检验，以及时发现和解决问题，确保工程质量的稳定和可控。

首先，持续监测和检验需要进行现场检查。工程现场是质量管理的重要场所，通过定期的现场检查，可以发现施工过程中存在的质量问题和安全隐患。现场检查应该由专业的质量监控人员进行，他们需要对施工现场的各项工作进行全面检查，包括施工质量、材料使用、工艺操作等方面，确保施工过程中各项工作符合要求。

其次，持续监测和检验需要进行取样检测。取样检测是对施工过程中的关键环节进行定量化的评估和检测，以确保工程质量符合相关标准和规范要求。取样检测应该有计划地进行，覆盖施工的各个环节和关键工序，对取样标准、检测方法和频次进行科学设计和合理安排，确保检测结果的准确性和可靠性。

最后，持续监测和检验还需要建立健全的记录和反馈机制。监测和检验的结果应当及时记录和归档，建立质量监控档案，以便后续追溯和分析。同时，需要建立有效的反馈机制，及时将监测和检验结果反馈给相关责任人员，指导他们及时采取措施解决问题，提高工程质量和施工效率。

（三）成本监控

1. 定期成本审查

（1）预算与实际支出比较

成本监控的第一步是定期审查工程项目的预算和实际支出情况。项目团队应将预算与实际支出进行比较分析，识别出可能存在的成本偏差。

（2）原因分析与解决方案

一旦发现成本偏差，项目团队需要深入分析其原因。这可能涉及物料价格的波动、人力资源的调整、工程进度的延误等多个方面。针对不同的成本偏差原因，需要制订相应的解决方案，以便及时控制和调整成本。

2.控制成本增长

（1）优化资源利用

项目团队可以通过优化资源利用来控制成本增长。这包括合理配置人力、物料和设备，确保资源的高效利用，避免资源浪费和不必要的支出。

（2）降低不必要的支出

另一个控制成本增长的重要措施是降低不必要的支出。项目团队应审慎管理项目的各项费用，避免因为不合理的支出导致成本的不可控增长。

（四）风险监控

1.风险识别和评估

第一，项目团队需要识别可能存在的技术风险，如技术难题、技术可行性等方面的不确定性。这可能涉及工程设计的复杂性、新技术的应用、技术人员的能力等方面。

第二，项目团队需要评估市场风险，包括市场需求的变化、竞争态势的变化等因素。这需要对市场环境进行综合分析，以确定项目在市场竞争中所面临的不确定性和风险。

第三，项目团队还需要识别可能存在的法律风险，如合同纠纷、法律法规变化等方面的不确定性。这需要对相关法律法规进行深入了解和分析，以确保项目在法律层面的合规性和稳定性。

2.采取预防和应对措施

（1）制订风险应对计划

一旦识别和评估出风险，项目团队需要制订相应的风险应对计划。这包括确定风险的影响程度和可能性，并制定针对性的措施来应对不同类型的风险。

（2）购买保险

另一个重要的风险应对措施是购买适当的保险，以覆盖项目可能面临的各种风险和损失。这可以帮助项目团队降低因风险事件而造成的损失，并保障项目的持续进行。

（3）加强监督管理

项目团队还应加强对项目实施过程的监督和管理，及时发现和应对风险事件的发生。这包括建立有效的监控机制和沟通渠道，确保项目团队能够及时作出反应并调整计划。

三、合同归档管理

建筑工程合同中对双方需要实现的任务加以明确规定，指出双方应当履行的责任、权利、义务，说明工程建设合同能够确保整个工程正常运行。

（一）合同归档与管理现状

1. 法律意识淡薄

（1）合同本文不规范

合同项目如果缺乏严谨性，很容易产生误解与歧义，导致合同引发歧义。准确、明晰的文字能够正确反映出双方意图，保证合同有效订立。但是由于一些客观原因，导致一些条款中存在模糊不清的语句，对日后造成严重影响。

（2）合同有失公允

从建筑项目施工文本角度来看，其中很大部分的条例是由发包方指定的，在签订合同时业主就会强加不平等条约，使业主具备不应有的权利。但是从承包商角度来看，多数情况下只强调应当履行的义务，却没有准确提及应当享有的权利。

（3）存在严重违约现象

在工程建设过程中，常出现违约或者随意修改合同现象。常见违约行为有：业主不按照合同约定支付进度款；拖欠验收合格工程的工程款等。

（4）违法签订分包合同

许多承包商为获得承包资格，用低价方式竞标。在中标后将工程肢解给其他非法且不具备施工资格的队伍，这就会给工程质量与进度造成严重影响。

2. 不重视制度建设与合同管理

由于分级、授权管理等多种制度缺乏健全的规范机制，这就导致建设中存在问题，通常表现为程序不明确、缺少执行制度等。

3. 缺乏专业人才

我国经济发达地区，工程归档与管理任务都是由专业人员负责，因为合同归档与管理具有一定技术性，必须由具备高素质、高修养的专业人才担任。相关从业者需要通晓法律，还应熟知项目运作规律。

4. 缺乏归档管理重视度

很多项目合同在管理时较为分散，对合同的归档也没有具体规定，导致合同履行缺乏严格控制，未能对履行具体情况进行总结与评估，导致合同管理过于粗犷。

（二）解决建筑企业合同归档与管理具体措施

1. 加强合同意识

加强合同意识在工程项目管理中具有至关重要的地位。合同不仅仅是项目实施的法律依据，更是双方责任和权利的约定，对于项目的顺利进行和合作关系的良好维护至关重要。以下是对加强合同意识的深入探讨。

首先，在工程项目实施中，合同的内容包括了工期、质量、价款、范围等多个方面，这些都是项目实施过程中必须严格遵守的规定。例如，在一个建筑工程项目中，合同可能规定了工程的竣工日期、使用的材料标准、工程造价等内容。承包商和业主双方必须自觉履行合同中规定的义务，确保工程按照合同约定的要求进行。举例而言，如果合同规定了工程质量标准，承包商就必须按照这一标准进行施工，而业主则有权利要求承包商按照标准执行。

其次，在加强合同意识的过程中，需要对合同进行深入分析和理解，特别是对合同中的条款进行严密审查。很多承包商由于缺乏法律意识，可能在合同签订过程中忽视了一些重要的条款，导致后期出现纠纷。举例来说，一些合同可能在违约责任方面没有进行具体约定，导致在工程实施过程中发生问题时，双方对违约责任的界定产生争议。

最后，在合同签订过程中，承包商应当认真检查合同的严密性与合法性，确保合同条款的准确性和完整性。此外，承包商还应当根据项目实际情况，与业主充分沟通，就合同内容进行充分协商，确保双方在合同签订后能够共同遵守并且全面履行合同义务。只有这样，才能够减少合同纠纷的发生，保证项目能够顺利实施并取得预期效果。

例如，某建筑工程项目中，承包商在合同签订前没有充分考虑到工程施工中可能遇到的不可抗力因素，导致在后期发生了一场严重的自然灾害，工程受损严重。由于合同中未对不可抗力因素进行明确约定，双方在责任界定上产生了争执，最终导致了长时间的法律纠纷。这个案例充分说明了加强合同意识的重要性，在合同签订过程中，必须充分考虑到各种可能的风险因素，以确保双方在合同履行过程中能够顺利合作，减少合同纠纷的发生。

2. 提高管理人员素质

提高管理人员素质对于企业的发展和项目的成功实施至关重要。以下是一些深入探讨提高管理人员素质的方法和策略。

其一，企业需要选定适合的管理人员。在选择管理人员时，企业领导应该根据合同管理人员应当具备的基本素质和技能进行选择。这些素质和技能可能包括项目管理能力、沟通技巧、团队合作能力、问题解决能力等。通过竞争招聘或者公开考评等方式进行选拔，将优秀的人才引入企业，并且在使用中采用优胜劣汰的原则，确保将优秀人才放置在合适的岗位上，发挥其潜能和能力。

其二，组织培训工作是提高管理人员素质的重要手段之一。企业可以根据市场和企业实际需求，组织管理人员进行系统的培训。这种培训可以采用多种形式，如内部培训、外部培训、线上培训等。培训内容可以涵盖项目管理、合同管理、沟通技巧、冲突解决等方面，使管理人员具备更加全面的能力和素质。

其三，企业可以选送优秀的管理人员进行深造和进修。通过选择热爱社会主义并且具有发展前途的管理人员，企业可以资助他们参加各种培训项目、研讨会、学术交流等活动，提升其专业水平和管理技能。这种深造和进修不仅可以为企业培养更多的高素质管理人才，也可以为企业的持续发展提供坚实的人才支撑。

例如，某建筑公司在项目管理中发现了一些问题，经过分析发现是由于项目经理缺乏相关的合同管理知识和技能导致的。为了解决这个问题，公司决定开展针对项目经理的合同管理培训计划。他们组织了专业的培训机构进行内部培训，并且邀请了行业专家进行讲解和指导。经过一段时间的培训，项目经理们的合同管理能力得到了显著提升，项目管理效率和质量也得到了明显改善。

3. 对合同管理情况进行检查

对合同管理情况进行检查是确保项目顺利进行和双方权益得到保障的重要环节。以下是一些深入探讨对合同管理情况进行检查的方法和策略。

第一，不定时的突击检查是必不可少的。这种突击检查可以及时发现合同执行过程中的问题和违规行为，从而及时纠正并采取必要的措施。突击检查可以有计划地在工程项目不同阶段进行，以确保全面覆盖合同管理的各个方面。

第二，严格贯彻落实相关规定也是保证合同管理有序进行的重要手段。企业应当严格执行合同约定和相关规定，确保各项管理制度的有效实施。只有在规定的框架内行事，才能保证合同管理的有效性和合法性。

第三，对合同中提到的管理制度进行检查也是必要的。企业应当对合同中规定的管理制度进行逐项检查，发现问题及时处理，并且加以改进完善。这样可以保证合同管理的有序性和规范性，提升项目的管理水平和效率。

第四，合同中的责任、权利、义务应当明确划分。企业应当明确指出双方的责任风险，并且在合同中对权责关系进行清晰划分，以确保双方权益得到充分保障。只有在权利和义务明确的基础上，才能保证合同管理的顺利进行。

第五，正确处理纠纷和争议也是合同管理的重要内容。在工程建设过程中，不可避免地会出现一些纠纷和争议，企业应当根据合同约定和相关法律法规，正确处理和解决各种纠纷和争议，保障项目的正常进行和各方权益的平衡。例如，在合同中明确规定了不可抗力条款和索赔与反索赔条款，可以有效地避免和解决合同执行过程中可能出现的纠纷和争议。

第二章　项目实施阶段过程管理

第一节　工程实施计划和进度管理

一、工程实施计划的编制

（一）工程实施计划目标的设定

1. 明确项目启动时间

工程实施计划的首要目标之一是明确项目的启动时间。在项目启动之前，需要进行充分的准备工作，包括项目立项、资金筹备、人员招聘等。确定项目启动时间可以确保整个项目在既定时间内顺利开始，避免延误导致的不利影响。在计划中明确项目启动时间，有助于项目团队和利益相关者对工作安排和准备有清晰地认识和期待。

例如，对于一项大型建筑工程项目，项目启动时间可能受到多方面因素的影响，包括政府审批、土地拆迁、前期设计等。在工程实施计划中，需要明确规划好这些前期工作的时间节点，并合理安排资源和人员，以确保项目能够按时启动。如果项目启动时间未能及时确定，可能会影响后续工作的进行，导致项目整体进度延误。

2. 确定完成时间

工程实施计划的另一个重要目标是确定工程项目的完成时间，即工程竣工日期。工程竣工日期的确定需要考虑到项目规模、工期要求、技术难度、资源供给等多方面因素。合理的工程竣工日期不仅有利于项目各方合理安排工作计划，还可以提高项目管理的效率和质量，降低项目风险。

例如，对于一座高铁建设项目，其完成时间可能受到政府规划、资金安排、技术标准等因素的影响。在工程实施计划中，需要对这些因素进行综合考虑，并确定一个符合实际情况的工程竣工日期。如果工程竣工日期未能合理确定，可能会导致项目延期、资金浪费等问题，影响项目的整体效益。

3. 设定关键节点

工程实施计划还需要设定关键节点，这些节点对于项目的进度控制和决策至关重要。关键节点可能涉及项目的重要里程碑、关键工序的完成、重要事件的发生等。通过设定关键节点，可以帮助项目团队和利益相关者及时监控项目的进展情况，及时采取必要的措施，确保项目进度和质量符合预期。

例如，在一项大型基础设施建设项目中，关键节点可能包括项目启动、设计完成、材料采购、施工阶段验收等。在工程实施计划中，明确设定这些关键节点，并制定相应的计划和措施，有助于项目团队及时发现和解决问题，确保项目顺利推进。

（二）工程进度计划编制依据

1. 项目具体情况

项目的规模、性质、地理位置等因素是编制工程进度计划的重要依据之一。不同规模和性质的项目可能需要不同的施工周期和工作安排。例如，一个大型基础设施项目的施工周期通常比一个小型建筑项目长，因此需要在进度计划中充分考虑项目的具体情况，以确保计划的合理性和可行性。

例如，对于一座跨海大桥的建设项目，由于其规模庞大、复杂性高、地理位置特殊，需要考虑到海洋环境、气候条件等因素，因此在编制进度计划时需要特别注意这些因素的影响，并相应调整工期安排和施工流程。

2. 施工工艺

工程进度计划的编制还应考虑到项目的施工工艺和技术要求。不同的工程项目可能涉及不同的施工工艺和流程，需要根据实际情况确定合理的施工顺序和工期安排。例如，在编制建筑工程的进度计划时，需要考虑到混凝土浇筑、结构安装、装修等工艺的先后顺序，以确保施工的连贯性和高效性。

例如，对于一座高层建筑的施工项目，需要考虑到不同楼层的施工顺序、各种施工机械设备的调配、材料供应等因素，因此在编制进度计划时需要根据施工工艺的要求，合理安排工期和施工流程。

3. 资源供给

资源供给是工程进度计划编制的重要依据之一。项目所需的人力、物资、设备等资源的供给情况直接影响着项目的进度和质量。因此，在编制进度计划时需要充分考虑资源的供给情况，确保项目有足够的资源支持。

例如，对于一项基础设施建设项目，需要考虑到土地、材料、施工人员等资源的供给情况，以确保项目的顺利进行。如果某种关键资源供给不足，可能会导致工程进度延误或质量问题，因此需要在进度计划中充分考虑资源供给的问题。

4. 环境因素

外部环境因素如天气、政策法规等也是编制工程进度计划的重要考虑因素。这些因素可能对项目的进度和施工安排产生重要影响，因此需要在进度计划中加以合理调整和安排。

例如，对于一个户外建筑项目，需要考虑到季节性的气候变化对施工的影响，如雨雪天气可能导致施工暂停或延期。此外，政府的相关政策和法规变化也可能对项目的进度产生影响，因此需要在进度计划中考虑到这些环境因素的影响。

（三）工程进度计划编制方法

1. 甘特图法

甘特图法是一种直观易懂的进度计划编制方法，通过横向的时间轴和纵向的任务列表，清晰地展示项目各项工作任务的起止时间和持续时间。在甘特图中，每个任务用条形图表示，其长度代表任务的持续时间，可以直观地看出各项任务的安排情况。甘特图法适用于小型项目或简单项目的进度管理，能够有效地帮助项目团队了解项目的整体进度安排。

例如，对于一座小型建筑项目，可以使用甘特图法编制项目的施工进度计划。在甘特图中，可以列出各项工作任务，如地基施工、结构施工、装修等，然后根据工程进度计划确定各项任务的起止时间和持续时间，以及任务之间的逻辑关系和依赖关系。

2. 网络计划法

网络计划法是一种更为精细和复杂的进度计划编制方法，它通过分解项目工作任务，确定各项任务之间的逻辑关系和依赖关系，并优化安排工期和资源等方面的内容。网络计划法可以更准确地确定项目的关键路径和关键任务，有助于有效地控制项目进度。这种方法适用于复杂项目的进度管理，能够帮助项目团队更好地理解项目的工作流程和逻辑关系。

例如，对于一项大型基础设施建设项目，可以使用网络计划法编制项目的施工进度计划。在网络计划中，可以将项目分解为各个子任务，并确定它们之间的逻辑关系和依赖关系，然后通过计算和优化，确定项目的关键路径和关键任务，以确保项目能够按时完成。

3. 里程碑法

里程碑法侧重于确定项目关键节点和重要阶段的完成时间，强调项目重要事件的控制和监督。在里程碑法中，项目的关键节点被定义为具有重要意义或标志性的事件或阶段，例如项目启动、主体结构完成、竣工验收等。里程碑法适用于需要突出项目重要节点的进度管理，能够帮助项目团队更好地掌控项目的整体进度和关键节点。

例如，对于一项重要的城市基础设施建设项目，可以使用里程碑法确定项目的关键节点和重要阶段。在项目启动阶段，可以设立项目启动的里程碑；在主体结构完成阶段，可以设立主体结构完成的里程碑；在竣工验收阶段，可以设立竣工验收的里程碑。通过这些里程碑，可以清晰地了解项目的进度情况，并及时进行控制和调整。

（四）工程进度计划的编制

1. 编制详细的工程进度计划

在工程进度计划的编制过程中，首先需要确保对项目各项工作任务的全面考虑和规划。这包括确定项目的启动时间、各项工作任务的起止时间、持续时间等信息。通过编制详细的计划，可以为项目的顺利实施提供清晰的时间框架和任务安排。

例如，对于一座新建住宅小区的工程项目，在编制详细的工程进度计划时，需要考虑到项目的不同阶段和工作内容。例如，确定项目的启动时间包括前期准备工作的时间，如土地整理、设计方案确认等；确定各项工作任务的起止时间包括土建施工、装修工程、绿化工程等；确定持续时间则根据各项工作任务的工作量和进度要求进行评估和确定。

2. 确保计划合理性

在编制工程进度计划时，必须确保计划的合理性和可行性，既要充分考虑项目的实际情况和各项因素的影响。这包括项目的规模、复杂程度、资源供给情况、技术要求等方面的考虑，以保证计划的可靠性和有效性。

例如，对于一个新建商业综合体的工程项目，确保工程进度计划的合理性可以通过对项目的各项工作任务进行细致地分析和评估。例如，考虑到商业综合体项目通常包含多个子项目，如商业建筑、停车场、景观绿化等，需要对各个子项目的工期、资源需求等进行综合考虑，以确定整体的工程进度计划。

3. 持续优化调整

随着项目的实施和进展，工程进度计划需要持续进行监控和调整，以应对项目实施过程中的各种变化和风险。这包括对项目进度的实时跟踪、问题的及时解决以及计划的灵活调整等方面的工作。

例如，在商业综合体项目的实施过程中，可能会出现材料供应延迟、施工工艺调整等问题，这就需要及时调整工程进度计划，以保证项目的整体进度不受影响。例如，可以通过重新安排施工顺序、增加施工人手等方式来应对材料供应延迟的问题，以确保项目能够按时完成。

二、进度管理方法及措施

对于建筑施工企业来说，承揽工程施工任务的主要目的是确保企业的正常运转及发展，为此，他们必须通过工程项目的实施来获取经济效益，如何在确保工程质量安全的前提下，实现经济效益的最大化是施工项目管理的重中之重。如果可以将工程的施工效率提升，缩短施工时间，加快施工进度，就可以大大减少人工费、机械费及管理性费用支出，减少项目的间接成本，工程项目也可以在约定的时间内或提前完成，企业可以提前回收资金。工程项目管理人员、机械设备等也可以投入到下一个工程项目中。但在实际项目实施中，很多施工项目由于管理不到位，施工方案、施工措施未落实，过多地在施工速度上下功夫，抢进度、赶工期，导致出现了很多质量隐患，严重影响工程项目的整体质量。为了使工程施工质量符合设计及施工质量验收规范要求，能够通过验收。相关的施工单位需要制定整改方案，投入人力财力、材料对缺陷进行质量整改，严重的质量缺陷还需要返工处理。如此一来，造成材料浪费、费用增加、工期延长。所以，要想让建筑工程施工在合同约定或计划时间内完成，就必须做好进度管理，根据工程施工特征、工程体量、资源投入及施工条件等做好建筑工程施工进度的计划安排及过程管控工作，切实落实企业的监督管理机制，保障施工工程的质量，降低建设成本，使得建筑施工在时间管理上获得优势，最终以高标准、高质量、高效率完成施工任务，取得预期的管理效益。

（一）影响建筑工程施工进度的主要因素

1. 不可控因素

施工过程中出现不可控及不可预测因素，恶劣的气候环境、地方政策、相关规定的改变等都是无法预测及不可控制事件，无法预测或不受控制事件经常在工程进行中才发生或被发现，例如暴风雨雪等天气、突然的寒流，突发的持续性疫情，地方性的环境保护要求，以及有经验的施工单位无法预测的地质条件等，都会导致施工所需材料、设备无法按计划进场，工效降低，工程无法按计划正常进行，以及由于业主投入使用需要，发起的工期变更，要求提前完工等。

2. 设计变更等因素

在建筑工程项目中，设计等变更因素是常见的导致工程进度延误的原因之一。这些变更因素可能来自业主、设计单位、施工单位等多方面，对工程的实施产生不同程度的影响。

（1）业主责任不落实导致工程延误

业主作为工程项目的委托方，在项目实施中承担着重要的责任。然而，由于业主没有按约定及时提供设计文件或未办理相关施工手续，导致工程不能按合同约定时间开工，这是导致工程延误的主要原因之一。业主责任不落实会造成工程开工时间的推迟，直接影响到整个工程的进度安排。

（2）业主提出的设计变更导致工期延长

在工程实施过程中，业主可能因生产技术改变、使用功能或用途改变等因素提出重大的设计变更，这也会直接导致施工工期的延长。这种情况下，施工单位需要调整原有的施工计划和工序安排，可能需要重新设计部分工艺流程或增加施工工序，从而导致工程工期的延长。

（3）设计质量问题引发的施工难题

设计深度、精度不够，各专业的设计不配套等问题会给施工带来诸多困难。例如，设计图纸不够详细、不够准确可能导致施工现场无法顺利进行施工，需要现场进行多次调整和修改，增加了施工的时间成本。此外，各专业之间的设计不配套也会导致施工过程中的碰撞和冲突，增加了施工的复杂性和难度。

3. 人为因素

在所有的影响因素中，人为因素可谓是重中之重。首先，所有的施工时间、施工质量和施工进度，都是由人来直接决定、操作的。其次，不仅仅只有施工单位才能对施工进度造成影响，只要是参与项目建设的人员，都会对建筑工程的施工建设产生一定的影响，尤其是项目实施的决策者。最后，人为因素所带来的影响，往往是最直接的，且后果也是最严重的。

管理人员的工作能力、管理协调能力、执行能力、管理水平，以及现场劳动力、专业分包单位的选择，施工操作人员的施工经验、操作能力，对施工工艺、操作规程的熟悉掌握程度，以及所呈现的专业性水平，都在一定程度上影响作业进程。如果在实际施工期间，施工人员施工操作不熟练、技术水平差，各施工队伍、分包单位或者团队成员之间的配合差，就会导致施工效能降低，工序不能有效穿插，影响工程进度。

4. 整体管控因素

在实际施工中，现场实际施工进度与计划进度偏差较大，且进度没有严格按照 PDCA（Plan-Do-Check-Act，计划 - 执行 - 检查 - 处理）循环控制。一是项目管理人员对施工前的准备工作不完善导致在施工中容易出现问题，碰到问题没有解决的相应办法，致使问题不能及时解决。二是施工人员施工不严谨，未能按照施工方案、施工计划实施，以及技术交底规范要求施工，从而频繁出现整改或返工等现象，造成项目资源投入的增加，工期的延误。三是项目实施前的项目策划不到位，施工安排不合理，导致施工不连续，工序穿插搭接不及时，工作面闲置等；以及施工平台、防护架体的二次搭设，物料的多次转运等问题。四是影响施工进度的主要原因把控不到位，找不出从根本上解决问题的办法，出现进度偏差不能采取正确措施纠偏。现场施工材料的乱堆乱放、材料的浪费，机械使用效率低，现场整体管理混乱，致使工程进度失控。

5. 技术因素

施工技术也在一定程度上对建筑工程的进度带来影响。管理人员技术水平低，编制的施工方案不能指导施工，缺乏可行性和先进性。采用的新技术、新设备、新工艺、新材料不成熟，没有相应的施工经验可参考，多次检测试验，造成工期延迟。低水平的施工技术人员，往往很难保证施工的效率，容易产生进度问题，因此施工人员的技术水平及施工方法的先进性也会对工程进度造成影响。

（三）进度管理方法

在项目管理中，进度管理是确保项目按时完成的关键。进度管理方式主要包括以下三个方面。

1. 项目经理与项目团队

项目经理是项目的领导者，负责编制项目进度计划、分配任务、监督执行，并协调团队成员的工作。项目团队是执行项目任务的主体，他们需要按照项目进度计划完成各项工作。项目经理与项目团队之间的密切合作和有效沟通对于项目进度的管理至关重要。

2. 进度管理专家

在一些大型项目中，可能会配备专门的进度管理团队或专家。他们负责制定和执行项目的进度管理策略，并提供专业的进度管理建议。这些专家能够根据项目的特点和需求，采取适当的措施来保证项目按时完成。

3. 利益相关者参与

利益相关者包括业主、客户、供应商等各方，在项目进度管理中也起着重要作用。他们可能对项目的进度有特定的期望和需求，因此他们的意见和反馈也应该被纳入考虑范围。与利益相关者的有效沟通和合作，有助于更好地理解项目需求，并及时调整项目进度计划。

（四）进度管理措施

1. 在施工前做好有效地控制计划

建筑工程施工管理内容丰富，而且也很复杂，要对工程建设的方方面面综合考量。在编制各类计划时，首先要在对设计文件、施工内容、施工环境、施工条件充分了解熟悉的基础上进行，分施工阶段做好施工总进度计划、主要材料计划、劳动力需求计划、机械设备进场计划、专业分包计划及阳光招标计划、工程的阶段验收计划等。同时，做好施工部署和施工安排，以及突发事件的应急预案，就是把一个成熟的承包商在施工前能够考虑到的问题全部计划到位，以确保施工进度计划的顺利实施。想要实现上述这些计划目标，都需要科学合理地拟定出进度管理的计划或者规划，不然在实施时没有头绪，很容易打乱仗，对工程的顺利进行造成消极影响，进而影响到总工期。

2. 强化施工进度计划的动态管理

建筑工程项目的施工任务繁重，往往需要耗费较长的时间才能够完成相应的施工任务。虽然在工程建设之前已制定较为完善的施工进度计划。但是，在实际的施工过程中，往往会出现诸多的变动性因素，而这些变动性因素会导致施工作业难以完全按照施工进度计划来实施，因此，要提升进度管理水平，必须在实际的施工过程中强化施工计划动态管理，在每个施工工序中都需要进行动态管理，尽量实现对变动性因素的控制，最大程度上使施工作业能够依据进度计划来完成。首先，施工单位需将工序加以细化，制订施工的周计划、月计划、年计划，以各阶段计划的实施确保总进度计划的完成；在计划实施过程中如出现偏差，必须确定纠偏措施，如调整工序、增加劳动力双班作业、增加机械设备等措施进行进度纠偏。其次，对施工人员进行严格的责任划分，使每个人员都清楚明确自己的工作职责、任务，确保计划落实到位。最后，施工单位还需要加强风险管理，做好进度计划中风险与动态因素的管理。

3. 优化施工进度计划的技术管理

施工单位需要对施工中涉及的相关技术因素、技术环节进行全面管理。在施工前要组织相关参建人员、技术人员、施工人员进行图纸会审，基于对工程所在地环境因素、材料供应、施工条件的全面考虑，解决图纸设计中存在的问题，提高设计的严谨性，并做好技术准备，配备各专业技术人员，设置技术管理机构，配置技术规范、检测测量设备仪器等。另外，积极应用建筑信息模型（BIM）技术，进行方案优化模拟、计划的动态管理，及虚拟现实（VR）等信息化、大数据管理平台，将施工进度计划管理等纳入信息化管理系统中，建立参建各方、项目部QQ群、微信群等提高不同部门及人员之间的沟通效率和协同工作能力，为进度管理的有效执行打下可靠基础。技术管理人员在把握总体施工进度时，需要明晰各部门、各单位之间的工作协调关系以及各自的职能划分，做好时间上和空间上的协调，做好技术服务指导工作，从技术上保障工程施工得以有序进行。

4. 对建设项目施工全过程进行管理

对于大型综合体建筑项目，包含多个单体工程，根据建筑功能划分为不同区域，所以在施工时也可根据建筑分布、单位工程划分成多个不同的施工区域，并根据每个不同区域的实际情况开展不同的进度管理工作。并将每个施工区域划分为施工准备阶段、基础施工阶段、主体结构施工阶段、装饰装修施工阶段、机电设备安装、竣工收尾阶段进行全过程进度控制。每个施工阶段在开展进度管理时，要重点抓住关键区域、关键节点的施工管理，同时加强建筑材料配置的进度管理，这是因为建筑工程项目规模很大，需要的建筑材料种类和数量也繁多，在安排进度管理时，加强建筑材料资源配置非常重要，要有效地控制资源的调配，在全过程施工阶段充分保障材料的充足，不可因材料和设备的缺失带来施工进度的延误，可以在一定程度上保证进度计划有效实施。

5. 采用网络技术进行施工进度管理

时代在发展，推动着计算机网络技术的不断变革，将计算机网络技术运用到施工管理中，可以为施工管理带来新优势。现阶段，关于施工进度管理，市场上也出现了专业的应用程序（App）可以运用网络化的手段实现施工进程的网络化管理。同时，在日常管理工作中，施工管理人员还可利用 Microsoft Project 来进行施工进度计划的管理。此款 App 主要侧重于进度跟踪、分配资源、预算管理以及分析工作量等，通过这些功能，可以帮助管理人员实时了解具体施工进度情况，实现施工进度的动态化管理，从具体的结果分析中提出科学有效的人力和物资调配方案，给予施工工程进度管理强有力的支持。

第二节　工程质量管理体系与质量控制

一、质量管理体系

建筑工程质量监督与管理是建筑工程项目管理中的重要内容，建筑工程的建设质量关乎建筑工程企业的信誉与形象，更关系着居住者的切身利益。如果忽视了建筑工程质量监督与管理，就会增加建筑工程的质量风险，造成十分严重的后果。针对建筑工程质量监督与管理中存在的问题，要求相关单位加强重视，构建完善的质量监督管理体系，提高质量监督与管理力度，保障建筑工程的建设水平。

（一）建筑工程质量监督管理中存在的主要问题

1. 施工技术水平不足

从建筑工程管理的整体情况而言，目前大部分的建筑工程单位仍旧沿用着以往粗放式的质量监督管理模式，针对建筑工程质量管理的方法比较落后陈旧，现代化的管理工具应用不足；加之施工人员的整体素质参差不齐，在施工技术方面缺乏专业化和规范化的指导，先进设备的应用不足，都是制约建筑工程施工质量的重要因素。

2. 质量监督与管理体系不健全

建筑工程质量监督与管理工作需要依靠制度的约束，只有严格遵循施工规范，加大现场监督与管控力度才能够有效把控建筑工程的质量，保障施工安全。目前，大部分建筑工程单位都存在着重施工而轻管理的问题，在建筑工程施工中盲目追赶工期、压缩成本，在日常的质量监督与管理方面存在着一定的漏洞，这就造成了在实际的施工过程中存在着大量不规范的行为，一些环节监管不力甚至无人监管，制约了建筑工程质量监督管理工作的有效开展。

3. 质量监督管理的责权界定不清晰

在目前的建筑工程中，由于项目规模大、工程量多，很多建筑工程单位都是采取分包或转包的方式进行施工。虽然分包的形式可以提高施工效率，减轻施工单位的负担，但在质量监督管理的责权划分上却存在着一定的漏洞。一方面，一些资质不健全、技术水平不过关的承包商混入施工队伍当中，在施工环节偷工减料、违规操作的问题时有发生，增加了质量问题的发生概率；另一方面，针对这些分包商的监督与管理力度不足，责权划分不够清晰，质量管理的相关制度与规范执行力度不足，也给建筑工程质量监督管理带来了很大阻碍。

（二）建筑工程质量监督管理体系的构建

1. 加大现场管理的力度

（1）提升现场管理能力

建筑工程的施工现场是质量监督管理的重要场所，必须加大现场管理的力度。首先，建筑工程单位应加强对现场管理工作的重视，采取现代化管理手段和方法，如信息化管理、智能监测等，提升现场管理的科学性和精细化水平。其次，要严格执行质量管理制度，确保施工现场作业符合规范要求，加强巡查监督，及时发现和纠正施工中存在的质量问题。最后，要合理分工、明确责任，加强组织调配和工序衔接，确保施工各环节有序进行，提高施工效率和质量。

（2）执行全面现场管理模式

传统的质量监督管理往往是简单粗放的，只重视事后管理，而忽视了事前和事中的全面现场管理。为此，应过渡到全面现场管理模式，包括事前的计划和准备、事中的监督和指导、事后的总结和评估。这需要建立健全的现场管理机制，加强施工队伍的管理和培训，提高各岗位人员的管理水平和责任意识，确保全员参与、全程管理。

（3）加强施工质量控制

施工过程中，应严格按照施工图纸和相关规范要求进行作业，加强对施工过程的质量控制。这包括加强对材料、工艺、操作的监督和检查，确保施工质量达标；加强现场技术指导和问题解决，提高施工人员的技术水平和执行力；加强对施工现场的环境管理，确保施工环境安全和整洁。

2. 树立全面质量监督管理的思想

（1）健全质量管理制度

建立健全的质量管理制度是树立全面质量监督管理思想的重要举措。应加强对质量管理制度的建设和完善，包括质量管理体系文件的制定和修订、质量管理流程的优化和规范化，确保各项质量管理制度得以有效执行。

（2）加强质量监督管理机构建设

建立专业的质量监督管理机构，强化对建筑工程质量监管的专业性和科学性。应加强对监理机构的管理和监督，提高监理人员的专业素养和监督能力，确保质量监督管理工作的有效开展。

（3）建立常态化的质量监督管理机制

要建立一个良性循环的质量监督管理机制，形成质量监督管理的常态化和制度化。这包括建立质量监督管理的工作流程和标准化操作规程，定期开展质量监督检查和评估，加强对项目各阶段和关键节点的监控和督促，确保质量监督管理工作的落实和效果。

3. 推动建筑工程质量监督管理的信息化建设

（1）建设信息化管理平台

建立完善的建筑工程质量监督管理信息化平台，实现对建筑工程施工全过程的信息化监管。该平台可以整合项目相关数据和信息，包括施工进度、质量检测结果、安全记录等，为管理者提供全面、实时的数据支持，从而更好地指导决策和管理实践。

（2）利用先进技术手段

积极采用先进的技术手段，如物联网、大数据分析、人工智能等，对建筑工程质量监督管理进行智能化升级。通过传感器和监测设备实时监测施工现场的各项指标，利用大数据分析技术对数据进行深度挖掘和分析，发现潜在问题和趋势变化，为管理决策提供科学依据。

（3）推动信息共享与协同

加强建筑工程施工各参与方之间的信息共享与协同，打破信息孤岛，实现全流程数据共享和实时通信。通过建立统一的信息交换平台和协作机制，促进施工各方之间的沟通和协作，提高信息传递的效率和准确性，加强对建筑工程施工全过程的监督和管理。

4. 提高对施工人员的管理标准

（1）加强人员培训与管理

加强对施工人员的培训和管理，增强其技术水平和责任意识。建立健全的培训体系和考核机制，对施工人员进行技能培训和安全教育，加强对施工队伍的管理和监督，确保施工人员的合格性和专业性。

（2）强化现场监督与指导

加强现场监督与指导，确保施工人员按照施工图纸和规范要求进行施工作业。通过加强技术指导和质量检查，及时发现和纠正施工过程中存在的问题和隐患，提高施工质量和安全水平。

（3）建立激励与惩戒机制

建立激励与惩戒机制，对施工人员的表现进行奖惩，激励积极向上的施工队伍，惩治违规违纪的行为，提高施工人员的责任感和执行力，促进建筑工程质量监督管理的落实和提升。

二、质量控制

（一）质量控制目标

建立质量控制目标，明确项目质量要求，包括技术标准、验收标准、施工规范等，为质量控制提供依据和指导。

1. 确立项目质量要求

在建立质量控制目标时，首要任务是明确项目的质量要求。这包括确定技术标准、验收标准和施工规范，以确保工程的质量符合客户的需求和相关法律法规的规定。

（1）技术标准

技术标准是指对于工程项目中所涉及的各项技术要求的规定。这些技术要求可能涉及材料的选择、工艺流程、施工方法等方面。明确技术标准有助于确保工程施工过程中所采用的技术方案和方法符合行业标准和最佳实践，从而提高工程质量。

（2）验收标准

验收标准是对工程完成后进行验收时所需满足的要求和指标。这些指标可能涉及工程质量、安全性、功能性等方面。明确验收标准有助于确保工程在完工后能够达到预期的质量水平，并且能够符合相关的验收标准，从而满足客户的需求和要求。

（3）施工规范

施工规范是对工程施工过程中各项工作的要求和规定。这些规范可能涉及施工程序、操作规程、安全要求等方面。明确施工规范有助于规范施工过程，减少施工中可能出现的问题和质量缺陷，确保工程按照既定的标准和要求进行施工。

2. 提高工程质量

建立质量控制目标的一个重要目的是提高工程质量。通过制定明确的技术标准、验收标准和施工规范，并采取相应的质量控制措施，可以确保工程施工过程中各项质量活动的有序开展，从而提高工程的整体质量水平。

（1）质量控制措施

质量控制措施包括质量计划制订、过程控制、检验测试、质量评价等方面。这些措施可以帮助识别和纠正质量问题，确保工程质量达到或超越预期水平。

（2）持续改进

除了确立质量要求和实施质量控制措施外，持续改进也是提高工程质量的重要手段。建立质量控制目标应当包括对工程质量进行持续的监控和评估，及时发现问题并采取改进措施，不断提升工程质量水平。

3. 保障工程安全

质量控制目标还应关注工程的安全性。除了确保工程的技术质量达标，还需要确保工程施工过程中没有安全隐患和事故发生。因此，质量控制目标应当包括对施工安全的重视和管理，以保障工程施工过程中的安全和稳定。

（二）质量控制方法

1. 质量计划

质量计划是确保质量控制有效开展的重要工具之一。通过编制质量计划，可以明确质量控制的目标、内容、方法和责任，从而保证施工过程中各项质量活动的有序开展。质量计划应包括以下四个方面的内容。

（1）质量目标

质量目标是指针对项目质量方面所设定的具体目标，包括工程质量水平、质量管理体系的运行效果等。通过明确质量目标，可以为后续的质量控制工作提供指导和依据。

（2）质量控制内容

质量控制内容包括对施工过程中各个环节的具体控制要求和措施。这些控制内容可以涵盖材料选用、工艺流程、施工程序、验收标准等方面，确保施工过程中各项工作按照既定的质量标准和要求进行。

（3）质量控制方法

质量控制方法是实现质量目标的具体手段和方法。常见的质量控制方法包括统计质量控制、六西格玛质量管理、质量环境管理等。通过选用适合的质量控制方法，可以有效提高工程质量水平。

（4）质量控制责任

质量控制责任是指明各个岗位和人员在质量控制中的具体责任和义务。明确质量控制责任有助于保证各项质量活动的有序开展，避免质量管理漏洞和责任推诿现象的发生。

2. 过程控制

过程控制是指在施工过程中对各个环节进行全面控制，及时发现和纠正质量问题的过程。过程控制的具体手段主要包括以下两项。

（1）工艺管理

工艺管理是指对施工过程中的工艺流程和操作规程进行管理和控制。通过建立科学的工艺管理制度，规范施工流程，确保工程施工按照设计要求和标准进行，从而保证工程质量的稳定和可靠。

（2）现场巡检

现场巡检是通过定期对施工现场进行巡查和检查，及时发现施工中存在的质量问题，并采取相应的纠正措施。通过加强现场巡检，可以有效控制施工过程中的质量风险，保证工程质量的稳定和可靠。

3. 检验测试

检验测试是对施工材料、构件及施工工艺进行检验和测试，以确保其符合质量要求。检验测试的具体内容主要包括以下三个方面。

（1）材料检验

材料检验是对施工过程中所使用的各种材料进行质量检验和测试，以确保其符合相关的技术标准和规范要求。只有通过了质量检验的材料才能用于施工。

（2）构件检验

构件检验是对施工过程中所制作的各种构件进行质量检验和测试，以确保其尺寸、强度、外观等各项指标符合设计要求和验收标准。

（3）施工工艺测试

施工工艺测试是对施工过程中所采用的各项工艺进行质量检验和测试，以确保其操作规程、工艺流程等方面符合相关的质量要求。

4. 质量评价

质量评价是对工程质量进行定期评价和检查，了解项目质量状况，及时调整质量控制措施。质量评价的内容包括对工程质量指标的监测和分析，对存在的质量问题进行诊断和分析，以及对质量改进措施的评估和调整。

（三）质量控制措施

1. 技术交底

技术交底是确保施工过程中各项工艺和质量要求得以执行的重要环节。通过技术交底，可以明确施工标准和规范，确保施工人员理解并按照要求进行施工。具体措施包括以下四项。

（1）确定交底内容：明确施工过程中的关键工艺和质量要求，确定需要进行技术交底的内容和范围。

（2）建立交底制度：建立健全的技术交底制度，规定技术交底的时间、方式和责任人，确保交底工作有序开展。

（3）开展技术交底：组织施工人员进行技术交底，详细解释施工标准和规范要求，强调施工中需要注意的关键技术和质量要求。

（4）跟踪执行情况：定期跟踪技术交底的执行情况，确保施工人员理解并按照要求进行施工，及时发现和纠正执行中的问题。

2. 现场管理

现场管理是保障施工质量和安全的重要手段。通过加强对施工现场的管理，可以有效控制施工过程中的各项风险，确保施工质量和安全。具体措施包括以下三项。

（1）施工组织管理：合理规划施工组织结构，明确各个施工分包单位的职责和任务，确保施工过程有序进行。

（2）安全防护管理：建立健全的安全管理制度，加强对施工现场的安全监管和检查，增强施工人员的安全意识，防止安全事故的发生。

（3）环境保护管理：严格遵守环保法律法规，采取有效的环境保护措施，减少施工对周边环境的影响，保护生态环境。

3. 质量记录

质量记录是施工过程中质量管理的重要组成部分。通过做好施工过程的记录和资料归档，可以为质量追溯和验收提供依据，确保施工质量的可追溯性和可控性。具体措施包括以下三项。

（1）记录施工过程：详细记录施工过程中的关键信息，包括材料使用情况、施工工艺流程、质量检验结果等。

（2）资料归档管理：建立健全的资料归档管理制度，对施工过程中的各类资料进行归档存储，确保资料的完整性和可靠性。

（3）质量追溯和验收依据：利用质量记录资料进行质量追溯和验收，及时发现和解决施工过程中存在的质量问题，确保工程质量符合要求。

4. 问题处理

问题处理是保障施工质量的重要环节。及时处理施工过程中发现的质量问题，追究责任，防止问题扩大影响工程质量。具体措施包括以下四项。

（1）发现问题：加强对施工过程的监督和检查，及时发现施工中存在的质量问题和安全隐患。

（2）分析原因：对发现的质量问题进行深入分析，查找问题产生的原因，确定责任归属。

（3）及时处理：针对问题原因采取有效的纠正措施，及时处理和整改，确保问题不会对施工质量造成进一步影响。

（4）追究责任：对造成质量问题的责任人进行追究，依据相关规定进行处理和处罚，形成良好的质量管理机制和责任体系。

第三节　施工安全和环境管理

一、施工安全管理

（一）安全管理

建立完善的施工安全管理体系，包括安全生产责任制度、安全生产管理制度、安全操作规程等，确保施工过程中的安全生产。

1. 建筑施工常见的安全事故

近年来，建筑施工安全事故频发，建筑施工安全管理还有很大的提升空间。建筑工程中常见的安全事故包括高处坠落、物体打击、施工坍塌、机械伤害、触电事故等。其中，高处坠落事故和物体打击事故占比较大。

（1）高处坠落事故

在建筑工程施工过程中，高空作业是十分常见的作业方式。高处坠落事故发生的主要原因是，施工人员在进行高空作业时没有采取安全防护措施而不慎坠落。高处坠落事故不仅威胁施工人员的生命安全，还影响工程项目的施工进度和施工质量。

（2）物体打击事故

建筑工程施工环境较为复杂，施工现场需要大量使用脚手架和起重机等设施设备。如果这些设施设备在使用过程中不慎从高处坠落，就可能造成安全事故。

（2）施工坍塌事故

在建建筑发生坍塌有多种原因，主要包括建筑物的设计结构不合理、施工材料存在质量问题、自然灾害等不可抗力因素等。施工坍塌事故可能导致严重的人员伤亡和财产损失。

（4）触电事故

在施工现场，施工人员可能会由于设备操作不当、电气设备或线路铺设不合理而发生触电事故。触电事故不仅会威胁施工人员的生命安全，还会损坏施工现场的电源线路，甚至引发火灾，造成更加严重的后果。

2.建筑施工安全管理存在的问题

（1）施工人员缺乏安全意识

建筑工程项目往往规模较大，对施工人员的需求量也大。然而，施工单位的施工人员数量往往不足以支撑多个工程项目同时施工，因此，施工单位一般会招聘部分施工人员。而招聘的外部施工人员通常整体文化水平不高，并缺乏相关建筑施工经验，安全意识薄弱，在施工过程中难免出现人为操作失误，为施工安全埋下隐患。虽然在上岗前，施工单位会对外部施工人员进行相关的技术培训，但是安全培训内容较少且有效性不高。另外，由于施工队伍是为了工程项目建设而临时组建的，施工人员之间的配合度较低，且缺乏安全管理工作经验，不具备应急事故处理能力，在发生安全事故后无法及时采取有效措施进行补救，从而导致事故影响进一步扩大。

（2）施工材料质量不达标

与机械使用不规范建筑材料质量是施工安全管理的关键内容。部分施工单位为了节约成本而采购质量不达标的材料。这些材料可能存在强度不足、易燃、易腐蚀等问题，从而增加了施工现场的安全风险。同时，部分施工单位的材料存储管理不当，也可能会引发安全事故。例如，施工现场各种材料随意堆放，没有采取相应的防护措施，可能会导致材料损坏、变质，甚至引发火灾、爆炸等安全事故。此外，机械操作不规范也是施工现场常见的安全问题之一。部分操作人员没有经过专业培训或者培训不足，对机械设备的操作规程不了解，容易导致操作失误或者违规操作。不规范的操作行为不仅会影响施工效率和质量，还可能会导致设备损坏和人员伤亡等安全事故的发生。

（3）施工安全管理制度不完善

施工安全管理制度的不完善在建筑工程项目中是一个严重的问题。一方面，一些施工单位存在着缺乏完善的安全管理制度或者制度内容过于笼统的情况。这使得施工现场的安全管理变得缺乏章法，施工人员缺乏明确的安全操作规程和行为准则，从而增加了安全事故发生的可能性。例如，一些管理人员仅凭借以往的管理经验进行现场管理，即使发现施工人员的操作存在安全隐患，却缺乏具体的安全管理制度进行约束，因此只能通过口头教育来提醒，无法引起施工人员的高度重视。另一方面，尽管一些施工单位可能已经建立了较为完善的安全管理制度，但在执行方面却存在着不足。这主要表现在缺乏有效的监督机制或者监督人员缺乏责任心。由于缺乏有效地监督和督促，施工现场的安全管理制度无法得到有效执行，从而导致施工安全问题的频发。

对于第一种情况，施工单位缺乏完善的安全管理制度或者制度内容过于笼统的问题，其根源在于对安全管理重要性认识不足或者缺乏相关经验。在建筑工程项目中，安全管理是至关重要的，不仅关系到施工人员的人身安全，还关系到项目的顺利进行和企业的声誉。因此，施工单位需要充分重视安全管理工作，建立健全的安全管理制度。这包括明确安全责任、建立安全教育培训制度、制定安全操作规程等方面。此外，制度的具体内容应该结合项目的实际情况，具有针对性和可操作性，能够为施工现场提供清晰的指导和规范。

对于第二种情况，尽管一些施工单位可能已经建立了较为完善的安全管理制度，但在执行方面存在不足。这可能是由于监督机制不完善或监督人员缺乏责任心所致。因此，为了解决这一问题，施工单位需要建立起有效的监督机制，确保安全管理制度得到切实执行。这包括建立内部监督机构或者聘请专业的安全管理人员进行监督，对施工现场进行定期检查和评估，及时发现问题并采取措施加以解决。同时，还需要加强对监督人员的培训和考核，提高其责任心和执行力度，确保安全管理制度得到有效执行。

（4）管理人员不专业

由于施工安全管理人才的培养滞后于建筑行业的发展，大量非专业的管理人员涌入建筑施工安全管理领域。这些非专业的管理人员缺乏系统的建筑施工安全管理相关知识教育和培训，不仅不具备安全管理的专业知识，也缺少准确评估施工现场安全风险的能力，无法为施工提供正确的指导。此外，部分安全管理人员缺乏良好的组织能力和协调能力，无法确保各项安全措施得到有效执行，导致施工现场管理混乱，从而增加安全事故发生的可能性。

（5）施工现场管理混乱

在建筑工程的施工过程中，施工单位对施工现场的有效安全管理至关重要。然而，很多情况下，施工单位往往更加关注施工进度，而忽视了对施工现场安全管理的重视，导致施工现场管理混乱，施工环境变得脏乱差。这种现象在实际施工中时常出现，给工程施工带来了诸多隐患与问题。

例如，一些施工现场的路面管理可能存在问题，路面不平整、坑洼丛生，尤其在雨雪天气条件下，路面往往会积水，形成泥坑，给施工设备和材料的运输带来了困难，同时也影响了施工人员的正常通行。这种状况可能会导致施工进度的延误，并且增加了发生意外事故的风险。

另外，施工现场的材料存储管理也常常呈现出混乱的情况。部分施工单位缺乏科学的材料管理制度，导致材料的存放混乱、损坏和丢失较为普遍。材料的随意堆放不仅影响了施工现场的整洁和美观，更重要的是可能存在安全隐患。材料堆放不规范容易导致材料倒塌、滑落等情况，给施工人员和周围环境带来潜在的危险。

3.解决建筑施工安全管理问题的对策

（1）增强施工人员的安全管理能力

为了加强施工人员的安全管理能力，施工单位可以采取以下三项措施。

第一，施工单位应在岗前培训中注重安全意识的培养。除了传授专业技术知识外，还应加强安全培训，让施工人员充分认识到安全意识的重要性。定期组织安全演习，模拟各种突发情况，警示施工人员不规范操作可能带来的严重后果，提高其应急处理能力。这种培训和演练有助于提升施工人员的安全意识和应对突发情况的能力，从而降低安全事故的发生率。

第二，在选聘施工人员时，施工单位应该坚持择优原则，优先选择持有专业施工证书的人员。专业施工证书的持有者通常具有一定的技术水平和安全意识，能够在施工现场规范操作，降低事故风险。通过严格筛选施工人员，施工单位可以有效提高施工队伍的整体素质，保障施工安全和质量。

第三，施工单位应建立奖惩激励机制，以激发施工人员的积极性和责任感。通过对安全表现优秀的施工人员给予奖励，如表彰、奖金等，可以树立榜样，激发全员的安全意识和责任感。同时，对违反安全规定或发生安全事故的施工人员进行严肃处理，如扣发工资、停职甚至解雇等，以起到震慑和警示作用。建立健全的奖惩机制有助于促使施工人员自觉遵守安全规章制度，提高工作效率和质量。

（2）严把施工材料质量和加大机械设备使用的管理力度

施工材料质量不仅影响建筑工程的质量与安全，也决定了建筑工程的经济效益。因此，施工单位必须严格把控施工材料的质量和采购渠道，避免劣质材料或质量不达标的材料进入施工现场。施工单位应加强材料存储管理，施工材料入库后，施工单位要按照材料的不同性质进行分类储存，将易燃易爆材料与其他材料分开储存；在施工过程中领用材料时，实行实名制领用，以确保材料按实际需求和规范程序领用；施工现场的材料摆放要合理，不能妨碍正常施工，营造整洁的施工环境。此外，施工单位应定期维护保养各类机械设备，以确保机械设备的正常运行，并根据机械设备的特点和使用情况，制订合理的维护保养计划。同时，施工单位应加强机械设备的日常检查，及时发现并处理潜在的问题，以防止机械设备出现重大故障。

（3）制定科学的安全管理制度

为了保证建筑施工安全管理工作的顺利开展，施工单位必须建立科学、完善的安全管理制度。

第一，施工单位应当根据行业规范和相关法律法规有针对性地制定施工安全管理制度。这包括在确定安全管理总目标的基础上，合理制定各项管理细则，明确施工中的安全责任和措施。通过制度化的管理，可以为施工安全提供明确的指导和规范，为施工现场营造良好的安全环境。

第二，施工单位应确保安全管理制度内容的科学性和全面性。这意味着安全管理制度应该能够涵盖建筑工程的所有施工环节，包括施工前的准备工作、施工过程中的安全控制和应急处置，以及施工结束后的安全总结和评估。制定科学全面的安全管理制度有助于系统化地管理施工安全，提高施工现场的安全水平。

第三，施工单位应建立长效的监控和考核机制，以确保安全管理制度得到有效执行。通过定期检查、抽查、考核等方式，可以对施工情况进行全面监控，及时发现和处理安全隐患和违规行为。监控和考核机制可以有效推动施工单位全面贯彻安全管理制度，保障施工现场的安全生产。

第四，施工单位应根据外部环境的变化及时更新安全管理制度。建筑施工环境复杂多变，可能受到天气、政策法规等因素的影响，因此安全管理制度需要与时俱进，随时进行修订和完善。通过及时更新安全管理制度，可以保证其实用性和可操作性，更好地适应施工现场的实际情况。

（4）打造专业的施工安全管理团队

通过打造专业的施工安全管理团队，施工单位可以有效推进施工安全管理制度的实施，整顿不规范的施工行为，提高施工安全管理的质量和水平，降低安全风险。为了建立这样的团队，施工单位可以采取多种措施。

第一，拓宽专业安全管理人才的聘用渠道。施工单位可以通过多种途径，如招聘、人才中介机构、校园招聘等，寻找具有专业背景和丰富经验的安全管理人员。这些人员应该具备相关专业知识和技能，能够有效地负责施工现场的安全管理工作。

第二，引进先进的管理技术，为管理人员的工作提供技术支持。现代管理技术的应用可以提高管理效率和水平，帮助管理人员更好地实施安全管理制度。例如，可以引入信息化管理系统，实现对施工现场的实时监控和数据分析，从而及时发现和解决安全隐患。

第三，建立合理的考核制度，定期考核管理人员的工作表现，根据考核结果予以适当的奖惩。通过建立有效的考核机制，可以激励管理人员尽职尽责地履行安全管理职责，同时也可以发现和纠正管理人员工作中的不足之处，提高管理水平和质量。

第四，定期开展安全培训和演练，增强管理人员的安全意识和管理水平。安全培训和演练可以帮助管理人员了解最新的安全管理政策和要求，掌握应对突发情况的应急处理能力，增强团队的凝聚力和协作能力。通过持续的培训和演练，可以不断提升管理团队的专业素质，为施工安全管理工作提供坚实的保障。

（5）完善施工现场管理

施工单位应完善施工现场管理，明确施工现场的安全管理规范，包括材料的存放位置、机械设备的检修、建筑垃圾的清除等。同时，施工单位要制定科学合理的施工方案，明确各道工序的施工方法和施工顺序，并严格按照施工方案进行施工，以确保施工的安全和质量。此外，施工单位要加强施工现场的文明施工管理，增强施工人员的环保意识和文明施工意识，营造良好的施工环境。

（二）应急管理

建立应急预案和处置机制是建筑施工安全管理的重要组成部分，它旨在应对可能发生的安全事故和突发事件，保障施工现场的安全稳定。一个有效的应急管理体系需要包括预防、应对和恢复等方面，以最大程度地减少事故损失并快速恢复施工正常状态。

第一，应急预案的制定应该是针对具体的施工项目和可能发生的风险情况而制定的。例如，针对高层建筑施工，预案可能涉及火灾、坍塌、坠落等情况；而在隧道施工中，应急预案可能更多关注于泥石流、崩塌、气体中毒等风险。这些预案应当细化到不同的施工阶段和不同的施工环境，确保针对性和可操作性。

第二，应急预案需要明确各个环节的责任人和处置流程。例如，在发生火灾时，预案可能包括火灾报警、疏散指引、应急通道设置等内容，同时明确指定消防队、施工单位管理人员等责任人的职责和行动流程。这样的明确性可以保证在突发情况下各方能够快速有效地应对，并减少混乱和错误的发生。

第三，应急预案还需要包括资源保障和应急设施的准备。例如，在施工现场配备灭火器、应急医疗设备、应急通信工具等，以便在紧急情况下迅速调动和使用。同时，预案还应考虑到外部资源的调配和支援，例如与消防部门、医院等相关单位的协调配合。

第四，建立健全的应急演练机制也是至关重要的。通过定期组织模拟演练，可以检验应急预案的有效性和可操作性，提高施工人员的应急处理能力，提高应对突发事件的信心和效率。例如，可以组织火灾疏散演练、坍塌事故应急处置演练等，让施工人员熟悉应急流程和操作技能，以便在实际情况下能够迅速应对。

总之，建立应急预案和处置机制是施工安全管理的关键环节，它能够在突发事件发生时保障施工现场的安全稳定，减少人员伤亡和财产损失。通过制定具体、针对性强的预案，明确责任、准备资源、开展演练，可以有效提升应急管理的水平，确保施工过程的安全顺利进行。

二、环境管理

建筑工程在建设阶段不可避免地会因为运输、加工、使用、废弃大量材料造成很多环境问题，噪声、垃圾、光照等虽然不是一个长期的恶劣影响，但会集中在场地整理、施工及竣工验收整个阶段，而且影响范围不仅限于施工所在地，附近的居民和生态环境也会遭受一定的影响。而施工产生的环境影响是多方面的，由于施工工艺和材料、设备上的差异，产生的环境污染问题也是不一样的，因此相关人员在对施工现场环境进行管理时一定要把握这些特点，针对不同的环境问题和产生原因，采取有效的解决措施，以打造文明示范工程。

（一）建筑工程现场施工环境管理的必要性

1. 迎合时代变化

以往我国以重发展轻环保的方式在发展经济，由此带来了很多严重的后果，如今国家倡导走可持续发展道路，为了打响生态环保战略，建筑行业必须坚持边发展边保护的原则，贯彻国家的节能环保方针，重视生态文明建设，在建筑工程项目向大型化和复杂化发展的同时改进传统施工工艺及管理理念，调和建筑事业发展与环境保护之间的矛盾，使人与自然和谐共生。

2. 保护环境的需要

我国的经济水平在不断提升，同时全民思想层次也在不断上升，在城市基础设施不断完善的同时，个人生活环境质量要求也逐渐提升，因此对于各行业制定了更为严苛的环保标准，建筑工程开始趋向于绿色发展道路，对于现场施工时产生的各类污染问题逐步借助环保型施工技术与管理策略来降低施工活动对周边居民及环境的影响，实现保护环境的目的。

3. 提高建筑工程的施工效益

建筑施工本身就是一项较为复杂和危险的工作，如果没有对施工环境加强管理，现场操作规范性不足，不仅会出现资源浪费、施工污染，还会造成很多人身伤害和纠纷，而工程管理的目标是为了取得最大的投资收益，因此要在保证施工质量的同时减少其他各方面的问题出现，而环境污染问题又是影响工程整体效益一个重要方面，施工过程中在质量与环境保护方面的贡献有助于提高经济效益与社会效益，提升建筑企业品牌形象，使该工程项目获得更高的社会认可度。

（二）建筑工程现场施工环境管理需解决的问题

1. 噪声问题

施工现场的噪声问题是建筑施工中常见的环境污染之一，不仅对周边居民的生活造成干扰，还可能对人们的健康和安全造成不良影响。这种噪声来源于多方面，其中包括机械设备的运转、施工工序的执行以及人员活动等。例如，挖掘机、打桩机、起重机等机械设备的运转产生的机械噪声，以及钢筋、混凝土等建材加工时产生的敲击声都是常见的噪声来源。

在建筑施工现场，噪声的问题不仅仅是来自机械设备的噪声，还包括施工人员的交流声、施工工序的执行所产生的声音等。例如，施工人员之间的指挥、协作声，以及施工工序中使用的各种工具的摩擦、碰撞声都会对周边环境产生一定程度的影响。特别是在夜间加班作业时，由于施工现场需要加大施工强度以满足工期要求，各种机械设备同时运行时产生的噪声更加突出，给附近居民的生活带来了严重的困扰。

噪声对周边居民的影响不容忽视。长期暴露在高强度噪声环境下可能导致人们的听力受损、神经系统受损，甚至引发心血管疾病、睡眠障碍等健康问题。因此，建筑施工现场的噪声污染不仅需要引起施工单位的重视，也需要相关监管部门和社会各界的关注。

2. 建筑垃圾随意弃置问题

很多建筑工程对于建筑垃圾处理都较为随意，主要是因为现场施工材料种类较多，总量较大，在材料管理上不够细致严格，很容易造成供大于求的局面，或是材料接收上出现问题，很多无法使用的材料无法正常退货，又或是材料的利用率低，钢筋、模板等建筑材料浪费严重。其次施工时会产生很多垃圾和不可用的废弃材料，如场地平整期会产生很多地表垃圾、杂草、废土和碎石、枯枝等掩埋物，混凝土施工环节也会有很多边角料和水泥砂浆残渣等，还有大量的生活垃圾、包装材料等，如果不及时处理，或清理不善，导致建筑垃圾资源化回收再利用率较低，也会严重影响现场施工环境，妨碍正常施工，增加施工成本。

3. 空气污染问题

（1）粉尘污染

在建筑施工现场，粉尘污染是一个常见而严重的问题。一方面，施工现场的道路多为泥土或少量碎石所铺成的临时道路，尤其是在车辆行驶或大风天气时，道路上的灰尘会被扬起，导致空气中的粉尘含量升高。另一方面，一些建筑材料，如水泥、粉煤灰等，其微小颗粒在使用和存放过程中容易飘散到空气中，被施工人员吸入，对健康造成威胁。尤其是在模板加工、土方开挖和场地清平等施工过程中，产生的粉尘更是严重，尤其在干燥、有风天气下，粉尘的扩散范围更广，影响更大。

（2）废气污染

除了粉尘污染外，建筑施工现场还存在着废气污染问题。施工现场的机械设备运作时会排放大量的尾气，而运输车辆的排放也是一个重要的废气污染源。此外，一些建筑材料在使用过程中会挥发出有毒气体，加剧了空气污染问题。这些废气排放和挥发物质会随着气流扩散到周围环境，对周边居民和环境造成危害。

4. 光污染问题

光污染问题在建筑施工中逐渐受到关注，尤其是在夜间施工时更为突出。夜间施工不仅是为了满足工程工期的要求，同时也是为了避免白天高温、交通流量大等因素对施工造成的影响。然而，夜间施工所带来的光污染问题却引发了周围居民的不满和抗议。

一方面，夜间施工过程中使用的大量照明设备，如车辆大灯、施工现场的路灯等，会持续照射周围环境，增加了周围居民的夜间光照度，影响了他们的正常休息和生活。例如，一些住宅小区或办公区域的居民因为施工现场的光照而无法入睡，导致生活质量下降，甚至引发健康问题。

另一方面，一些施工作业环节产生的火花也会加剧光污染问题。例如，钢筋加工和焊接作业中常常会产生明亮的火花，这些火花在夜间显得格外刺眼，不仅对施工人员的视觉造成影响，也对周围居民的生活造成干扰和困扰。在一些临近工地的居民区，居民经常抱怨夜间施工所产生的火花光污染对他们的生活造成了不便和困扰，严重影响了居民的睡眠质量和生活品质。

5. 水污染问题

建筑工程施工时会用到大量的水，一部分用于与施工原材料混合，还有大部分用于清洗、冷却、养护，以及一些现场工作人员使用后产生的生活污水，很多项目对于这类废水没有特殊对待，未经处理的各类施工废水随意排放后，水中的有毒物质会严重污染周边土地和生活水源，大量的废水蔓延至周边市政道路上也会影响人们的交通出行，水中残存的泥沙和工业材料等还会堵塞市政排水管道，既破坏周边的自然生态环境，又影响了市政给排水系统运行效率。

（三）建筑工程现场施工环境管理的有效措施

1. 噪声问题管理

在管理噪声问题方面，施工单位应该采取多种措施，从源头控制噪声的产生，有效减少对周围环境和居民的影响，提高施工的社会责任感和形象。

第一，施工单位应该对噪声来源进行深入分析，了解噪声的产生原因和特点，针对性地采取措施进行管理。例如，对于施工现场中常见的机械设备产生的噪声，施工单位可以采取技术手段进行控制，选择性能较好的设备，及时进行保养和维修，降低设备的运行噪声。此外，通过设置隔音装置或加装隔音棚等措施，有效减少噪声向周围环境传播的程度，保护周围居民的生活环境。

第二，施工单位应该注重文明施工，培养施工人员的文明意识，制定严格的文明施工管理制度。文明施工不仅包括对噪声的管理，还包括对施工现场秩序、环境卫生等方面的管理。通过优化施工方案和细致制作施工时间表，合理安排施工时间和施工过程，尽量避免在夜间和晨间施工，减少对周围居民生活的干扰。

第三，施工单位还应该加强与周围居民的沟通和协商，及时了解他们的意见和需求，共同寻求解决噪声问题的有效途径。通过建立居民委员会或成立施工协调小组等机制，加强与居民的联系，及时处理居民的投诉和意见，共同维护好施工现场周围的环境和居民的生活质量。

2. 建筑垃圾管理

首先，应增强施工单位的废物管理意识，坚持做到施工与管理同步进行，对施工过程中容易产生废渣的环节，如施工材料的运输和卸货环节，为了避免路上掉落，需要用塑料膜等覆盖物进行掩盖，特别是水泥、沙子等，要完全覆盖，避免超载。其次，在施工时要严格管理施工材料，在接收和进场时做好质检，在取用上做好规划和登记，另外对于各环节产生的废弃物，要求施工人员认真处理，根据不同废弃物类型进行分类堆放，设立多个垃圾回收站点和垃圾池，由专门的人员定期回收处理。最后，要提高废物利用率，对可回收的固体废弃物另行分类存放，例如挖掘过程中的废土要设置废土集中堆积区，后期可用于填筑、修路，一些钢板等也可以回收二次利用，钢筋铁丝等金属废材还可进行变卖。

3. 空气污染管理

管理建筑施工过程中的空气污染问题至关重要，需要施工单位采取一系列措施，从源头控制和治理空气污染，保障施工过程中的环境质量和周围居民的健康。

一方面，针对施工现场产生的粉尘污染问题，施工单位应采取有效措施进行控制。围挡封闭是一种常见的方法，但仅仅减轻了对外界环境的影响，并未根本解决问题。因此，施工单位需要在施工现场对粉尘进行全面管理。例如，可以对施工场地的道路进行硬化，采用水泥地面并定期洒水降尘，及时清扫现场垃圾，严禁高空倾倒建筑垃圾，并加强对物资运输的管控，防止遗洒和飞扬。此外，施工过程中尽量减少现场施工，多采用半成品或成品，提高装配化施工程度，减少露天作业时间，以减少粉尘污染。

另一方面，对废气排放问题，施工单位也应该采取有效措施从源头进行优化和减少。可以通过严格按照环保标准检测材料性能和可挥发气体浓度，选择更环保的施工材料和设备，调整运输路线和车辆，按照交管部门要求进行管控。施工单位应当配合当地监管部门加强监管，安装智能化检测仪器并联网，设定排放标准，确保按要求排放废气。

4. 光污染管理

管理光污染是建筑施工过程中一个重要而复杂的问题，需要综合考虑施工需求、环境保护和周围居民的生活质量。以下是四项针对光污染的管理措施。

第一，控制夜间作业次数和时间段是减少光污染的有效方法。虽然夜间作业无法完全避免，但可以通过合理规划作业计划，将夜间施工时间尽量控制在居民睡眠时间前。这样可以减少施工现场的光照对周围居民的干扰。

第二，改善现场照明设施是管理光污染的关键措施之一。施工单位可以选择合适的灯具，布置光源，根据现场各空间的照明需求划分好各房间的照明等级，并合理布置数量适宜、位置合理、光照强度适宜的照明设备。这样可以在满足施工照明需求的同时，尽量减少光污染对周围环境的影响。

第三，使用环保光源也是管理光污染的重要方法之一。施工现场可以采购一些智能型灯光，通过智能控制系统节约电能，调节光照时间，缩小光污染范围。这样不仅能够保证施工现场的照明需求，还能减少对周围居民的干扰。

第四，对于产生高强闪光的施工环节，如加工焊接钢材构配件，施工单位需要在施工现场设置遮光棚，如用废旧模板充当焊接时的临时维护挡板，尽量避免电焊弧光外泄，调整操作方向，将强光照射方向远离居民区。这样可以有效减少强光对周围居民的影响，降低光污染程度。

5. 水污染管理

对废水污染问题进行防治一是要严格控制其排放，根据施工废水的来源，修建相应的临时排水和处理设施，如水泥浆、混凝土搅拌产生的废水需要设置沉淀池、排水沟，使之达到废水排放标准后统一由固定的排放口排入到指定位置，而对于经一定程度净化处理后可二次利用的水资源，需要另行存放，用于施工现场的清洗、降温等对水质要求不高的方面。二是要尽量减少废水的产生，节约使用水资源，避免浪费，另外现场要做好排水和降水措施，特别是临水体堆放的物资，要严格控制其与水源和水流的间距，在堆场四周挖设截流沟，一些易于水混合的材料要在下雨前进行覆盖。

第四节　工程项目投资控制

一、投资控制目标

（一）投资规模

1. 确定项目需求

在制定投资规模时，首先需要明确项目的具体需求，包括项目类型、规模、功能等。通过对项目需求的全面分析和评估，确定项目的基本框架和规模，为后续的投资决策提供基础。

2. 综合考虑投资成本

在确定投资规模时，需要综合考虑项目的建设成本、运营成本和维护成本等因素。通过对各项成本的合理评估和预测，确定项目的总投资额度，确保项目的投资规模在可控范围内。

3. 强化投资风险管理

在确定投资规模时，还需要充分考虑投资风险，包括市场风险、政策风险、技术风险等。通过建立完善的投资风险管理机制，及时识别、评估和应对各类风险，确保项目投资规模的可持续性和稳定性。

（二）资金来源

1. 多元化资金渠道

为了确保项目资金的充足和可持续性，需要多元化资金来源。除了传统的银行贷款外，还可以通过股权融资、债券发行、政府补助等方式筹集资金，降低项目资金来源的单一性和风险性。

2. 强化资金管理能力

在资金来源方面，需要强化资金管理能力，做好资金的筹措、使用和监管工作。建立完善的资金管理制度和流程，加强对资金流向的监控和控制，确保项目资金的安全和有效利用。

3.提升资金利用效率

在资金使用方面，需要提升资金利用效率，优化资金结构和配置，合理安排资金使用计划，确保资金用于项目建设的关键环节和重点领域，最大限度地发挥资金的作用，实现投资效益最大化。

（三）投资收益

1.确定收益目标

在制定投资收益目标时，需要根据项目的性质、规模和市场需求等因素，明确投资收益的具体目标和指标。通过对投资收益的定量分析和预测，确定合理的收益预期，为投资决策提供依据。

2.提升项目盈利能力

为了实现投资收益最大化，需要不断提升项目的盈利能力，包括增加项目的收入来源、降低项目的成本支出、提高项目的运营效率等方面。通过优化项目运营管理，提高项目盈利水平，实现投资收益的持续增长。

3.加强投资回报监测

在项目实施过程中，需要加强对投资回报的监测和评估，及时跟踪项目的经济效益和社会效益，发现和解决影响投资收益的问题，确保投资收益目标的实现。同时，根据监测结果对投资策略进行调整和优化，最大限度地提高投资收益水平。

二、投资控制方法

（一）预算管理

1.制定详细的项目预算

在项目启动阶段，应当制定详细的项目预算。这包括对建设投资、运营成本、资金周转等方面进行全面评估和计划。通过对各项费用的细致核算和预测，确定项目的总体投资规模，并将其分解到各个具体的工程项目和阶段，以便更好地控制和管理。

2.控制预算执行

制定预算后，需要严格控制预算的执行。这包括对各项支出进行监控和管理，确保在预算范围内完成工程项目。同时，要及时调整预算，根据项目实际情况对预算进行修正和优化，以应对可能出现的变化和风险。

3. 定期审查和评估

为了确保预算管理的有效性，应定期对预算执行情况进行审查和评估。通过对实际支出与预算的对比分析，发现偏差并及时调整，以保证项目的财务健康和可持续发展。

（二）资金管理

建立健全的资金管理制度：为了有效管理项目资金，需要建立健全的资金管理制度。这包括规定资金筹措的途径和方式、资金使用的权限和程序、资金监督和审计的机制等。通过明确的制度和流程，保障资金的安全和有效利用。

1. 确保资金的充足和稳定

在资金管理中，要确保项目资金的充足和稳定。这包括选择合适的资金来源，如银行贷款、股权融资、债券发行等，确保项目的资金需求得到及时满足，并降低资金风险。

2. 加强资金监控和管理

对项目资金的使用情况进行严格监控和管理，确保资金的安全和有效利用。建立资金监控系统，定期对资金流向进行跟踪和审核，及时发现和解决资金管理中的问题和风险。

（三）成本控制

1. 强化成本核算和控制

在工程项目实施过程中，要加强成本核算和控制，及时掌握项目的各项费用情况，确保在预算范围内完成工程项目。通过建立成本核算体系，对项目各项费用进行细致分析和监控，及时发现并解决成本偏高的问题。

2. 优化资源配置和利用

为了降低项目成本，需要优化资源配置和利用。这包括合理安排人力、物力和财力资源，提高资源利用效率，降低项目成本支出。同时，要注重节约型施工，采用节能环保的工程技术和材料，减少能源和资源的消耗，降低项目成本。

3. 加强供应链管理

在成本控制中，要加强对供应链的管理。这包括与供应商建立长期稳定的合作关系，优化供应链的布局和组织，降低采购成本和供应风险，提高项目的成本竞争力。

三、投资控制措施

（一）资金监管

1. 建立专门的资金监管机构

在项目实施过程中，可以成立专门的资金监管机构或委员会，负责监督和管理项目资金的使用。该机构可以由项目管理团队中的专业人员组成，负责制定资金使用规定、审核资金支出、监督资金流向等工作。通过建立专门的监管机构，可以有效地监督和管理项目资金，确保资金使用的合法性和规范性。

2. 制定资金使用规定

资金监管机构应当制定详细的资金使用规定，明确资金使用的权限和程序，规范各项支出的审批和执行流程。例如，规定资金使用的范围和限额，明确资金使用的用途和标准，确保资金使用符合项目的实际需要和预算要求。同时，要建立完善的资金监管制度，加强对资金流向的监督和审计，及时发现和纠正资金管理中的问题和漏洞。

3. 定期报告和沟通

资金监管机构应当定期向项目管理团队和相关利益相关方报告资金使用情况，及时沟通和解决资金管理中的问题和矛盾。通过定期报告和沟通，可以及时了解项目资金的使用情况和运行状况，提高资金管理的透明度和效率。

（二）审计监督

1. 定期进行项目审计

为了确保项目资金的安全和稳定，应当定期进行项目审计，对项目的投资和资金使用情况进行审查和评估。审计可以由内部审计部门或外部专业机构进行，重点关注项目资金的流向和使用效益，发现和纠正资金管理中的问题和不足。通过定期审计，可以及时发现和解决项目投资中的风险和隐患，保障项目的资金安全和稳定。

2. 强化审计监督机制

审计监督机制是保障项目资金安全和稳定的重要保障措施。应当建立健全的审计监督机制，明确审计监督的责任和权限，加强对审计结果的跟踪和督促，确保审计监督工作的有效开展。同时，要加强审计人员的培训和素质提升，提高审计监督的专业水平和效果。

3. 加强审计报告的利用

审计报告是发现和解决项目投资中问题的重要依据和参考。资金监管机构和项目管理团队应当充分利用审计报告，认真分析和总结审计结果，及时采取有效措施，解决审计发现的问题和隐患。同时，要加强对审计报告的沟通和交流，促进各方共同参与和配合，共同维护项目的资金安全和稳定。

（三）风险管理

1. 风险识别和评估

在项目实施前，应当对可能面临的各种风险进行全面识别和评估。这包括市场风险、技术风险、政策风险等各方面的风险，通过风险评估工具和方法，全面分析和评估风险的概率和影响，确定主要风险点和应对策略。

2. 制订风险管理计划

根据风险评估结果，制订相应的风险管理计划，明确风险管理的目标、原则和措施。这包括确定风险应对策略、建立风险管理机制、明确责任分工和监督检查程序等，确保项目在面临风险时能够及时作出应对和处理。

第三章 工程项目风险管理与控制

第一节 工程项目风险管理的概述

一、风险的定义和分类

（一）风险的定义

风险在项目管理中具有重要意义，它是指在项目实施过程中可能发生的不确定性因素，对项目目标达成产生潜在影响的情况。在现实项目中，风险可能来自各个方面，包括技术、市场、政策、环境等多个方面，对项目的成功实施构成潜在威胁。因此，风险管理成为项目管理中不可或缺的重要环节。

一方面，了解风险的定义至关重要。风险不仅仅是简单的不确定性，而是指那些可能对项目目标产生负面影响的潜在事件或条件。这些事件或条件可能导致项目成本增加、进度延误、质量下降、资源浪费等不利影响，从而威胁着项目的成功实施。因此，对风险的准确定义是进行有效风险管理的基础。

另一方面，风险管理是项目管理中的关键环节。它包括识别、评估、应对和监控项目风险的过程，旨在最大程度地降低风险对项目目标的影响。通过风险管理，项目团队可以提前发现潜在风险，采取相应的措施进行应对，从而减少风险发生的可能性，确保项目按时、按质、按量完成。

例如，假设一个建筑项目面临着技术风险，即由于新技术的应用而导致施工过程中出现问题。项目团队可以通过技术评估和专业咨询，及时识别潜在的技术风险，并确定相应的解决方案，如加强技术培训、引进更先进的施工设备等，以降低技术风险对项目的影响。

在另一个市场风险的例子中，假设一个新产品的开发项目面临着市场竞争激烈的环境。项目团队可以通过市场调研和竞争分析，评估市场风险的程度，并采取市场营销策略、产品定位调整等措施，以应对激烈的市场竞争，确保项目的顺利实施和成功推出。

（二）风险的分类

按照风险来源、性质和影响程度的不同，可将风险分为项目内部风险和外部环境风险。

1. 项目内部风险

（1）技术风险

技术风险是指由于技术方案不成熟、技术难题无法解决或技术人员能力不足、技术设备故障等原因导致的风险。例如，在新技术应用的项目中，技术风险可能会导致项目无法按计划实施，从而影响项目的目标达成。

（2）成本风险

成本风险是指由于成本估算不准确、成本控制不当等因素引起的风险。例如，原材料价格波动、劳动力成本上升等因素可能会导致项目成本超支，从而影响项目的盈利能力和可持续发展。

（3）进度风险

进度风险是成本风险是指由于进度安排不合理、施工计划变更等因素引起的风险。例如，施工现场突发事件、供应链延误等因素可能会导致项目延期，从而影响项目的交付时间和客户满意度。

2. 环境风险

（1）市场风险

市场风险是指市场需求不足、竞争加剧、产品销售不畅等因素引起的风险。例如，市场需求的变化、竞争对手的新产品推出等因素可能会影响项目的市场表现和销售业绩。

（2）政策风险

政策分险是指政府政策、法规变化等因素引起的风险。例如，环境保护政策的加强、税收政策的调整等因素可能会影响项目的经营环境和盈利能力。

（3）自然环境风险

自然环境风险是指自然灾害、气候变化等因素引起的风险。例如，地震、洪水、台风等自然灾害可能会造成项目设施损坏、生产中断等影响，从而影响项目的正常运营和发展。

二、工程项目风险管理的目标和原则

（一）风险管理的目标

风险管理的目标是确保工程项目在不确定的环境下能够实现预期的目标和利益，同时最大程度地降低不确定性带来的影响。在项目实施过程中，面临着各种不确定性因素，如技术变化、市场波动、政策调整、自然灾害等，这些因素可能对项目目标的达成产生负面影响。因此，风险管理旨在通过识别、评估、应对和监控潜在的风险，从而有效地降低风险对项目的影响，保障项目的顺利实施和目标的实现。在实践中，风险管理的目标包括但不限于以下三个方面。

第一，确保项目目标的实现。风险管理旨在识别并应对可能影响项目目标实现的风险因素，通过采取相应的措施，确保项目能够按照预期的目标和利益实施和达成。

第二，最大程度地降低不确定性带来的影响。风险管理不仅关注于识别和评估潜在的风险，还包括采取措施降低风险的发生概率和影响程度，从而最大程度地减少不确定性对项目的影响。

第三，风险管理还涉及资源的有效利用和成本的控制，以确保项目在有限的资源条件下实现最大的利益。

风险管理的目标是在不确定的环境下，通过有效地识别、评估、应对和监控潜在的风险，确保工程项目能够实现预期的目标和利益，同时最大程度地降低不确定性带来的影响。

（二）风险管理的原则

1. 全面性原则

在风险管理中，全面性原则指的是需要全面考虑项目的各个方面和环节，确保风险管理的全面性和系统性。这意味着在进行风险管理时，不能仅仅局限于某个特定的方面或阶段，而是需要对项目的整体进行综合考虑和管理。具体来说，在项目的各个阶段，包括规划、实施、监控和收尾阶段，都需要对潜在的风险进行全面地识别、评估和控制。例如，在项目规划阶段，需要对项目的目标、范围、时间、成本等方面进行全面分析，识别可能存在的风险因素；在项目实施阶段，需要全面考虑施工过程中的技术、人力、物资、环境等方面的风险，采取相应的措施加以控制；在项目监控阶段，需要对项目的进展情况进行全面监测，及时发现和应对可能出现的风险；在项目收尾阶段，需要全面总结项目的经验教训，为未来项目的风险管理提供参考。总之，全面性原则要求对项目的各个方面和环节都进行全面的风险管理，以确保项目的顺利实施和目标的达成。

2.科学性原则

科学性原则要求建立科学的风险识别、评估和控制体系，以科学的方法应对各种风险。这意味着在进行风险管理时，需要依靠科学的理论、方法和工具进行分析和决策，而不是凭主观臆断或经验主义。具体来说，科学性原则包括以下几个方面：首先，建立科学的风险识别方法，包括头脑风暴、专家咨询、数据分析等，以全面、系统地识别潜在的风险因素；其次，采用科学的风险评估工具和技术，如风险矩阵、事件树分析、敏感性分析等，对风险的可能性和影响程度进行科学的评估；最后，制定科学的风险控制措施，通过风险规避、转移、减轻等手段，降低风险的发生概率和影响程度。

综上所述，科学性原则要求在风险管理过程中运用科学的方法和工具，全面、系统地分析和应对各种风险，以提高风险管理的效率和准确性。

3.预防性原则

预防性原则要求采取积极有效的措施，预防和减少风险的发生，降低风险的影响。这意味着在进行风险管理时，应该优先考虑预防风险的发生，而不是事后补救。具体来说，预防性原则包括以下三个方面：其一，通过加强项目管理和监督，提高项目管理的水平和质量，及时发现和解决可能存在的问题，防止问题演变成风险；其二，加强对项目环境的监测和管控，预防环境因素对项目的影响，如自然灾害、政策变化等；其三，加强对项目参与方的管理和沟通，促进各方之间的合作和协调，降低因合作关系紊乱而带来的风险。总之，预防性原则要求在风险管理过程中采取积极主动的措施，预防和减少风险的发生，以确保项目的顺利实施和目标的达成。

三、风险管理的过程和方法

（一）风险规避

风险规避是一种重要的风险管理方法，其核心在于通过采取积极的措施，尽可能地减少或消除可能导致风险发生的因素，从而降低风险的概率和影响程度。在项目管理中，风险规避通常涉及以下四个方面的措施。

1. 预防措施

预防措施在项目管理中起着至关重要的作用，它们帮助项目团队在项目计划和执行过程中提前识别和解决潜在问题，从而减少风险发生的可能性。这些措施可以涉及多个方面，包括技术、供应链管理、人力资源等，以确保项目的顺利进行和达成目标。

第一，技术方面的预防措施是确保项目顺利进行的重要因素之一。在项目设计阶段，采用先进的技术和方法可以帮助降低技术风险和质量问题的发生率。例如，对于建筑工程项目，使用先进的建模软件和仿真工具可以帮助设计团队发现并解决潜在的结构问题或设计缺陷，从而提前预防施工过程中可能出现的质量问题。

第二，供应链管理方面的预防措施也至关重要。选择可靠的供应商和承包商可以降低材料供应延迟和工程设备故障等风险的发生率。在选择供应商和承包商时，项目团队可以对其进行严格的评估和筛选，考虑其过往业绩、信誉度、技术实力等因素，以确保其具备提供高质量服务和产品的能力。

第三，人力资源管理方面的预防措施也不容忽视。拥有高素质的项目团队成员和管理人员可以有效地应对项目执行过程中可能出现的各种挑战和风险。因此，在项目实施之前，项目团队应该进行充分的人员培训和技能提升，以提高团队成员的专业水平和工作效率。

除此之外，制定详细的施工计划和监控措施也是预防措施的重要组成部分。通过合理的施工计划和严格的监控措施，可以及时发现和解决施工过程中的问题，降低项目执行风险，确保项目按时、按质完成。

2. 合同约束

合同在项目管理中扮演着至关重要的角色，它明确了各方的责任和义务，规范了项目执行的过程，从而减少了因合同纠纷而引发的风险。合同的内容应该具有明确性、全面性和可执行性，以确保项目能够顺利进行并达到预期目标。

第一，合同中应该明确规定各方的权利和义务。这包括明确的交付期限、质量标准、工作范围、付款方式等方面。例如，在建筑工程项目中，合同应明确规定工程的起止时间、完成时间，以及工程的质量要求和验收标准。这样可以帮助项目团队清晰地了解任务分工和工作要求，避免因为不明确的责任分配而引发的纠纷和延误。

第二，合同中应该包含明确的违约责任条款。这些条款可以规定各方在违约情况下应承担的责任和后果，以及违约方应采取的补救措施。例如，合同可以规定如果一方未能按时完成工作或未能按照约定质量标准完成工作，应承担相应的违约责任，包括赔偿损失、承担延期责任等。这样可以增强各方履约的责任感，促使其更加认真地履行合同义务。

第三，合同中还应包含变更和索赔的处理机制。由于项目执行过程中可能会出现各种不可预见的情况，导致合同内容需要进行变更或者因合同履行过程中发生争议，需要进行索赔。因此，合同应该明确规定变更的程序和条件，以及索赔的处理方式和期限，以便及时解决可能出现的问题，避免对项目进度和成本造成不利影响。

3. 资源优化

资源优化是项目管理中至关重要的一环，它涉及合理配置和充分利用项目所需的各种资源，包括人力、物力、财力和时间等，以确保项目能够以最高效、最经济的方式完成。通过资源优化，可以有效降低项目执行过程中的成本和时间风险，提高项目的竞争力和成功率。

第一，人力资源的优化是项目成功的关键之一。合理分配和管理人力资源可以确保项目团队的工作效率和生产质量。例如，在建筑工程项目中，项目经理需要根据项目的规模和工作量，合理安排施工人员的数量和岗位，以确保各项工作能够顺利进行。同时，通过培训和技能提升，提高团队成员的专业水平和工作效率，进一步优化人力资源的利用效率。

第二，物力资源的优化也是项目成功的关键因素之一。合理配置和有效利用物资、设备和技术工人可以提高项目的生产效率和质量水平。例如，在制造业项目中，采用先进的生产设备和工艺流程，可以大幅提升生产效率和产品质量，同时减少资源浪费和损耗。此外，及时维护和保养设备，确保其正常运转，也是资源优化的重要环节。

第三，财力资源的优化也是项目管理的重要内容之一。合理控制项目的预算和成本，确保项目能够在预定的成本范围内完成，是财务资源优化的核心目标。项目管理团队需要审慎管理项目的各项开支，并及时调整预算和资源配置，以应对可能出现的资金短缺或超支情况，保障项目的顺利进行。

第四，时间资源的优化也是项目成功的关键因素之一。合理安排项目的工作计划和进度安排，确保各项工作能够按时完成，是时间资源优化的核心内容。项目管理团队需要合理评估项目的工期和进度，及时调整工作计划，以确保项目能够按时交付，减少因时间延误而带来的风险和损失。

4. 市场调研

市场调研是项目启动前至关重要的一步，它可以帮助项目团队全面了解市场环境、行业趋势和潜在需求，为项目实施提供可靠的数据支持和决策依据。通过市场调研，项目团队可以有效规避盲目投资和市场风险，从而提高项目成功的机会。

第一，市场调研有助于项目团队了解市场需求和竞争对手情况。通过对市场的深入调查和分析，可以确定产品或服务的市场定位、目标用户群体和需求状况。同时，还可以了解竞争对手的产品特点、市场份额和营销策略，为项目团队制定有针对性的竞争策略提供参考。

第二，市场调研有助于评估项目的市场潜力和可行性。通过对市场规模、增长趋势、消费者行为等方面的研究，可以准确评估项目的市场潜力和发展前景。同时，也可以发现市场存在的需求空缺和机遇点，为项目的创新和差异化竞争提供支持。

第三，市场调研还可以帮助项目团队制定合理的营销策略和推广计划。通过对目标市场的分析，可以确定最有效的营销渠道、宣传手段和促销活动，提高项目的曝光度和市场知名度。同时，还可以根据消费者的反馈和需求变化，及时调整营销策略，保持竞争优势。

例如，假设一个公司计划推出一款新型智能家居产品。在进行市场调研时，项目团队可以调查目标市场的消费者群体，了解他们对智能家居产品的需求和偏好；同时，还可以分析竞争对手的产品特点和定价策略，以制定相应的市场定位和价格策略。此外，还可以通过调查消费者对智能家居产品的接受程度和购买意愿，评估市场潜力和可行性，为产品推广和销售提供指导。

（二）风险减轻

风险减轻是指在风险已经发生造成了损失的情况下，采取相应的补救措施，以最大程度地减轻风险带来的影响。在项目管理中，风险减轻通常涉及以下四个方面的措施。

1. 应急预案

应急预案的建立是项目管理中至关重要的一环，它为项目团队应对突发情况提供了重要的指导和支持。一个健全的应急预案应该包括以下五个方面的内容：明确的风险事件分类、具体的应对措施、责任人和部门、应急资源的调配，以及应急演练和评估机制。

其一，应急预案需要对可能发生的风险事件进行分类和归纳。这样可以使项目团队对各种风险有清晰地认识，便于针对性地制定应对措施。常见的风险事件分类包括自然灾害、技术故障、人为破坏等。

其二，应急预案需要明确针对不同类型的风险事件制定相应的应对措施。例如，对于自然灾害，可以采取的措施包括撤离、防护和救援等；对于技术故障，可以采取的措施包括备份恢复、紧急维修等。

其三，应急预案需要明确责任人和部门。每个应急情况都应该有专门的责任人负责组织和协调应对工作，同时需要明确其他相关部门的协助和支持。

其四，应急预案需要明确应急资源的调配机制。这包括人员、物资、设备等各方面的资源，在应急情况下能够迅速调动和利用，以最大程度地减少损失和影响。

其五，应急预案需要定期进行应急演练和评估。通过模拟各种突发情况的发生，检验应急预案的有效性和实用性，及时发现和解决存在的问题，提高应对突发情况的能力和水平。

例如，一个大型建筑工程项目的应急预案可能包括对于可能发生的自然灾害（如地震、洪水）、技术故障（如机械设备故障、供电中断）、人为破坏（如盗窃、纵火）等情况的详细分类和应对措施。针对不同类型的风险事件，项目团队需要明确指定负责人和部门，建立起资源调配和应急响应机制，并定期进行演练和评估，以确保应急预案的有效性和实用性。

2. 保险投保

保险投保在项目管理中扮演着重要的角色，通过购买相应的保险产品，项目团队可以将一部分风险转移给保险公司，从而减轻风险事件对项目造成的经济损失，保障项目的顺利进行和完成。以下是关于保险投保的更深层次的分析。

首先，保险投保是一种风险管理策略。项目在实施过程中可能面临各种不可预测的风险，如自然灾害、意外事故等。通过购买适当的保险产品，项目团队可以将这些风险转嫁给保险公司，降低项目的财务风险。

其次，保险投保有助于项目融资和合同履约。在一些大型建设项目中，投保特定的保险是获得融资和合同签署的必要条件之一。例如，银行可能要求借款人购买工程险或财产保险作为贷款的担保条件，以确保在项目发生意外损失时能够获得相应的赔偿。

最后，保险投保也可以增强项目的可持续性和稳定性。在项目进行的过程中，意外事件可能会导致财务损失，甚至使项目陷入困境。而通过投保相应的保险产品，项目团队可以更好地应对这些风险，保障项目的顺利进行，增强项目的可持续性和稳定性。

例如，对于一个大型基础设施建设项目，项目团队可能会购买工程险，以应对可能发生的工程施工意外事故和设备损坏等风险。另外，项目团队还可能购买人身意外险，以保障施工现场工人的人身安全。这些保险产品的投保可以有效地降低项目的风险程度，保障项目的顺利进行。

3. 备件备品储备

备件备品储备是项目管理中非常重要的一项措施，它能够帮助项目团队有效地应对设备故障、材料短缺等突发情况，保障项目的正常进行和及时完成。下面是对备件备品储备的更深层次分析。

首先，备件备品储备有助于减少项目因设备故障而停工造成的损失。在项目执行过程中，设备故障是不可避免的，而且可能会导致项目延误、成本增加等问题。通过提前储备必要的备件，项目团队可以在设备出现故障时立即进行更换或修复，缩短停工时间，减少因停工而造成的生产损失。

其次，备件备品储备有助于应对材料短缺和供应延迟等突发情况。在项目执行过程中，可能会出现原材料供应不足或供应延迟的情况，这会影响项目的正常进行。通过提前储备必要的备品备件，项目团队可以在材料供应出现问题时及时应对，避免因材料短缺而影响项目进度和质量。

最后，备件备品储备也有助于提高项目的应急响应能力和灵活性。项目执行过程中可能会遇到各种突发情况，如设备故障、材料质量问题等，这些情况需要及时应对。通过储备必要的备件备品，项目团队可以快速响应并采取相应措施，降低因突发情况而造成的损失，保障项目的正常进行。

例如，对于一个建筑工程项目而言，可以提前储备常用的建筑材料、工具设备的备件备品，如砖块、水泥、钢筋等，以及常用的工具配件，如螺丝、螺母、螺栓等。这样，在项目执行过程中，如果出现原材料供应不足或设备故障等情况，项目团队就可以立即进行应急处理，保障项目的顺利进行。

4. 技术改进

技术改进在项目管理中扮演着至关重要的角色，它可以帮助项目团队不断提升技术水平、提高管理效率，从而防止项目执行过程中的风险发生和损失。以下是对技术改进的深入分析。

第一，技术改进可以提升项目执行过程中的效率和质量。通过引入新技术、新工艺或改进现有技术，项目团队可以更快速、更精准地完成任务，提高工作效率，减少资源浪费，从而降低项目成本。例如，在建筑工程项目中，引入 BIM（建筑信息模型）技术可以实现对建筑设计、施工进度和成本的全面管理和优化，提高项目的设计质量和施工效率。

第二，技术改进可以提高项目管理的精准度和可控性。通过使用先进的项目管理软件和信息化工具，项目团队可以实现对项目进度、成本、质量等方面的实时监控和分析，及时发现问题并采取相应措施，减少风险发生的可能性。例如，项目管理团队可以利用项目管理软件实现对项目进度的动态跟踪，及时识别进度偏差并制订调整计划，保证项目按时完成。

第三，技术改进还可以提升项目团队的创新能力和竞争力。通过持续的技术研发和创新，项目团队可以开发出更具竞争优势的产品或服务，满足市场需求，提升市场占有率，从而降低市场风险。例如，一家软件开发公司不断改进其产品的功能和性能，以满足用户需求，并与竞争对手保持竞争优势。

第四，技术改进可以增强项目团队的应对能力和适应性。在不断变化的市场环境和技术发展趋势下，项目团队需要不断学习和更新技术知识，提高团队成员的专业素养和应对能力，以适应新的挑战和变化。例如，一家制造企业通过引进先进的生产技术和智能制造设备，提升生产效率和产品质量，应对市场竞争压力和客户需求的变化。

（三）风险转移

风险转移是指将某些风险的责任和后果转移到其他方或第三方，从而降低项目方自身承担风险的程度。在项目管理中，风险转移通常采取以下四种方式。

1. 购买保险

项目方可以购买各种类型的保险，将特定的风险转移给保险公司，例如工程险、责任险、人身意外险等。一旦风险事件发生，保险公司将承担相应的赔偿责任，从而减轻项目方的经济损失。

2. 合同约定

在与其他合作方签订合同时，可以明确约定风险的责任分担和转移方式。通过合同条款的约定，将特定的风险转移给合作方或供应商，降低项目方自身的风险承担。

3. 外包服务

将项目中的某些环节或业务外包给专业的服务提供商或承包商，让其承担相应的风险责任。通过外包服务，项目方可以将特定的风险转移给外部机构，降低自身的风险暴露。

4. 采购选择

在采购过程中，项目方可以选择具有良好信誉和高信用等级的供应商或承包商合作，从而降低因供应商或承包商引起的风险。

（四）风险自留

风险自留是指项目方选择自行承担风险带来的后果和损失，而不采取其他风险管理措施。在某些情况下，项目方可能会选择自留风险，主要基于以下四个方面的考虑。

1. 风险控制成本

对某些风险进行转移或规避可能需要支付额外的费用，如购买保险、签订合同约定等，而这些费用可能会超出项目方的预算范围。因此，项目方可能选择承担风险的后果，以节省风险管理的成本。

2. 风险预测准确性

对于某些风险，项目方可能具有较高的预测准确性，能够准确评估风险发生的可能性和影响程度。在这种情况下，项目方可以自行承担风险，并通过合适的预案和措施应对风险事件的发生，降低风险带来的损失。

3. 风险控制能力

项目方可能拥有较强的风险控制和管理能力，能够及时应对风险事件的发生，并采取有效措施将风险影响降到最低。在这种情况下，项目方可能选择自留风险，相信自身的能力可以有效控制风险带来的不利影响。

4. 风险影响程度

针对某些风险，其可能引发的影响相对较小，且项目方可以承受风险带来的损失。在这种情况下，项目方可能选择自留风险，将资源和精力集中用于其他更重要的项目管理活动。

第二节　风险识别

一、风险识别方法和技术

风险识别是风险管理的首要步骤，旨在全面、系统地识别可能影响项目目标实现的各种不确定因素和风险事件。在进行风险识别时，通常可以采用以下三种方法和工具。

（一）专家咨询

专家咨询是一种常用的风险识别方法，它通过邀请相关领域的专家和经验丰富的从业者参与，借助他们的专业知识和经验，识别项目可能面临的各种风险因素。专家可以提供深入的行业见解和实践经验，帮助项目团队识别那些可能被忽视或未被预料到的风险。

（二）头脑风暴

头脑风暴是一种集思广益的创新方法，通过组织项目团队成员召开头脑风暴会议，鼓励他们尽情发挥想象力和创造力，提出各种可能存在的风险事件和不确定因素。在头脑风暴过程中，团队成员可以自由表达和交流各种观点和想法，从而产生丰富多样的风险识别结果。

（三）问卷调查

问卷调查是一种收集多方意见和看法的有效方式，通过设计问卷并向相关人员发放，收集他们对项目可能面临的风险的看法和意见。问卷调查可以覆盖更广泛的人群，包括项目团队成员、利益相关者、专家顾问等，从而获得多样化的识别结果。问卷调查还可以帮助项目团队了解不同人群对于各种风险的感知和认知，为风险识别提供更为全面和客观的数据支持。

二、识别工程项目中的潜在风险

（一）风险管理意识不足

风险管理意识的不足在当前建筑行业中确实是一个严重的问题，其影响远远超出了企业自身的经营范围，而是直接影响到整个行业的发展和稳定。以下是对风险管理意识不足所带来的问题进行的深入分析。

第一，市场竞争激烈，导致恶性竞争现象严重。在建筑市场中，由于竞争压力巨大，一些企业为了争取订单不惜采取低价竞标的策略，这导致了工程质量下降、安全隐患增加等问题。例如，一些企业为了降低成本而采用劣质材料，或是在施工过程中偷工减料，这些做法不仅损害了项目的长期利益，也加剧了整个行业的恶化。举个例子，一家企业为了赢得招标，故意降低报价，最终导致工程质量低下，延期交付，给业主和施工方都带来了巨大损失。

第二，管理人员意识不足导致施工安全问题严重。在建筑施工现场，安全问题一直是一个重要的关注点。然而，一些企业的管理人员在施工管理中并未给予足够的重视，导致安全防护措施不到位、工作培训不足等问题频发。例如，缺乏有效的安全培训和演练，使得工人们对施工安全意识不强，容易发生事故，造成人身伤害和财产损失。

第三，一些企业规模较小，缺乏风险管理意识。在建筑行业中，一些小型建筑企业可能对风险管理的重要性认识不足，导致对项目风险的识别和应对不到位。例如，缺乏完善的项目管理体系和风险管理流程，使得这些企业在面对风险时无法有效地应对，容易导致项目进展受阻，甚至项目失败。

第四，挂靠、转包现象普遍，加剧了安全风险。在建筑行业中，挂靠和转包现象时有发生，一些企业为了规避监管或分担风险，选择将工程项目转包给其他企业，这导致了责任不清、管理不到位的问题。例如，一些转包企业可能不具备足够的资质和能力，导致施工过程中出现了安全事故，对项目造成了严重影响。

（二）没有建立健全的风险管理机制

由于国内企业的风险管理意意识不强，很多企业管理者都还没有意识到风险管理的经济价值，因此还没有在企业内部建立起一套完善的风险管理机制。一小部分虽然按照规定制定了一些风险管理制度，但缺陷明显，管理职能和任务模糊，相关人员职责不明确，很多内容都是形同虚设，没有起到实际的应用效果。对于很多企业来说，在制定风险管理机制时，没有对当前的具体项目进行评估，采取的是千篇一律的规则制度，没有针对性，自然也就起不到任何的效果。很多制度都是可有可无的，施工人员也没有严格遵守这些制度，都认为是风险发生的概率低，抱着一种侥幸的心理去完成项目，一旦发生风险就会影响整个施工项目。在建设项目管理过程中，还有一个风险就是合同风险。一旦发生合同纠纷，处理起来也是比较困难的，因此，在与劳动者签订合同时，一定要做好合同审查工作，避免出现纰漏，以保证工程项目的顺利进行。

（三）施工现场存在巨大的管理风险

建筑施工多在室外进行，影响因素多，不可能做到面面俱到，安全管理存在一定的难度。我们都知道，影响工程项目质量的最主要因素就是材料，如果施工单位在材料的使用上采用不达标的产品，或者是材料不按照规定进行使用，必然会影响工程质量，出现安全隐患，这在无形中增加了项目建造过程中的风险。例如，在钢筋的使用上，使用的数量不够，或者型号不达标，导致墙体楼面的承重不达标，这种高风险是施工单位无法承受的。不仅影响工程项目的质量，还会对人员的生命安全造成巨大威胁。因此，不能为了获得更大的经济利益，就故意降低材料质量，甚至直接选择假冒伪劣材料。

（四）没有健全风险管理信息系统

在信息化时代，建筑行业需要及时适应并采用先进的科技手段来提升管理效率和项目质量。然而，许多企业仍然固守传统，没有充分利用信息技术来建立健全的风险管理信息系统。这导致了许多问题的产生，其中最显著的是盲目招标现象的普遍存在。由于缺乏有效的信息系统支持，企业往往只能凭借主观判断和有限的数据进行招标决策，导致中标率偏低，同时也带来了资源的严重浪费。

另外，缺乏健全的风险管理信息系统也使得项目在建设之初未能充分完成风险防范工作。在项目启动前，对于潜在的风险因素未能进行全面分析和评估，导致后续在面对风险时缺乏有效的预案和措施。例如，在项目启动阶段未能对项目的技术、市场、政策等方面的风险进行全面调查和分析，导致项目在后续的施工过程中面临着较高的不确定性和风险。

当潜在风险出现时，由于缺乏有效的信息系统支持，项目管理者往往难以在第一时间做出有效的应对措施。没有及时获取和分析相关数据和信息，使得风险事件得不到及时控制和处理，进而影响到项目的进展和质量。例如，在施工过程中遇到材料供应问题或者人力资源调配不足等情况时，如果没有健全的信息系统支持，项目管理者很难做出及时的调整和决策，可能导致项目进度延误或者质量问题的发生。

三、建立风险清单

（一）风险清单建立的必要性

建立风险清单是项目管理中的一项重要工作，它有助于全面、系统地识别和管理项目可能面临的各种不确定性和风险。

1. 系统化管理

系统化管理在项目管理中起着至关重要的作用，而风险清单则是其中的一个重要工具。风险清单将各种可能的风险因素有条理地整理在一起，为项目管理者提供了一个系统化管理的框架和工具。

通过风险清单，管理者可以全面而清晰地了解项目可能面临的各种风险。这些风险可能涉及项目进度、成本、质量、人力资源、技术、法律法规等方面。将这些潜在风险有条理地列出并加以分类，有助于管理者更加深入地了解项目的风险状况，及时进行风险识别和评估。

一旦风险清单建立起来，管理者可以针对每一项风险制定相应的应对措施。这些措施可以包括风险的避免、减轻、转移或接受等策略。通过有针对性地制定应对措施，管理者可以最大程度地降低项目受到的风险影响，保障项目的顺利进行。

此外，风险清单还可以作为项目管理过程中的一个重要参考工具。在项目执行的过程中，管理者可以随时查阅风险清单，对照项目实际情况，及时调整和优化风险管理策略。这样一来，项目管理就不再是盲目应对各种风险，而是基于系统化的风险清单，有计划地进行风险管理和应对。

2. 风险识别

风险识别是项目管理中至关重要的一环，而建立风险清单则是风险识别过程的第一步。这一步骤对于项目的成功实施至关重要，因为它为管理者提供了一个全面而系统的视角，帮助他们更好地了解项目可能面临的各种潜在风险因素。

第一，建立风险清单有助于管理者全面审视项目的各个方面，从而确保不会遗漏任何一个潜在的风险。例如，在建筑施工项目中，可能的风险因素包括但不限于天气变化、人力资源不足、材料供应延迟、技术问题、安全隐患等。通过建立风险清单，管理者可以系统地列出这些可能的风险，从而确保对项目的全面覆盖。

第二，建立风险清单有助于管理者更加深入地分析和理解每一个潜在风险因素。例如，对于天气变化这一风险因素，管理者需要进一步分析不同季节的气候特点，以及可能对项目进度和质量带来的影响。这样的深入分析有助于管理者更好地评估每个风险的概率和影响程度，为后续的风险管理提供更准确的依据。

第三，建立风险清单还可以为后续的风险评估和管理提供充分的基础。一旦风险清单建立起来，管理者就可以对每一个潜在风险因素进行详细地评估，包括其可能性、影响程度以及应对措施等。通过这样的风险评估，管理者可以有针对性地制定相应的风险管理策略，降低项目受到风险影响的可能性，保障项目的顺利进行。

3. 信息共享

信息共享在项目管理中扮演着至关重要的角色，而风险清单作为信息共享的重要工具，具有促进团队成员之间沟通和协作的重要作用。通过建立风险清单，项目团队可以实现内部和外部信息的共享，从而更好地认识和理解项目风险，并采取相应的应对措施。

一方面，风险清单促进了项目团队内部的信息共享。在项目团队内部，不同成员可能拥有不同的专业背景、经验和视角，因此他们对项目风险的认识和理解也可能有所不同。通过建立风险清单，团队成员可以将自己的观点和看法整理归纳，并与团队其他成员进行分享和讨论。例如，在建筑施工项目中，工程师可能会关注技术方面的风险，而财务人员则会更关注成本方面的风险。通过共享信息，团队成员可以深入了解彼此的关注点和担忧，从而形成更全面和统一的风险认知，为项目管理提供更有效的支持。

另一方面，风险清单也有助于项目团队与外部利益相关者之间的信息共享。在项目管理中，除了项目团队内部成员，还可能涉及各种利益相关者，如客户、供应商、监管机构等。这些外部利益相关者可能对项目的风险情况产生直接或间接的影响。通过与外部利益相关者共享风险清单，项目团队可以增强与外部相关者的沟通和合作，共同寻找解决方案，降低项目风险，确保项目的成功实施。例如，在一个建筑工程项目中，与施工材料供应商和施工承包商共享风险清单，可以促进双方更好地了解项目的风险状况，并共同制定应对措施，以确保项目的按时完成和质量达标。

总的来说，风险清单作为项目管理中的重要工具，不仅有助于项目团队内部成员之间的信息共享和协作，还有助于项目团队与外部利益相关者之间的信息共享，从而促进团队的整体合作和项目的顺利实施。因此，在项目管理中，应重视建立和维护风险清单，并将其作为促进信息共享和沟通的重要手段。

4.决策支持

风险清单作为项目管理中的重要工具，不仅有助于识别和理解项目可能面临的各种风险，还为管理者提供了有力的决策支持。通过清单，管理者可以清晰地了解各种风险的性质、影响程度和优先级，从而在制定风险管理策略和应对措施时做出明智的决策。

第一，风险清单为管理者提供了对项目风险的全面了解。在项目管理过程中，可能存在各种不同类型的风险，包括但不限于技术风险、市场风险、人力资源风险等。通过建立风险清单，管理者可以将这些潜在的风险因素有条理地整理在一起，使其清晰可见。例如，在一个新产品开发项目中，可能存在技术方面的风险，如技术不成熟导致的产品功能不稳定性；市场方面的风险，如竞争对手的突然介入导致市场份额下降等。通过清单，管理者可以全面了解这些潜在的风险因素，为后续的决策提供依据。

第二，风险清单还可以帮助管理者评估风险的影响程度和优先级。在项目管理中，不同的风险因素可能具有不同的影响程度和优先级，有些风险可能对项目的进度、成本或质量产生重大影响，而有些风险则可能影响较小。通过清单，管理者可以对各种风险因素进行评估和排序，确定哪些风险需要优先考虑和处理。例如，在一个建筑项目中，可能存在施工材料供应延迟的风险和技术施工困难的风险。通过清单，管理者可以对这些风险进行评估，确定哪些风险对项目的影响程度较大，需要优先考虑和处理。

第三，风险清单为管理者制定风险管理策略和应对措施提供了依据。在清单中，每个风险因素都可以与相应的应对措施关联起来，管理者可以根据风险的性质和影响程度，制定相应的应对策略。例如，在面对技术风险时，管理者可以采取加强技术研发的措施，提高产品的稳定性和可靠性；在面对市场风险时，可以采取市场调研和营销策略调整等措施。通过清单，管理者可以有针对性地制定相应的应对措施，降低项目受到风险影响的可能性，提高项目的成功实施率。

（二）风险清单的内容要素

建立风险清单时，需要包括以下四个要素。

1. 风险名称

在项目管理中，确切而清晰的风险名称是建立有效风险清单的关键步骤之一。风险名称应该简明扼要，能够准确地传达风险因素的核心内容，以便于团队成员和利益相关者的识别、沟通和理解。下面将探讨风险名称的重要性，并以建筑工程项目为例进行实际分析。

第一，风险名称的明确性有助于识别和理解风险。一个好的风险名称应该具备足够的信息量，能够在短短的几个字或短语中准确描述风险的本质。例如，在建筑工程项目中，风险名称"材料供应延迟"就清晰地表达了可能发生的问题，即施工所需的材料供应受到延迟，可能导致工期延误和成本增加。通过简洁明了的风险名称，项目团队可以快速识别和理解各种潜在风险，为后续的风险评估和管理提供了基础。

第二，风险名称的明确性有助于沟通和协作。在项目管理中，团队成员和利益相关者之间的有效沟通至关重要。通过明确的风险名称，可以避免信息传递中的歧义和误解，提高沟通的效率和准确性。例如，当项目团队在讨论风险管理策略时，使用统一的风险名称可以确保每个人都对讨论的风险有清晰地理解，从而更容易达成共识并制定出有效的应对措施。

第三，风险名称的明确性还有助于风险评估和优先级排序。在建立风险清单时，管理团队需要对各种可能的风险因素进行评估和排序，以确定哪些风险需要优先考虑和处理。通过清晰的风险名称，管理团队可以更准确地评估风险的潜在影响和优先级，有针对性地制定相应的风险管理策略。例如，如果项目团队面临"技术设备故障"的风险，可能会对工程进度和质量产生较大影响，因此可能需要优先考虑和制定相应的备用计划或维修预案。

2. 风险描述

在项目管理中，对每个风险因素进行详细描述是确保风险清单的有效性和全面性的关键步骤之一。这种描述需要包括风险的原因、影响范围、可能的后果等方面的信息，以便项目团队能够全面理解和评估风险因素的性质和影响程度。下面将深入探讨风险描述的重要性，并通过实例加深分析。

第一，风险描述的详细性有助于深入理解风险因素的根源和特征。通过描述风险可能导致的原因，项目团队可以深入了解这些风险发生的根本原因是什么。例如，在建筑工程项目中，如果存在"材料供应延迟"的风险因素，那么描述中可以包括供应链问题、天气影响等可能的原因。通过对风险原因的详细描述，项目团队可以更好地理解这些风险的根源，为后续的风险管理提供了指导和依据。

第二，风险描述还有助于评估风险可能造成的影响和后果。通过描述风险可能对项目造成的影响范围和后果，项目团队可以更全面地评估风险的严重程度和优先级。例如，在描述"材料供应延迟"的风险时，可以包括延迟可能对施工进度、成本、质量以及客户满意度等方面造成的影响。通过对风险影响范围和后果的详细描述，项目团队可以更准确地评估风险的影响程度，从而有针对性地制定相应的风险管理策略和应对措施。

第三，风险描述还有助于加深团队对风险的认识和意识。通过描述风险的详细信息，项目团队可以更清晰地了解可能面临的潜在风险，并意识到其可能带来的潜在影响和后果。这有助于提高团队成员对风险的敏感度和警惕性，从而更加积极地参与风险管理和应对工作。例如，在描述"技术设备故障"的风险时，可以包括设备故障可能对施工进度造成的影响，从而增强团队对设备维护和监控的重视。

3. 风险类型

对风险因素按照其性质和来源进行分类是建立有效风险清单的重要步骤之一。通过分类，可以更好地理解和管理各种风险因素，从而有针对性地制定相应的风险管理策略和应对措施。下面将深入探讨常见的风险类型，并通过实例加深分析其重要性。

第一，技术风险是指由于技术方面的问题而可能导致项目目标无法实现或达到的风险。这类风险通常涉及工程设计、施工工艺等方面的问题。例如，在建筑工程项目中，可能会面临材料质量不达标、施工工艺不合理等技术风险。这些问题可能导致工程质量问题或施工进度延误，从而影响项目的顺利实施。因此，对技术风险进行分类和管理是确保工程质量和进度的关键一环。

第二，市场风险是指由市场因素变化而导致项目目标受到影响的风险。这类风险通常涉及市场需求、竞争态势等方面的问题。例如，在房地产开发项目中，可能会面临市场需求下降、竞争加剧等市场风险。这些因素可能导致项目销售困难或销售价格下降，从而影响项目的收益和盈利能力。因此，对市场风险进行分类和管理可以帮助项目团队更好地应对市场变化，保障项目的可持续发展。

第三，政策风险是指由于政府政策调整或法规变化而可能导致项目目标受到影响的风险。这类风险通常涉及政策环境、法律法规等方面的问题。例如，在能源行业投资项目中，可能会面临政府能源政策调整、环保法规加强等政策风险。这些因素可能导致项目投资回报率下降或项目开展受阻，从而影响项目的可行性和效益。因此，对政策风险进行分类和管理可以帮助项目团队更好地应对政策环境的变化，降低政策调整对项目的不利影响。

第四，人力资源风险是指由于人力资源方面的问题而可能导致项目目标受到影响的风险。这类风险通常涉及人才流失、培训不足等方面的问题。例如，在科技创新项目中，可能会面临关键人才流失、技术团队培训不足等人力资源风险。

这些因素可能导致项目技术能力下降或团队稳定性受到影响，从而影响项目的研发进度和成果转化。因此，对人力资源风险进行分类和管理可以帮助项目团队更好地管理团队人员，保障项目的顺利推进。

4.风险影响

评估风险影响是建立风险清单的重要步骤之一，它有助于确定风险的优先级并制定相应的应对策略。风险影响评估应综合考虑项目成本、进度、质量、安全等方面的影响，以全面了解风险可能对项目产生的影响，并采取相应的预防和控制措施。以下将对风险影响的不同方面进行深入分析。

第一，风险对项目成本的影响是需要重点考虑的因素之一。在评估风险影响时，需要分析风险可能导致的额外成本支出，如资源调配成本、补救措施费用等。例如，在建筑工程项目中，如果面临材料供应延迟的风险，可能导致额外的运输成本或加急采购成本，从而增加项目的总成本。因此，评估风险对项目成本的影响可以帮助项目团队做出合理的预算安排和资源管理，以降低项目成本的风险。

第二，风险对项目进度的影响也是需要重点考虑的因素之一。风险可能导致项目工作计划的延误或调整，从而影响项目的整体进度。例如，技术设备故障可能导致施工工期延长，从而影响项目的正常推进。因此，评估风险对项目进度的影响可以帮助项目团队及时调整工作计划，采取相应的措施以确保项目进度的顺利推进。

第三，风险对项目质量的影响也是需要重点考虑的因素之一。风险可能导致工程质量问题或施工质量不达标，从而影响项目的最终交付质量。例如，材料供应延迟可能导致使用劣质材料或施工工艺不合理，从而影响工程的整体质量。因此，评估风险对项目质量的影响可以帮助项目团队加强质量控制，采取有效的质量管理措施，以确保项目的交付质量符合要求。

第四，风险对项目安全的影响也是需要重点考虑的因素之一。风险可能导致施工现场安全隐患增加或工人安全受到威胁，从而影响项目的施工安全。例如，技术设备故障可能导致工人受伤或事故发生，从而影响施工现场的安全。因此，评估风险对项目安全的影响可以帮助项目团队加强安全管理，采取有效的安全措施，保障项目的施工安全。

第三节　风险监控和控制

一、监控风险的方法和技术

（一）定期会议和报告

1. 定期会议的重要性

定期会议在项目管理中扮演着不可或缺的角色，特别是在监控风险方面。其重要性体现在以下四个方面。

（1）促进团队沟通和协作

定期会议为项目团队成员提供了一个交流和协作的平台，有助于加强团队之间的联系和理解。通过会议，团队成员可以分享彼此的见解、经验和问题，从而促进更加积极地沟通和协作。例如，在建筑施工项目中，不同专业的工程师可能会面临不同的技术挑战和风险，定期会议可以让他们共同讨论，并找到解决方案，从而提高项目整体的效率和质量。

（2）确保对项目整体情况的清晰了解

定期会议为项目团队成员提供了一个了解项目整体情况的机会。在会议上，项目经理可以汇报项目的整体进展情况，包括项目目标的达成情况、关键里程碑的完成情况以及项目风险的状态等。这有助于团队成员了解项目的整体目标和方向，从而更好地为项目的顺利实施做出贡献。举例来说，定期会议可以让项目团队了解到项目进度是否与计划相符，是否存在风险威胁项目目标的实现，进而及时调整工作重点和资源分配，确保项目按时交付。

（3）发现并解决潜在的风险

定期会议提供了一个平台，让团队成员可以分享项目中遇到的问题和挑战，特别是与风险相关的情况。通过集体讨论，团队可以共同分析和评估项目面临的风险，找到潜在的解决方案，并制定相应的应对策略。举例来说，建筑施工项目可能面临天气变化、供应链问题或人力资源短缺等风险，定期会议可以让团队成员共同讨论并找到解决方案，从而减轻风险对项目的影响。

（4）提升团队成员的责任意识和承诺感

定期会议是团队成员展示其工作进展和成果的机会，从而提升其对项目的责任感和承诺感。在会议上，团队成员需要向其他成员和领导汇报自己负责的任务的进展情况，这促使他们在工作中保持高效和积极。此外，会议也是团队成员之间相互鼓励和激励的机会，有助于建立良好的工作氛围和团队精神。

2. 会议的效果与作用

会议在项目管理中的效果和作用是多方面的，它不仅可以促进团队成员之间的沟通和协作，还可以及时发现潜在的风险，并通过集体讨论找到解决问题的方法。同时，定期报告则是将会议讨论的结果以书面形式记录下来，供项目团队参考和查阅。这种书面记录有助于团队成员在日后回顾项目进展情况时快速了解项目风险的发展趋势，从而更好地做出决策和调整风险管理策略。

例如，在一项大型建筑施工项目中，定期会议对促进团队沟通和协作起到至关重要的作用。例如，项目经理主持了一次会议，施工队汇报了由于材料供应商延误导致的施工进度受阻的情况。设计师提出了针对这一问题的临时解决方案，并与供应商联系调整供货计划。在会议上，各个团队成员积极讨论并达成一致意见，最终顺利解决了延误问题，保证了项目进度不受影响。

3. 优化定期会议的方法

优化定期会议的方法对于项目的顺利进行和风险管理至关重要。以下是三种优化定期会议的方法，包括设定明确的议程、激励团队成员积极参与以及及时总结会议内容确定下一步行动计划。

（1）设定明确的议程

设定明确的议程是确保会议高效有序进行的关键。在会议开始前，项目管理者应该制定一个详细的议程，包括会议主题、讨论内容、预计持续时间等。这有助于确保会议的重点明确，避免无关的讨论和浪费时间。例如，在一个建筑项目的定期会议上，议程可以包括项目进度、成本、质量、安全等方面的讨论，以确保团队全面了解项目的整体状况，并及时解决问题。

（2）激励团队成员积极参与

激励团队成员积极参与是保持会议活跃和有效的关键。项目管理者可以通过各种方式激励团队成员参与会议，例如给予表现突出的团队成员奖励或认可，鼓励团队成员分享自己的经验和见解，提出建设性的意见和建议。在一个软件开发项目的定期会议上，项目管理者可以邀请开发团队成员分享他们的工作成果和解决方案，以鼓励其他成员积极参与讨论和分享。

（3）及时总结会议内容，制定下一步行动计划

及时总结会议内容并制定下一步行动计划是确保会议成果得到落实的关键。在会议结束时，项目管理者应该对会议讨论的重点内容进行总结，并确定下一步的工作计划和责任分配。这有助于确保团队成员清楚自己的任务和目标，以及在下次会议之前完成的时间表。例如，在一个市政工程项目的定期会议上，项目管理者可以总结讨论的问题和解决方案，并明确下一步的工作重点和时间表，以确保项目按计划推进。

（二）信息系统支持

1. 建立项目风险管理系统

建立项目风险管理系统是利用信息技术监控风险的有效手段之一。这样的系统通过整合各种数据来源，包括项目进度、成本、质量等方面的数据，对风险进行实时监测和分析，从而为项目管理提供了有力支持。

在建立项目风险管理系统时，需要考虑以下四个方面。

（1）系统架构设计

需要确定系统的整体架构，包括系统所涵盖的风险管理范围、数据来源、数据存储结构等。合理的系统架构设计是确保系统高效运行和有效管理风险的基础。

（2）数据集成

需要将各种数据源进行有效集成，包括项目进度、成本、质量等方面的数据。这样可以实现对项目全面风险的监测和分析，提高风险管理的精度和效率。

（3）用户界面设计

用户界面设计直接影响着系统的易用性和用户体验。一个直观、友好的用户界面可以提高用户对系统的接受度和使用效率，进而增强系统的实际应用效果。

（4）风险评估方法

需要确定合适的风险评估方法和模型，用于对项目风险进行定量或定性评估。常见的方法包括风险概率分布分析、风险影响矩阵分析等，选择适合项目实

际情况的评估方法是建立有效风险管理系统的关键。

2. 数据集成与实时监测

数据集成与实时监测是项目风险管理系统的核心功能之一。通过系统化地收集、存储和处理风险数据，项目团队可以更加全面地了解项目的风险情况，发现潜在的风险，并及时采取相应的措施加以应对。

在数据集成与实时监测方面，需要关注以下三个关键点。

（1）数据采集与整合

需要建立数据采集机制，确保各项数据能够及时、准确地进入系统。同时，对各种数据进行整合，使其能够形成完整的风险信息，为项目管理提供有力支持。

（2）实时监测与分析

系统应具备实时监测功能，能够对风险数据进行及时分析和反馈。通过监测项目进展、成本、质量等方面的数据，及时发现风险的出现和变化趋势，为项目管理提供重要参考。

（3）预警机制

需要建立预警机制，对可能出现的风险进行及时预警。这样可以使项目团队能够在风险发生之前采取相应的措施，降低风险对项目的影响。

3. 提高管理效率与感知能力

信息系统支持的风险管理方法不仅提高了风险管理的效率和精度，还增强了项目团队对风险的感知能力，降低了风险对项目的影响。

在提高管理效率与感知能力方面，需要重点关注以下三个方面。

（1）数据分析与决策支持

项目风险管理系统应该具备强大的数据分析功能，能够对大量数据进行快速分析和挖掘，为项目管理提供决策支持。通过分析数据，项目团队可以发现潜在的风险，及时制定应对策略，提高管理效率。

（2）团队培训与技能提升

项目团队成员需要具备良好的风险管理意识和技能。因此，项目管理者应该定期组织风险管理培训，提升团队成员的风险管理能力，增强其对风险的感知能力。

（3）持续改进与学习

项目管理是一个持续改进的过程。项目团队应该不断总结经验、吸取教训，不断优化风险管理系统和方法，提高管理效率和感知能力，以适应项目环境的变化和发展。

（三）关键绩效指标监控

1. 监控关键绩效指标的重要性

监控关键绩效指标是及时发现项目执行过程中可能出现的风险的有效方法之一。关键绩效指标通常包括项目的进度、成本、质量等方面的指标。

2. 及时发现问题与风险

通过监控这些关键绩效指标，项目团队可以及时发现项目执行中存在的问题和风险。例如，如果项目的进度指标出现偏差或延误，可能意味着存在施工计划的不合理性或资源调配的问题，这可能会导致项目进一步延误或成本增加。

3. 有效的监控方法

通过监控关键绩效指标，项目团队可以及时发现这些问题和风险，并作出相应的调整和应对措施，以保证项目的顺利进行和达到预期目标。因此，关键绩效指标的监控对于风险管理至关重要，它可以帮助项目团队识别和应对风险，确保项目的成功完成。

二、控制风险的措施

（一）增强安全意识

对于安全意识的提高，首先是从管理人员入手，只有管理者有良好的安全意识，才能更好地督促下面的施工人员做好安全意识防范。企业管理者可根据项目的实际情况综合考虑，最大地发挥人才优势，弥补该工程事业部业务程序和奖惩制度的缺陷，实现安全管理认识。

1. 完善工作机制

很多施工单位之所以安全意识薄弱，那是因为他们根本就没有时间去思考这些问题，每天都在忙着赶工程进度。手下的工作都非常繁重，都把时间花费在了如何快速赶工期上。另一个方面就是，管理者没有精力去管这些问题，认为这些都是无关紧要的小事。一些公司实力雄厚，但也有项目部对高管主要工作的简要说明、责任说明、简要说明等情况。在一个新的工程项目中，没有可参考的工作流程，主要是依靠高管们自己摸索经验完成各项工作任务。因此对于一些较大的工程项目，需要的时间比较长，管理者需要先制定自己的工作计划，再才能分配工作，很多时候就会耽误时间，没有办法兼顾风险管理的问题。这时，就需要发挥公司的人才管理机制，完善工作流程，做好相关培训工作，使下面的工人都能有条不紊地进行工程项目的施工。

2. 完善奖惩制度

奖惩制度肯定就是有奖也有罚，对于工程施工过程中风险管理做得较好的组织班组进行相应的奖励措施，奖励可以是休假，也可以是现金，或者是其他职位上的激励。那么对于一些不遵守安全风险提示，一意孤行的小组，在相关人员的多次提醒后，依旧不改的小组，不仅要惩罚规范纪律的个人，也要对小组组长进行惩罚，比较扣一天工资，或者延长工作时间。或者专门组织人员进行专项培训。对于制度的具体制定可以大家一起商量，管理者最终制定，让每个人都能最大限度地发挥人的才能。

（二）强化日常监督管理

强化日常监督管理对于安全风险管理至关重要。尽管安全管理制度的实施是确保工程安全的基础，但仅仅依靠工人们的自觉是远远不够的。在现实工作中，总有一些人长期抱着侥幸心理，对安全规定不够重视。因此，需要安排专人进行监督管理，时时提醒工作人员，让安全管理制度深深根植于每个人的心中。

监督管理的目的并不是为了限制工人们的自由，而是为了保障他们处于一个安全的工作环境下。监督管理应该涵盖对人的行为监督，同时也应该对工程开工后的各项业务进行提醒，以避免疏漏和错误，保证项目的正常运行。在工程验收阶段，监督管理的作用更加凸显，它能够保证项目按照规定程序进行验收，避免因安全隐患问题而导致的延误或事故发生。

在管理制度方面，可以采取一系列措施来加强对安全风险的监督管理。首先，可以邀请更高一级的主管部门对项目进行审查监督，通过外部的审查和监督，可以从更加客观的角度评估项目的安全管理情况，发现存在的问题并提出改进意见。其次，可以建立内部监督机制，设立专门的安全监督团队或岗位，负责监督项目各个阶段的安全管理工作，及时发现问题并及时采取措施加以解决。此外，还可以建立定期的安全检查制度，定期对工程现场进行安全检查，确保安全管理制度的贯彻执行情况。

（三）加强教育培训建设

加强教育培训建设是提升安全风险管理水平的关键举措。很多安全风险问题都与项目经理及管理层的业务能力和意识水平相关。通过有针对性地培训，可以有效解决管理者在技术经验和安全意识方面的不足，从而最大程度地避免工程项目中的违规行为和安全事故发生。

第一，制订合理的培训计划至关重要。针对管理者和项目团队成员的不同需求，制订多层次、多方面的培训计划。这些培训计划应该涵盖安全管理制度、安全操作规程、应急处置程序等方面的内容，以帮助管理者全面理解和掌握安全管理知识和技能。同时，对管理者的责任进行监督，建立更加有效的奖惩制度，可以激励管理者积极参与培训，并将培训所学知识应用于实际工作中，从而产生良好的改善效果。

第二，调整管理层的协调能力也是提升安全风险管理的关键。管理层应该合理调配技术力量，让技术水平相对强的人与技术水平相对弱的人进行协同工作，形成互补效应。通过这种方式，可以促进知识和经验的交流，提高整个团队的安全管理水平。

第三，利用冬季停工时间为管理人员安排讲座等培训活动，系统地学习业务知识，增强其管理储备。冬季停工时期是一个相对空闲的时间段，利用这段时间进行系统的培训和学习，可以有效提升管理人员的安全管理能力和水平，为项目的安全运行打下坚实基础。

第四，在项目部建立阅览室，让员工在休息时可以借阅相关的风险管理知识书籍进行学习。这种自主学习的方式可以让每个员工都能够意识到风险管理的重要性，增强其安全意识，从而更加积极地参与到安全管理工作中来。

（四）改善施工环境

改善施工环境是确保工程项目安全的重要举措。当前存在的环境安全问题主要表现在对保护设施的管理不足。尽管工程部通常配备了相关的安全防护工具，但这些装备往往没有得到妥善保存和维护，长期缺乏维修保养，导致其性能下降甚至损坏，从而无法发挥应有的作用。这一问题的根源在于工作人员责任心不强，对安全保护设施缺乏足够的重视和爱护，甚至在工作影响下，对设施损坏后的恢复无动于衷，使得安全设施的损坏问题得不到及时解决。

针对这些问题，需要加强基层工人的管理制度，提升他们对装备重要性的认识，并加强作业人员对施工安全责任的认识。针对已使用的设备和设施，应及时清洗归位，避免影响下次使用，对损坏的装备应及时报修，防止造成下次使用的安全隐患。管理层应统计每天工作组的工作情况，并要求各队结束工作后留下完整的安全保护设施的视频资料。如果管理层在巡视检查中发现安全保护设施受损，应直接处罚当地设施维护不力的团队。

此外，应鼓励团队和团队之间的相互监督，奖励举报破坏保护设施的人，并惩罚破坏设施的行为。这样的做法不仅可以调动一线工作人员的积极性，还能减少管理人员巡视现场的次数和时间，提高工作效率。在加强安全保护措施的同时，应为所有进场施工的工人购买保险，建立最后一道防线，防止意外发生。值得注意的是，建筑工程施工公司的保险是按项目投保的，无论工程施工人员的数量如何，施工单位投入的保险资金都是一样的。这将大大减少施工单位对现场施工人员保险的阻力，从而降低项目发生意外所带来的损失。

第四章　项目竣工和验收

第一节　竣工验收的程序和标准

一、竣工验收程序

（一）提交竣工资料

1. 完整施工图纸的提交

在竣工验收过程中，完整施工图纸的提交是确保工程质量和最终验收结果的重要环节。这些图纸不仅仅是简单的设计方案的体现，更是工程施工过程中的重要参考依据。让我们深入探讨施工图纸完整性的重要性以及其对工程质量的影响。

第一，完整的施工图纸对于确保工程按照规划进行至关重要。在施工过程中，可能会出现各种意外情况或需要对设计方案进行调整，而这些调整需要及时反映在施工图纸中。举例来说，如果在施工过程中发现地基工程存在问题，可能需要对地基设计进行调整。如果这些调整没有及时更新到施工图纸中，可能会导致施工偏离原始设计，从而影响工程的整体质量和稳定性。

第二，施工图纸的完整性直接影响着验收人员的判断和评估。详细清晰的施工图纸可以为验收人员提供充分的信息，帮助他们理解工程的具体情况和设计意图。例如，对于建筑结构工程，如果施工图纸清晰标注了每个构件的尺寸、材料和连接方式，那么验收人员就可以更准确地评估结构的稳定性和安全性，从而做出合理的验收决策。

第三，完整的施工图纸也为工程后续的维护和管理提供了重要参考依据。例如，当需要对工程进行维修或改造时，清晰的施工图纸可以帮助维修人员准确地定位问题和了解构造，从而更快速地开展修复工作，节省时间和成本。

2. 提交验收报告

竣工验收报告在工程管理和质量评估中扮演着至关重要的角色。它不仅是对工程项目最终完成情况的总结，更是对工程质量、安全性和合规性等方面的全面评估。让我们深入探讨竣工验收报告的重要性，并探讨其对工程管理的影响。

竣工验收报告不仅仅是一份简单的文件，它是对工程项目全过程的梳理和总结。在报告中，应当清晰地记录工程项目各个阶段的验收情况，包括起始阶段的计划制定、中间阶段的施工实施，以及最终阶段的完成验收。例如，在报告中详细描述每个施工阶段的质量控制措施，安全管理情况以及工期进度管理，以便全面评估工程质量和完成情况。

对于遇到的问题，竣工验收报告也应提供详细的解决方案以及实施情况的反馈。这种反馈不仅有助于总结经验教训，更为未来类似工程项目提供了宝贵的参考。举例来说，假设在工程项目中出现了质量问题导致进度延误，报告中应明确记录问题原因、解决方案以及实施效果，以便其他工程项目在面临类似问题时能够及时有效地应对。

此外，竣工验收报告的准确性和全面性直接影响着对工程质量的评估和验收结果的确认。一个精心编写的报告可以提供充分的证据和数据支持，为工程质量的评估提供了客观依据。因此，在编写报告时，必须确保数据准确、信息完整，避免主观偏见和不实陈述。

3. 提供材料合格证明

提供材料合格证明是确保工程质量和安全性的重要步骤，其重要性不言而喻。本段将深入探讨合格证明的意义、内容及其影响。

合格证明的意义在于为工程使用的材料提供了权威的认证，确保其符合相关标准和规定。在工程建设中，使用合格的材料是保障工程质量和安全的基础，合格证明则是对此的一种权威证明。举例来说，假设在建筑工程中使用了一批钢材，如果该钢材经过了质量检测并获得了合格证明，那么建筑施工过程中就可以放心使用，有效地避免了因材料质量问题而引发的工程安全隐患。

合格证明的内容应当包括材料的技术参数、生产厂家信息、检测报告等关键信息。其中，技术参数反映了材料的质量指标，生产厂家信息提供了材料来源的可追溯性，而检测报告则是对材料质量的客观评价。这些信息的全面性和准确性对于确保工程质量至关重要。例如，当建筑施工中需要使用混凝土时，合格证明应包括混凝土强度等关键技术参数、生产厂家的资质认证信息以及相关的质量检测报告。这样的合格证明不仅能够为施工方提供可靠的材料支持，也为监理单位和建设单位提供了权威的评估依据。

合格证明的缺失或不全可能会带来严重的后果，影响工程的质量和安全性。如果施工过程中使用的材料没有合格证明或证明内容不全，可能会导致工程质量问题，甚至引发安全事故。举例而言，如果在建筑施工中使用了质量不合格的钢材，可能会因强度不足而导致结构安全隐患，给建设单位带来严重的经济损失和声誉影响。

（二）组织验收会议

1. 验收会议的组织与邀请

验收会议的组织与邀请是竣工验收过程中至关重要的环节，其影响着对工程质量和完成情况的全面评估。本段将深入探讨如何组织和邀请相关人员，以确保会议的客观性和全面性。

首先，建设单位应精心组织竣工验收会议，确保会议的严谨性和效率。在组织会议时，建设单位应明确会议目的、议程安排和参会人员名单。例如，在会议目的上，应明确指出是为了审查提交的竣工资料、听取承包商的汇报，以全面了解工程的完成情况和质量状况。在议程安排上，则应合理安排时间，确保充分讨论每个议题，并留出时间给与会人员提问和讨论。同时，在参会人员名单上，应涵盖相关部门和专家，确保涵盖工程质量、合规性和安全性等方面的专业知识。

其次，邀请相关人员时应注重专业性和全面性。建设单位应根据工程项目的特点和需要，邀请具有相关专业知识和经验的专家和部门参加会议。例如，对于一座建筑工程项目，应邀请建筑设计师、结构工程师、材料专家等参加会议，以确保对工程质量和安全性的全面评估。此外，还应邀请相关监理单位、技术监督部门等，确保会议的客观性和权威性。

最后，在邀请专家和部门参加会议时，建设单位应提前做好准备工作，包括确定邀请对象、发送邀请函、确认参会意向等。邀请函中应明确会议时间、地点、议程安排以及参会目的，以便被邀请者能够清楚了解会议内容和重要性，并做好准备工作。同时，建设单位还应主动与被邀请者沟通，了解其对会议议题的关注点和期待，以便在会议中有针对性地进行讨论和交流。

2. 会议主持及审查过程

会议的主持及审查过程对于竣工验收的客观性和公正性至关重要。本段将探讨如何由专业人士主持会议，并确保审查过程的全面性和有效性。

首先，会议的主持应由具备相关专业知识和丰富经验的专业人士担任，以确保会议的主持权威性和有效性。主持人应对工程项目的相关技术和标准有深入了解，能够客观公正地引导会议进行。例如，在一座桥梁工程的竣工验收会议上，主持人可能是一位具有结构工程师背景的专业人士，他能够准确理解桥梁设计和施工过程中可能遇到的问题，并能够就相关技术细节进行深入讨论和评估。

其次，与会人员应具备全面评估工程质量、合规性和安全性等方面的专业知识和经验。在会议上，应邀请相关专业领域的专家、技术监督部门和监理单位等参与审查和讨论，以确保审查过程的全面性和权威性。例如，在一座水利工程的竣工验收会议上，可能涉及水文学、水利工程、环境保护等多个专业领域，因此需要邀请相关领域的专家共同参与会议，对工程的各个方面进行全面评估。

再次，在审查过程中，与会人员应充分讨论工程项目的各个方面，并就可能存在的问题提出建议和解决方案。主持人应引导会议进行有序的讨论，确保各方意见能够充分表达，并尽可能达成共识。例如，在审查工程质量时，与会人员可以就工程材料的质量、施工工艺的合理性等方面展开讨论，并提出改进建议。在审查工程安全性时，可以针对可能存在的安全隐患进行分析和评估，并提出相应的预防措施。

最后，在审查过程中应记录讨论内容、问题和结论，以备后续参考和备案。记录应准确详实，包括与会人员的发言内容、讨论结果以及可能存在的问题和解决方案。这些记录不仅是对会议过程的总结，更是对工程质量评估和验收结果的重要依据。例如，会议记录可以作为工程质量评估的参考文件，供后续的管理和维护使用。

3. 会议决定的传达与执行

会议决定的传达与执行是竣工验收过程中至关重要的环节，它直接关系到问题的及时解决和工程质量的保障。本段将深入探讨如何确保会议决定的有效传达和执行，并通过相关实例加深分析。

第一，会议决定的传达应及时、准确地传达给相关部门和人员。这需要建立起高效的沟通机制和传达渠道。例如，在一座桥梁工程的竣工验收会议上，如果会议决定了对某些桥墩存在质量问题，就需要及时将这一决定传达给施工单位、监理单位以及相关设计单位等，以便他们采取相应的措施进行修复和改进。

第二，会议决定的执行需要有明确的责任人和执行时间表。责任人应具备相关的管理权和执行力，能够有效地组织和协调相关工作。例如，在处理工程质量问题时，应指定专门的质量管理人员负责跟进整改工作，并明确整改的时间节点和验收标准。这样可以确保问题能够得到及时解决，避免问题进一步扩大。

第三，会议决定的传达与执行需要建立起有效的监督和反馈机制。监督机制可以通过定期跟踪会议决定的执行情况，确保工作按照计划进行。例如，可以定期召开工程进展会议，对各项工作的执行情况进行评估和总结，及时发现和解决问题。而反馈机制则可以通过及时收集各方反馈意见和建议，对决策进行调整和优化。这样可以不断提高决策的科学性和有效性，确保问题得到全面解决。

第四，会议决定的传达与执行还需要建立起健全的档案管理制度，确保决策过程的可追溯性和透明度。例如，会议记录、决议文书等文件应当及时整理和归档，以备后续参考和查阅。这样可以有效地跟踪问题的解决过程，及时发现和纠正问题，提高工程质量管理的水平。

（三）竣工验收报告

1. 填写竣工验收报告

填写竣工验收报告是竣工验收过程中的关键步骤，它直接影响着工程的最终验收结果和正式交付使用。本段将深入探讨如何填写竣工验收报告，并通过相关实例加深分析。

首先，竣工验收报告应包括对工程质量、安全性和合规性等方面的全面评价。在评价工程质量时，应考虑工程设计的合理性、施工工艺的规范性、材料的质量等因素。例如，在填写一座桥梁工程的竣工验收报告时，可以对桥梁的结构设计是否满足相关标准、桥梁的施工质量是否符合规范要求等方面进行评价。同时，还应评估工程的安全性，包括施工过程中的安全措施是否到位、工程结构的安全性能等方面。此外，还需要评估工程的合规性，即工程是否符合相关法律法规和规范要求。

其次，竣工验收报告应记录可能存在的问题和待解决的事项。在填写报告时，应诚实客观地记录工程存在的问题和不足之处，并提出相应的改进措施和解决方案。例如，在填写一座建筑工程的竣工验收报告时，如果发现墙体存在渗漏问题，就需要记录这一问题，并提出相应的修复措施，以确保工程质量和安全性。同时，还需要明确待解决的事项，包括对存在问题的整改时间、责任人等方面进行明确，以便后续跟进和监督。

最后，竣工验收报告应具备法律效力，标志着工程的竣工和正式交付使用。因此，在填写报告时应严格按照相关法律法规和规范要求进行，确保报告的内容准确、全面、客观。例如，在填写报告时，应遵循国家相关标准和规范要求，确保报告的法律效力和权威性。同时，还需要经过相关部门和专家的审查和确认，以确保报告的准确性和可信度。

2. 确定交付日期和使用范围

确定工程的交付日期和使用范围是竣工验收报告中至关重要的内容之一，它直接关系到工程的正式投入使用和后续管理。

首先，确定工程的交付日期需要考虑工程的实际完成情况和相关合同约定。在填写竣工验收报告时，建设单位应根据工程项目的实际进展情况和验收结果，确定工程的正式交付日期。例如，在一座建筑工程项目中，如果所有的施工工作已经完成，并且通过了验收，就可以确定工程的交付日期为验收通过的日期。此外，还需要考虑与工程相关的合同约定，确保交付日期与合同约定一致。

其次，确定工程的使用范围需要综合考虑工程的设计用途、安全性能和相关法律法规等因素。在填写竣工验收报告时，建设单位应明确工程的设计用途和预期使用范围，并根据工程的实际情况和验收结果确定工程的实际使用范围。例如，在一座桥梁工程项目中，根据桥梁的设计用途和安全性能，确定桥梁的适用范围为道路交通和行人通行，同时需要遵守相关的交通规则和安全标准。

再次，在确定工程的交付日期和使用范围时，还需要考虑相关的责任和义务。建设单位应在竣工验收报告中明确工程的责任主体和相关的管理制度，以确保工程的正常使用和管理。例如，在一座水利工程项目中，建设单位应明确水利工程的责任主体是谁，负责水利工程的日常管理和维护，并遵守相关的水利法规和管理制度。

最后，在确定工程的交付日期和使用范围时，建设单位还需要考虑工程的长期稳定运行和维护。在填写竣工验收报告时，建设单位应对工程的后续管理和维护提出相应的建议和要求。例如，建议建立健全的工程管理制度和维护体系，确保工程能够长期稳定运行和维护。

3. 报告的意义与价值

竣工验收报告作为工程竣工的标志，具有重要的意义和价值，不仅在工程实践中起着至关重要的作用，也对学术研究和工程管理提供了宝贵的参考依据。本段将深入探讨竣工验收报告的意义与价值，并通过相关实例加深分析。

首先，竣工验收报告是对工程质量和完成情况的全面总结。报告记录了工程项目各个阶段的验收情况、问题和解决方案，清晰地描述了工程的进展情况，包括质量控制、安全问题和工期管理等方面的信息。通过对工程的全面总结，可以及时发现和解决工程中存在的问题，确保工程质量的提升和项目目标的实现。例如，一份竣工验收报告可以详细记录建筑工程中的材料使用情况、施工质量、安全管理等方面的信息，为后续的工程管理和维护提供重要参考。

其次，竣工验收报告对于后续维护和管理提供了重要的参考依据。报告中记录了工程存在的问题和待解决的事项，为后续的维护工作提供了指导和参考。例如，在一座桥梁工程的竣工验收报告中，如果发现了桥梁存在的结构问题或者安全隐患，就可以针对这些问题制定相应的维护计划和改进方案，确保桥梁的长期稳定运行和安全使用。

最后，竣工验收报告还具有重要的学术价值。通过对工程项目的验收情况和完成情况进行全面总结和分析，可以为相关学科领域的研究提供丰富的实践案例和数据支持。例如，在土木工程领域，一份详细的竣工验收报告可以为相关研究提供实践案例，帮助研究人员深入了解工程项目的实际情况和问题，为学术研究提供重要的参考资料。

二、竣工验收标准

（一）施工质量

1. 结构稳定性与设计要求的符合

工程竣工验收的首要标准之一是工程结构的稳定性和其与设计文件的一致

性。结构稳定性的评估是确保工程建筑物在设计负荷下能够安全运行的关键步骤。在进行结构稳定性评估时，需要考虑多个方面，包括工程的抗震性、承载能力、结构材料的强度和稳定性等。

首先，结构稳定性评估需要考虑工程在设计负荷下的安全性。设计负荷包括静态荷载、动态荷载和临时荷载等多种因素，工程结构必须能够承受这些负荷并保持稳定。例如，在一座桥梁工程中，静态荷载是指桥梁自身的重量以及行车、行人等静态荷载，动态荷载是指行车时桥梁受到的动态荷载，临时荷载则是指桥梁施工过程中的临时荷载，如施工设备和材料的重量。通过对这些负荷的综合考虑，可以评估工程结构的稳定性，确保其安全运行。

其次，结构稳定性评估还需要考虑工程的抗震性。地震是造成工程结构破坏的重要原因之一，因此工程结构必须具备一定的抗震能力。在进行抗震设计时，需要考虑地震的震级、地震波形、地基条件等因素，通过合理的设计和施工措施，提高工程结构的抗震能力，降低地震灾害的风险。例如，一座高层建筑在设计时需要采用合适的结构形式和抗震构造，同时加强节点连接和墙柱结合处的抗震设计，以确保在地震发生时建筑物能够安全稳定地运行。

最后，结构稳定性评估还需要考虑工程结构材料的强度和稳定性。不同的结构材料具有不同的力学性能和稳定性，例如混凝土、钢材、木材等。在进行结构设计时，需要根据工程的实际情况选择合适的结构材料，并确保其强度和稳定性符合设计要求。例如，在一座桥梁工程中，需要对桥梁的主要结构部件进行强度和稳定性分析，确保其在设计负荷下能够安全稳定地运行。

2. 缺陷和安全隐患的排除

在施工质量评估中，对于严重缺陷和安全隐患的排除至关重要。这些缺陷和隐患可能对工程质量和安全性产生严重影响，因此必须及时发现并采取有效措施予以排除。

一方面，严重缺陷的排除需要全面的施工质量评估和检查。缺陷可能包括但不限于结构裂缝、材料缺陷、施工工艺问题等。例如，在一座建筑工程项目中，如果发现了墙体出现裂缝、混凝土存在空鼓或者钢筋有明显脱落等严重缺陷，就需要及时对这些缺陷进行识别和分析，并采取相应的修复措施。这可能涉及重新浇筑混凝土、更换钢筋等工作，以确保工程结构的完整性和稳定性。

另一方面，安全隐患的排除需要加强施工现场管理和监督。安全隐患可能包括但不限于施工现场安全设施不完善、作业人员操作不规范等。例如，在一处道路施工项目中，如果发现施工现场缺乏警示标识、作业人员没有佩戴安全帽或者操作机械不符合规范等安全隐患，就需要立即采取措施加以排除，以保障施工现场的安全。

在验收过程中，必须确保对严重缺陷和安全隐患进行全面的检查和评估。这可能涉及组织专业人员进行现场检查、对相关材料和设备进行检测等工作。同时，必须建立健全的缺陷整改和安全隐患排查制度，确保发现的问题能够及时报告和处理。例如，建立缺陷整改清单和安全隐患排查记录，明确责任人并规定整改时限，确保问题能够及时得到解决。

（二）完工图纸

1. 竣工图纸的完整性

竣工图纸的完整性是确保工程建设质量和后续管理的重要保障之一。完整的竣工图纸不仅要与设计文件保持一致，还必须记录施工过程中的所有变更和修正，以确保工程建设的各个环节都在设计范围内进行。

首先，竣工图纸的完整性对于确保工程质量至关重要。工程建设过程中，设计文件是对工程进行规划和设计的基础，而竣工图纸则是实际施工过程中的记录和反映。如果竣工图纸不完整或与设计文件不一致，就可能导致工程建设偏离设计要求，出现质量问题。例如，在一座桥梁工程中，如果竣工图纸未能记录施工中的所有变更和修正，可能导致桥梁结构存在缺陷或不稳定，影响其安全使用。

其次，完整的竣工图纸对于后续的维护和管理具有重要意义。工程竣工后，竣工图纸成为工程的重要文档，记录了工程建设的全过程。如果竣工图纸不完整，后续的维护和管理人员就无法准确了解工程的实际情况，难以有效进行维护和管理。例如，在一座建筑工程项目中，如果竣工图纸未能记录墙体结构的变更和修正，后续的维护人员就无法准确了解墙体结构的情况，可能导致维护工作无法顺利进行，影响建筑物的使用寿命。

最后，完整的竣工图纸还有助于提高工程建设的透明度和规范性。通过记录施工过程中的所有变更和修正，可以清晰地反映工程建设的实际情况，防止信息的缺失和扭曲。这有助于加强工程建设的监督和管理，提高工程建设的规范性和可控性。例如，一份完整的竣工图纸可以清晰地记录施工过程中使用的材料、施工方法、工艺流程等信息，为工程建设的透明管理提供重要支持。

2. 与设计文件的一致性

竣工图纸与最初的设计文件保持一致是确保工程建设质量和后续维护的关键因素之一。这种一致性反映了工程建设的实际情况，对于确保工程的稳定性、安全性和可持续性具有重要意义。

首先，竣工图纸与设计文件一致性是保障工程建设质量的重要保障。设计文件是工程建设的蓝图，包括工程的结构设计、设备布置、管线走向等重要信息。竣工图纸应当反映这些设计文件的内容，并准确记录工程建设的最终状态。如果竣工图纸与设计文件存在不一致，可能导致工程建设偏离设计要求，出现质量问题。例如，在一座水利工程项目中，设计文件要求设置特定的泄洪渠道，但如果在竣工图纸中未能准确记录这一设计要求，可能导致工程无法有效应对洪水，带来严重的安全隐患。

其次，竣工图纸与设计文件一致性有助于提高后续维护的效率和可靠性。工程竣工后，竣工图纸成为工程建设的重要文档，对于后续的维护和管理具有重要意义。如果竣工图纸与设计文件不一致，维护人员就无法准确了解工程的实际情况，难以有效进行维护和管理。例如，在一座输电工程项目中，如果竣工图纸未能与设计文件一致，未能准确反映设备布置和管线走向等信息，可能导致后续维护工作无法顺利进行，影响工程设施的运行和安全。

最后，竣工图纸与设计文件一致性还有助于提高工程建设的透明度和规范性。通过确保竣工图纸与设计文件一致，可以清晰地反映工程建设的实际情况，防止信息的缺失和扭曲。这有助于加强工程建设的监督和管理，提高工程建设的规范性和可控性。例如，一份一致的竣工图纸可以清晰地记录工程建设中的各项设计要求和工艺流程，为工程建设的透明管理提供重要支持。

（三）环保要求

1. 符合环保法规和标准要求

确保工程竣工符合环保法规和标准要求，是对环境保护和可持续发展的重要责任。这一过程涉及对工程建设过程中对环境的影响进行全面评估和控制，以确保工程建设的合规性和环境友好性。

第一，确保工程竣工符合环保法规和标准要求对于保护生态环境具有重要意义。随着工程建设的持续发展，环境污染和生态破坏已成为全球性问题。在这种背景下，工程建设过程中应当严格遵守环保法规和标准，最大限度地减少对环境的影响，保护生态环境的可持续发展。例如，在一个工业园区的建设项目中，如果不符合环保法规和标准要求，可能会导致大量废水、废气排放，造成周围环境污染，危及当地生态系统的健康。

第二，符合环保法规和标准要求有助于提升企业的社会责任形象。作为社会成员，企业应当承担起保护环境的责任，积极履行社会责任，促进可持续发展。通过确保工程竣工符合环保法规和标准要求，企业可以树立良好的社会形象，增强公众对企业的信任和认可。例如，一家企业如果能够在工程竣工验收中展现出对环保法规的严格遵守和对环境保护的积极态度，将有助于提升其在社会中的声誉和地位。

第三，符合环保法规和标准要求还有助于促进经济可持续发展。环保与经济发展并不矛盾，相反，环保措施的实施可以推动产业升级和技术创新，促进经济的可持续发展。通过采取环保措施，可以减少资源浪费，提高资源利用效率，促进绿色产业的发展。例如，通过在工程建设中采用节能环保技术和材料，不仅可以降低能源消耗和排放，还可以降低生产成本，提升企业竞争力。

2. 环境影响的评估与控制

在竣工验收过程中，对工程建设对周边环境的影响进行全面评估和控制是确保环境可持续性的重要环节。这一过程涉及对工地污染、废弃物处理、生态系统破坏等方面的综合管理，以最大程度地减少对环境的不利影响。

第一，环境影响的评估与控制是保障周边环境生态安全的重要举措。工程建设往往会对周边的自然环境产生一定的影响，如土地利用变化、生态系统破坏等。因此，在竣工验收过程中，必须对这些影响进行全面评估，并采取相应的措施加以控制，以减少对生态系统的损害。例如，在一个城市建设项目中，如果未能对工地周边的生态环境进行充分评估和控制，可能会导致水源污染、土壤退化等环境问题，对周边生态系统造成不可逆转的损害。

第二，环境影响的评估与控制有助于提高工程建设的社会责任感和可持续性。作为社会成员，企业应当承担起保护环境的责任，积极履行社会责任，促进可持续发展。通过对环境影响进行评估和控制，可以最大程度地减少工程建设对环境的负面影响，提高企业的社会责任形象。例如，在一个工业园区的建设项目中，如果能够采取有效的措施控制废气排放、废水排放等环境影响因素，将有助于提升企业的社会责任形象，增强公众对企业的信任和认可。

第三，环境影响的评估与控制还有助于促进生态文明建设和可持续发展。生态文明建设是实现可持续发展的必由之路，而环境影响的评估与控制正是生态文明建设的重要内容之一。通过对环境影响进行全面评估和控制，可以促进资源的合理利用、生态系统的保护和修复，推动经济社会的可持续发展。例如，通过采用清洁能源、循环利用废弃物等措施，可以减少对环境的不利影响，促进经济的绿色发展，实现经济、社会和环境的协调发展。

第二节　项目文档和资料的整理

一、项目文档整理

（一）整理施工图纸

1.施工图纸归档和汇总

（1）文件分类

对项目中涉及的所有施工图纸进行分类。按照地基工程、结构工程、建筑工程等方面进行分类，确保每一类图纸都能够被准确归档和汇总。

（2）文件汇总

对各类施工图纸进行汇总。从项目启动至完成的所有阶段，包括设计初稿、修改稿、最终确认稿等，都需要被汇总到统一的档案系统中。

（3）审查和确认

对汇总的施工图纸进行审查和确认。与项目的设计方案进行逐一核对，确保图纸内容与设计要求一致，没有任何遗漏或错误。如发现问题，及时与相关设计单位进行沟通和协商，进行必要的修正和调整。

2. 施工图纸内容准确性核对

（1）图纸内容核对

逐一核对每份施工图纸的内容。检查图纸上的尺寸标注、材料规格、施工要求等信息是否准确清晰，确保图纸能够清晰反映工程设计意图和施工要求。

（2）工程数据核对

对图纸上涉及的工程数据进行核对。包括土建工程的尺寸、结构工程的构件规格、建筑工程的布局等，确保与设计方案一致，符合工程施工的要求。

（3）技术标准核对

核对图纸上涉及的技术标准和规范要求。包括施工工艺、材料使用、施工方法等方面的要求，确保图纸内容符合国家标准和行业规范的要求。

3. 施工图纸归档和备查

（1）归档分类

将整理好的施工图纸按照分类进行归档。可以采用数字化归档或传统的文件柜归档方式，确保图纸的安全和易于查阅。

（2）档案管理

建立起完善的档案管理系统。包括建立图纸档案索引、定期更新档案信息、确保档案安全和保密性等，以方便日后的查阅和管理工作。

（3）备查与利用

档案归档后，确保能够方便快捷地进行备查和利用。例如，在工程施工过程中，需要查阅相关图纸进行指导和确认，档案管理系统应能够满足这一需求。

（二）整理合同和协议

项目合同和相关协议是项目交付的重要依据，也是项目文档整理中的重点内容之一。这些文件记录了项目各方之间的权利和义务，对于项目的正常运行和顺利交付具有重要意义。

1. 合同和协议分类整理

合同和协议的分类整理是项目管理中至关重要的一步，它直接关系到项目执行的顺利进行和后续管理的高效性。在进行合同和协议分类整理时，需要综合考虑合同的性质、内容和执行情况，以确保整理工作的准确性和有效性。

第一，合同可以根据其性质和内容进行分类。主合同通常是项目执行的核心合同，包括与客户签订的总承包合同或服务合同等；分包合同则是主合同的补充，涉及项目中具体工作任务的分包商或供应商之间的合作协议；供货合同则是指涉及项目所需物资或设备供应的合同；服务合同则是项目中涉及技术、咨询等服务方面的协议。

第二，将合同按照签订时间进行归档也是十分重要的。这样可以确保合同的时间顺序性，方便后续查阅和管理。例如，将合同按照年份或季度进行归档，或者按照项目阶段进行归档，以便于及时了解合同签订情况和执行进度。

第三，对归档的合同文件进行进一步的细化分类。可以根据合同的执行阶段、涉及的业务范围或相关部门进行归类。例如，将合同按照设计阶段、采购阶段、施工阶段等进行分类，或者按照合同涉及的业务部门进行分类，以便于后续的管理和使用。

例如，对于一个建筑项目而言，可以将合同按照建筑工程、机电设备采购、工程勘察等不同的业务范围进行分类；然后再将每个分类下的合同按照签订时间进行归档；最后再根据各个阶段的执行情况和相关部门的业务需求进行进一步的细化分类，例如将建筑工程合同按照地基阶段、主体结构施工阶段、装修阶段等进行分类，以便于后续的管理和查阅。

2. 合同和协议审查核实

（1）完整性审查

对归档的合同和协议进行完整性审查是至关重要的。确保每份文件都完整无缺，包括附件和补充协议，避免因遗漏文件导致的风险和纠纷。

（2）准确性核对

进行合同内容的准确性核对是不可或缺的步骤。需要仔细核对合同条款、金额约定、履行义务等内容，确保与实际执行情况一致，防止因合同误解或偏差导致的纠纷发生。

（3）合同变更记录

合同变更情况的记录和核实也是重要的工作内容。记录合同的变更内容、原因、执行情况等信息，确保变更的合法性和合规性，以及对项目进展的及时反馈。

3.合同和协议档案管理

（1）档案保管和备份

对整理好的合同和协议进行妥善保管和备份是必不可少的。建立完善的档案管理系统，包括电子档案和实体档案的存储，确保档案的安全性和可靠性。

（2）定期更新和维护

定期更新和维护合同和协议档案也是必要的。及时记录合同执行过程中的重要事件和沟通记录，保持档案信息的及时性和完整性。

（3）合同查阅和利用

建立合同查阅和利用机制，确保项目各方能够方便快捷地查阅和利用合同文件，提高合同执行效率和管理水平。

二、资料归档管理

（一）资料分类归档

1.施工阶段分类

在资料分类归档中，首先应根据施工阶段对项目资料进行分类。常见的施工阶段包括前期准备、土建施工、设备安装、竣工验收等。每个阶段产生的资料都具有不同的特点和用途，因此需要分别归档管理，以便后续查阅和利用。

例如，前期准备阶段的资料可能包括项目立项文件、设计方案和施工招标文件等；土建施工阶段的资料可能包括施工图纸、施工日志和质量检测报告等；设备安装阶段的资料可能包括设备调试记录和安装验收报告等；竣工验收阶段的资料可能包括竣工验收报告和工程质量保证书等。

2.工程部门分类

常见的工程部门包括土建部门、设备部门、电气部门、安全部门等。每个部门在项目中承担着不同的职责和任务，因此产生的资料也具有差异性。

例如，土建部门的资料可能涉及工程结构、建筑材料和施工工艺等方面；设备部门的资料可能涉及设备选型、采购清单和安装调试方案等；电气部门的资料可能涉及电气设计、线路布置和配电方案等；安全部门的资料可能涉及安全生产管理、事故记录和应急预案等。

3. 文件类型分类

常见的文件类型包括合同文件、技术文件、财务文件、人事文件等。不同类型的文件具有不同的管理要求和保管期限，需要分别加以管理。

例如，合同文件可能涉及项目的合同文本、变更通知和索赔申请等；技术文件可能涉及设计图纸、技术规范和施工方案等；财务文件可能涉及项目预算、结算单据和发票清单等；人事文件可能涉及员工档案、培训记录和考核评价等。

（二）档案保管期限

1. 法律法规规定

档案保管期限的确定需要根据相关法律法规和政策规定进行合理确定。不同类型的资料可能具有不同的保管期限，需要根据实际情况进行具体确定。

例如，根据《档案法》的规定，一般项目的档案保管期限为30年，但具体保管期限可能因项目性质、重要性和特殊情况而有所不同。

2. 资料保管期限

对于项目资料的保管期限，一般需要根据文件的重要性和保密性进行分类确定。对于重要文件和机密文件，其保管期限可能会相对较长，需要进行长期保管和管理。

例如，设计图纸和技术文件等重要文件的保管期限可能会达到项目结束后的50年或更长时间；而一般性的财务文件和人事文件的保管期限可能相对较短，一般为项目结束后的10年左右。

3. 档案销毁和转移

在档案保管期限到期后，需要按照相关规定和程序进行档案的销毁或转移。对于无需长期保存的文件，可以按照规定进行销毁处理；对于需要长期保存的文件，则需要进行档案转移，将其转移至专门的档案馆或档案库进行长期管理。

在档案销毁和转移过程中，需要严格遵守相关规定和程序，确保档案管理的规范性和合法性。具体操作包括以下三个方面。

（1）档案销毁

对于到期的无需长期保存的文件，应按照规定的程序进行销毁。销毁前需要进行清点核对，确保不会误销毁重要文件。销毁操作应当由专人负责，并记录销毁的文件名称、数量、销毁日期等信息，以备日后查验。

（2）档案转移

对于需要长期保存的文件，应按照规定将其转移至专门的档案馆或档案库进行长期管理。在转移过程中，需要编制清单记录转移的文件名称、数量、移交日期等信息，并由双方单位的负责人签字确认。转移后，接收单位需对档案进行归档整理，并建立起相应的档案管理制度和安全保密措施，确保档案的安全性和完整性。

（3）档案查验

定期对档案进行查验和审查，确保档案的完整性和准确性。查验内容包括档案的存放位置、状态、保管期限等，以及档案管理制度的执行情况等。对于发现的问题和异常情况，应及时进行整改和处理，以保障档案管理的规范性和有效性。

第三节　项目移交和后期维护

一、项目移交程序

（一）移交手续办理

项目移交手续办理是项目结束阶段的关键步骤之一，需要建设单位与相关部门之间进行充分的沟通和协调。具体操作包括施工单位验收确认和相关手续办理。

1. 施工单位验收确认

在建设项目的完成阶段，施工单位验收确认是确保项目顺利移交的重要环节。这一过程需要仔细审查项目的各项工作，确保其符合合同要求和验收标准。以下是施工单位验收确认过程的详细步骤和相关实例分析。

（1）验收标准的确定

在进行验收确认之前，建设单位和承包商需要共同确定验收标准。这些标准应该明确规定了工程质量、安全生产、环境保护等方面的要求。例如，对于工程质量，标准可以包括材料使用是否符合规定、施工工艺是否符合设计要求等。

（2）验收内容的审查

施工单位需要仔细审查项目的各项工作，包括但不限于工程施工质量、安全生产措施的落实、环境保护措施的执行情况等。例如，在施工质量方面，需要检查工程结构是否牢固、装修是否符合设计要求等；在安全生产方面，需要核查是否存在安全隐患和事故发生的记录；在环境保护方面，需要评估施工过程中对环境的影响和采取的保护措施是否到位。

（3）问题的沟通与解决

如果在验收过程中发现项目存在不符合验收标准的问题，施工单位和承包商需要及时沟通并共同解决。例如，如果发现工程质量存在缺陷，需要协商制定整改措施和时间表；如果发现安全生产措施不到位，需要立即采取措施进行整改和加强管理。

（4）验收结果的确认

在确认项目符合验收标准之后，施工单位和承包商可以签署验收确认文件，确认项目可以进行后续的移交手续办理。这份文件应该明确记录了项目的验收标准、验收内容、问题处理情况等信息，并由双方签字确认，具有法律效力。

2. 相关手续办理

相关手续办理是建设项目移交过程中的重要环节，涉及与各相关部门的沟通、合作以及法律法规的遵守。以下是相关手续办理的详细内容和相关实例分析。

（1）土地使用证办理

在进行项目移交之前，建设单位需要确保项目的土地使用证办理工作已经完成。土地使用证是土地使用权的法定证明，项目在规划和建设过程中必须合法持有土地使用证。办理土地使用证需要向土地管理部门提供相关资料，并按照相关程序进行申请和审批。例如，如果项目涉及土地的划拨、使用权变更等情况，建设单位需要及时向土地管理部门提供相关申请材料，并按照规定程序进行审批办理。

（2）环保验收

在项目建设完成后，建设单位需要向环保部门申请环保验收。环保验收是确保项目建设过程中环境保护措施的有效执行和环境影响的合规性的重要环节。建设单位需要提供项目建设过程中的环保资料和相关报告，接受环保部门的检查和评估。例如，如果项目涉及环境污染物的排放和处理，建设单位需要向环保部门提交相关的污染物排放情况报告，并按照环保部门的要求进行整改和改进。

（3）规划审批

对于建设项目，特别是涉及城市规划的项目，建设单位需要向规划部门提交规划审批申请。规划审批是确保项目建设符合城市规划和城市发展的总体要求的重要程序。建设单位需要向规划部门提交项目的规划方案、设计方案等相关资料，并接受规划部门的审查和评估。例如，如果项目涉及城市用地的规划变更或建筑物的高度、密度等方面的规划要求，建设单位需要提供相关的规划资料，并根据规划部门的要求进行调整和修改。

（二）移交资料整理

项目移交资料整理是确保项目交接顺利进行的重要准备工作，需要精心组织和安排。具体操作包括以下三个方面。

1.整理项目相关资料和文件

项目相关资料和文件的整理归档是项目管理中至关重要的一环，它不仅关乎项目的顺利移交，还对项目后续的运营和维护产生重要影响。下面将对项目相关资料和文件的整理归档进行更深入地探讨，并结合实例加以分析。

（1）施工图纸的整理

施工图纸是项目实施过程中必不可少的文件之一，记录了工程的设计方案和施工要求。在整理施工图纸时，需要确保每一份图纸都能够被准确地归档并标明版本号和修订记录。例如，对于建筑项目而言，施工图纸包括建筑平面图、立面图、剖面图等，建设单位需要将这些图纸按照工程结构和功能进行分类归档，并确保施工图纸的更新和版本控制。

（2）合同文件的整理

合同文件是建设项目合作双方之间约定的权利和义务的法律文件，对于项目的合法性和权益保障至关重要。在整理合同文件时，建设单位需要对合同文件进行逐份核对和整理，确保每一份合同文件都能够清晰明了地表达双方的权利和责任。例如，对于工程承包合同而言，合同文件包括合同书、附件、补充协议等，建设单位需要将这些文件按照合同编号和签订日期进行分类归档，并建立合同档案管理系统。

（3）验收报告和技术文件的整理

验收报告和技术文件记录了项目实施过程中的各项验收结果和技术要求，对于评估工程质量和完成情况具有重要意义。在整理验收报告和技术文件时，建设单位需要对各项文件进行归类和整理，并建立起清晰明确的档案管理体系。例如，对于建筑工程项目而言，验收报告包括竣工验收报告、质量验收报告等，技术文件包括设计文件、技术规范、施工方案等，建设单位需要将这些文件按照工程阶段和文件性质进行分类归档，并确保文件的完整性和准确性。

2. 准备移交清单

准备移交清单是建设单位在项目移交阶段必须认真对待的重要任务之一。一份完善的移交清单可以确保项目资料和文件的完整性和准确性，为后续的移交工作提供有力支持。下面将深入探讨准备移交清单的重要性，并结合实例进行分析。

（1）清单编制的重要性

准备移交清单不仅是移交工作的必要程序，更是对项目资料和文件进行全面审查和核实的过程。清单编制需要仔细梳理项目资料和文件的分类和数量，确保没有遗漏任何关键信息。一个完备的清单可以帮助建设单位在移交过程中有条不紊地进行资料整理和交接，减少遗漏和错误。

（2）详细列出资料和文件清单

移交清单应当包括项目中所有需要移交的资料和文件，例如施工图纸、合同文件、验收报告、技术规范等。对于每一份资料和文件，都需要列出详细的信息，包括名称、数量、存放位置、版本号等。这样可以确保移交清单的准确性和完整性，为后续的移交过程提供清晰的指导和依据。

3. 确保资料的完整性和准确性

确保资料的完整性和准确性在项目移交过程中至关重要，它直接关系到项目后续管理的有效性和顺利进行。建设单位在整理和准备移交资料时，应当采取一系列措施，以确保资料的完整性和准确性。

（1）严格核对清单

在准备移交清单时，建设单位应该对每一份资料逐一核对，确保清单中列出的所有文件和资料都在清单内，没有遗漏。这需要仔细检查项目过程中产生的所有文件，包括合同、施工图纸、验收报告、技术规范等，确保每一份资料都被纳入清单。

（2）审核资料内容

对于清单中列出的每一份资料，建设单位应该对其内容进行审核和确认。这包括检查文件的完整性、准确性和及时性，确保文件中的信息与实际情况一致，并且没有遗漏或错误的内容。例如，对于施工图纸，需要确认是否包含了所有必要的设计信息和标准规范；对于合同文件，需要核实合同内容是否符合双方约定。

（3）标准化命名和编号

在整理资料时，建设单位应当采用统一的命名和编号规范，以确保文件的标识清晰、易于查找和管理。统一的命名和编号可以减少混淆和错误，提高资料管理的效率。例如，可以根据文件内容、日期、项目阶段等因素为文件命名和编号，使之规范易懂。

（4）审查文件存储

在整理资料时，建设单位还应该审查文件的存储方式和位置，确保文件妥善保存，并且易于查找和获取。建议采用电子化存储，并建立良好的文件目录结构和权限管理机制，以便于文件的管理和访问。

二、后期维护管理

（一）设备保养维护

1. 定期保养计划的制订

（1）建立保养计划

根据工程项目中所使用的不同类型设备的特点和要求，制订相应的保养计划。这包括确定保养周期、保养内容和保养方法等。

（2）设备分类

将项目中的设备按照类型、规格和用途进行分类，针对不同类别的设备制订相应的保养计划，确保每台设备都能得到适当的保养。

（3）制定保养周期

根据设备的使用频率、工作环境和制造厂家的建议，确定定期保养的周期。一般情况下，可以按照工作小时数、工作周期或使用年限来确定保养周期。

2. 设备检查与清洁

（1）定期检查

按照保养计划，定期对设备进行全面检查，包括外观、结构、连接件等各方面。发现问题及时记录并进行处理。

（2）设备清洁

定期清理设备的表面和内部零部件，清除积尘、油污和杂物，保持设备清洁，有利于减少摩擦、磨损和腐蚀，延长设备寿命。

3. 润滑和保养

（1）定期润滑

对设备的润滑部件进行定期润滑，保持润滑油脂的正常状态，减少摩擦和磨损。根据设备类型和工作环境的不同，选择合适的润滑油脂和润滑方法。

（2）保养维护

定期对设备进行维护保养，包括更换易损件、调整设备参数、检修关键部件等。及时发现并处理设备问题，防止故障的发生和扩大。

4. 零部件更换和维修

（1）定期检查零部件

定期对设备的关键零部件进行检查和评估，发现磨损或老化情况及时更换。这包括轴承、皮带、密封件等易损件的检查和更换。

（2）维修保养

对于设备出现的故障或问题，及时进行维修和处理，修复设备功能，确保设备的正常运行。

（二）故障处理维修

1. 故障诊断与分析

（1）及时响应报警信息

对工程设备和设施的故障报警信息进行及时响应，确保能够第一时间发现故障情况。建立有效的监控系统和报警机制，实现对设备运行状态的实时监测和掌握。

（2）故障诊断工具与方法

使用先进的故障诊断工具和方法，对故障进行准确分析。例如，利用故障诊断软件、振动分析仪器、红外热像仪等设备，结合专业技术人员的经验和知识，进行故障诊断与分析。

（3）数据分析与记录

根据设备的运行记录、使用日志和传感器数据等信息，进行故障分析。通过对故障发生前的数据进行比对和分析，找出故障的可能原因，为后续的维修工作提供依据。

2. 紧急维修与修复

（1）快速响应机制

建立紧急维修的快速响应机制，确保在故障发生后能够迅速组织维修人员进行处理。设立专门的应急维修队伍或联络点，实现 24 小时快速响应。

（2）备件储备

在现场或指定仓库储备必要的备件和配件，以便在故障发生时能够及时更换。建立合理的备件储备制度，确保备件的及时供应和更新。

（3）紧急维修方案

制定针对常见故障的紧急维修方案，包括流程、人员配置、工具设备等。对不同类型的故障制定相应的应对措施，以最小的停机时间恢复设备的正常运行。

3. 故障记录与分析

（1）记录故障信息

对每一次故障事件进行详细记录，包括故障类型、发生时间、处理过程、维修耗时等信息。建立完善的故障记录系统，便于后续的故障分析和预防措施制定。

（2）故障分析与评估

对故障事件进行深入分析和评估，找出故障的根本原因。采用故障树分析、因果分析等方法，识别故障发生的主要因素，为今后的故障预防提供参考。

4. 维修质量评估

（1）维修效果评估

对维修工作的效果进行评估，检查维修后设备的运行状态和性能指标是否符合要求。通过设备的运行监测和检测，验证维修效果，确保设备能够正常运行。

（2）质量控制与持续改进

建立健全的质量控制体系，监督和管理维修工作的质量。根据评估结果，及时调整和改进维修策略和方法，提高维修工作的质量和效率。

第五章　项目团队和沟通管理

第一节　项目团队的组织和角色分配

一、项目组织结构设计

（一）确定项目组织结构

在确定项目组织结构时，需要考虑项目的规模、复杂程度以及执行的特点。通常，可以采用以下三种常见的项目组织结构。

1. 功能型组织结构

（1）功能型组织结构的特点

①职能划分明确：不同的部门按照其职能划分，各司其职，有利于实现专业化管理和作业流程的优化。

②层级关系清晰：项目经理通常是功能经理的上级，负责整体项目的管理和协调，各部门之间的层级关系清晰明了。

③资源集中管理：资源（人力、物力、财力）在各个功能部门之间进行集中管理和分配，有利于资源的合理利用和成本控制。

④规范化运作：各个部门按照标准化的流程和规定进行工作，有利于确保项目的质量和效率。

⑤专业化程度高：由于各部门专注于自己的职能领域，因此具有较高的专业化程度，能够提供专业化的服务和支持。

（2）功能型组织结构的优势

①职责明确，责任清晰：各部门按照职能划分，各司其职，责任分工明确，

有利于提高工作效率和质量。

②专业化管理：各部门具有较高的专业化程度，能够提供专业化的服务和支持，有利于满足项目需求。

③资源有效利用：资源在各个功能部门之间进行集中管理和分配，能够实现资源的合理利用和优化配置。

④规范化管理：各个部门按照标准化的流程和规定进行工作，有利于规范化管理和提高工作效率。

⑤便于管理和控制：由于层级关系清晰，项目经理可以更好地协调各个部门的工作，便于项目的管理和控制。

（3）功能型组织结构的实例分析

例如，在一个建筑工程项目中，可以采用功能型组织结构。其中，设计部门负责制定建筑设计方案，采购部门负责采购所需材料和设备，施工部门负责实施建筑工程施工。项目经理作为各个部门的协调者和管理者，负责整体项目的规划、执行和控制，确保项目按时、按质、按量完成。

2.项目型组织结构

项目型组织结构是一种在特定项目期间形成的组织形式，其特点是由不同职能部门的人员组成，这些成员被指派到一个特定的项目上工作，形成一个临时性的项目团队。在这种结构下，项目经理对项目团队成员直接负责，项目完成后，团队解散。

（1）项目型组织结构的特点

①临时性团队：项目团队是临时性的，成员在项目完成后解散，不像传统组织形式那样持续存在。

②跨职能协作：团队成员来自不同的职能部门，具有不同的专业技能和背景，需要跨职能协作完成项目任务。

③项目导向性：团队的工作目标是完成特定的项目目标和交付物，项目经理直接负责项目的规划、执行和控制。

④资源灵活调配：可以根据项目需要灵活调配资源，包括人力、物力、财力等，以确保项目的顺利进行和成功交付。

（2）项目型组织结构的优势

①灵活性高：可以根据项目需要快速组建和解散项目团队，适应项目的变化和需求。

②专业化协作：团队成员具有不同的专业背景和技能，能够提供多方面的专业支持，有利于解决复杂问题。

③项目导向性强：团队成员明确项目目标和任务，工作目标清晰，能够集中精力完成项目任务。

④资源优化利用：可以灵活调配资源，根据项目需要合理分配和利用资源，提高资源利用效率和项目执行效率。

3. 矩阵型组织结构

矩阵型组织结构是一种将功能部门和项目团队结合起来的管理结构，其特点是团队成员同时向功能部门和项目经理报告工作。这种结构形成了一种矩阵状的组织架构，使得资源调配更加灵活，协调工作更加高效。

（1）矩阵型组织结构的特点

①双重上下级关系：团队成员同时向功能部门主管和项目经理报告工作，形成了双重上下级关系，需要对两个上级的指示进行协调和处理。

②跨部门协作：团队成员来自不同的功能部门，具有不同的专业背景和技能，需要跨部门协作完成项目任务。

③项目导向性强：项目经理负责项目的整体规划、执行和控制，团队成员的工作目标和任务都与特定项目相关联。

④资源灵活调配：可以根据项目需要灵活调配资源，包括人力、物力、财力等，以确保项目的顺利进行和成功交付。

（2）矩阵型组织结构的优势

专业化协作：团队成员来自不同的部门，能够提供多方面的专业支持，有利于解决复杂问题。

①资源优化利用：可以灵活调配资源，根据项目需要合理分配和利用资源，提高资源利用效率和项目执行效率。

②项目导向性强：团队成员明确项目目标和任务，工作目标清晰，能够集中精力完成项目任务。

③快速决策和响应：团队成员可以更快速地获取资源和信息，做出更快速的决策和响应，适应项目变化和需求。

（二）绘制项目组织机构图

绘制项目组织机构图是将项目组织结构可视化的重要方式。该图应明确展示项目团队的组织架构和层级关系，以便团队成员了解自己的工作职责和上下级关系。在图中应清晰标注各个职能部门、项目经理、团队成员的位置和职责，以便整体把握团队的运作机制。

在绘制项目组织机构图时，首先需要考虑项目的规模和复杂程度，然后确定适合项目的组织结构类型。其次，根据组织结构类型，确定各个职能部门和岗位，以及他们之间的关系和层级。最后，将这些信息整合到组织机构图中，确保图表清晰易懂。

在项目组织机构图中，通常包括以下五个要素。

1. 项目经理

项目经理是整个项目团队的核心管理者，负责项目的整体规划、执行和控制。他们领导团队成员，协调各个职能部门的工作，确保项目目标的顺利实现。在项目组织机构图中，项目经理通常位于顶层，直接管理整个项目团队。

2. 职能部门

根据项目的需要，设立各个职能部门来承担不同的任务和工作。这些部门可以包括设计部、采购部、施工部等，每个部门负责特定的工作范围和职能。在组织机构图中，各个职能部门应清晰标注，以显示其在整个项目团队中的地位和职责。

3. 团队成员

团队成员是项目团队中的执行者，根据其所在的职能部门被分配到不同的岗位，负责执行具体的工作任务。他们与项目经理和其他团队成员密切合作，共同推动项目的进展。在组织机构图中，团队成员应明确列出，并与所属的职能部门相对应。

4. 层级关系

组织机构图应明确标注各个职能部门和团队成员之间的层级关系，包括上下级关系和协作关系。这有助于团队成员了解自己在团队中的位置和角色，以及与其他成员的关系和沟通方式。

5. 职责和权限

在项目组织机构图中，可以适当标注各个岗位的职责和权限，以便团队成员了解自己的工作范围和权限范围。这有助于减少工作重叠和冲突，提高工作效率和质量。

在绘制项目组织机构图时，需要注意图的清晰性和易读性。项目组织机构图应该简洁明了，避免出现过多的文字和图形，确保信息传达的准确性和完整性。此外，组织机构图应该随着项目的变化和发展而及时更新，以保持其有效性和实用性。

二、团队角色分配

（一）确定项目经理

1. 项目经理的角色和职责

项目经理在项目管理中扮演着至关重要的角色，他们肩负着项目整体规划、组织、执行和控制的责任。项目经理的职责不仅仅局限于管理团队，还涉及对项目目标的明确定义、资源的合理分配以及风险的有效应对。

首先，项目经理需要确定项目计划和执行方案。这一步是项目启动阶段的关键，项目经理需要与团队成员和相关利益相关者合作，确保项目目标的明确定义和可行性分析，编制出详细的项目计划和执行方案，明确项目的工作范围、目标、资源需求、时间表和交付物。

其次，一旦项目计划和执行方案确定，项目经理就需要协调项目团队成员的工作，保障项目按时、按质、按量完成。他们需要领导和管理团队，确保每个团队成员都理解自己的任务和职责，并且能够充分发挥自己的专业技能和能力，为项目目标的实现做出贡献。项目经理需要与团队保持密切沟通，及时解决团队成员遇到的问题和困难，确保项目进度不受影响。

再次，在项目执行过程中，项目经理需要进行项目进度和成本的监控与管理。他们需要对项目进展情况进行全面的监测和评估，及时发现和解决可能影响项目进度和成本的问题，确保项目能够按照计划顺利进行。项目经理还需要进行成本控制，合理分配和利用项目预算，确保项目能够在预算范围内完成。

最后，项目经理需要处理项目相关的问题和风险，保障项目的顺利实施。在项目执行过程中，可能会出现各种问题和风险，例如资源不足、技术难题、合作方的变更等。项目经理需要及时应对这些问题和风险，制定相应的解决方案，并确保团队能够有效地执行。他们需要与团队成员和利益相关者密切合作，共同应对项目面临的挑战，确保项目顺利实施并达到预期的成果。

2. 项目经理的能力要求

项目经理是项目团队的核心管理者，其成功与否在很大程度上取决于其所具备的能力和素质。项目经理所需具备的关键能力要求主要包括以下三点。

第一，项目经理需要具备出色的领导力。领导力是指项目经理能够激发团队成员的积极性和潜力，引导他们共同朝着项目目标努力。具备良好的领导力意味着项目经理能够建立起团队的信任和尊重，有效地分配任务和资源，制定明确的目标和计划，并鼓励团队成员克服困难，不断进步。

第二，项目经理需要具备优秀的沟通能力。沟通是项目管理中至关重要的一环，项目经理需要与团队成员、项目利益相关者以及其他相关方保持良好的沟通。他们需要清晰地表达自己的想法和意见，倾听他人的观点和建议，有效地传递项目信息和指示，及时解决沟通障碍和问题，确保团队成员之间能够有效地协作和配合。

第三，项目经理还需要具备卓越的组织协调能力。项目管理涉及大量的任务和资源，项目经理需要能够合理地组织和分配这些资源，制定详细的项目计划和执行方案，并监督和调整项目的进度和成本。他们需要能够有效地协调团队内部的工作，解决团队成员之间的矛盾和冲突，确保项目能够按照计划顺利进行。

除了以上三点，项目经理还需要具备良好的问题解决能力、决策能力、适应能力和创新能力。面对项目管理中的各种挑战和困难，项目经理需要能够迅速做出正确的决策，并采取有效的措施解决问题，确保项目能够顺利实施并取得成功。他们还需要能够适应不断变化的项目环境和需求，灵活调整项目方案和策略，保持团队的稳定和积极性。此外，项目经理还需要具备创新精神，不断寻求新的解决方案和方法，提高项目管理的效率和质量。

（二）配备项目团队

1.专业技术人员的角色和职责

专业技术人员在项目中扮演着至关重要的角色，其职责涵盖了项目的技术方面工作以及提供专业支持和建议等多个方面。

第一，他们负责项目的技术方面工作，包括但不限于项目的设计、规划、实施和监督。设计师和工程师等专业技术人员在项目中承担着具体的技术任务，根据项目的要求和需求，进行相关设计和工程工作，确保项目能够按照设计方案和技术标准实施。

第二，专业技术人员提供专业意见和建议，为项目的决策提供技术支持。他们基于自身的专业知识和经验，对项目中涉及的技术问题进行分析和评估，并提供相应的建议和解决方案。例如，在项目的初期阶段，他们可能会参与项目需求分析和技术可行性评估，为项目的决策提供技术支持和参考意见。在项目执行过程中，他们还会对项目的技术方案和实施进度进行监督和检查，及时提出改进建议，确保项目的顺利实施。

第三，专业技术人员参与项目的设计、规划和实施过程，确保项目的技术实施符合要求。他们与其他团队成员密切合作，共同参与项目的各个阶段，包括需求分析、方案设计、实施和验收等过程。他们负责技术方面的工作，确保项目的技术实施达到预期的效果和目标，同时与其他团队成员协调配合，确保项目的顺利进行。

2.工程师的角色和职责

工程师在项目中扮演着至关重要的角色，其职责涉及项目的具体实施和施工工作，以及确保施工质量和安全。

第一，工程师负责执行项目经理下达的任务。根据项目的计划和执行方案，工程师需要认真理解项目的要求和目标，并按照项目经理的安排和指示，执行相应的工作任务。这包括但不限于准备施工材料、组织施工队伍、安排施工进度等工作，以确保项目能够按时、按质、按量完成。

第二，工程师需要按照项目计划和执行方案，完成项目的施工任务。他们需要根据项目的实际情况和要求，合理安排施工流程，组织施工人员和设备，进行施工作业。在施工过程中，工程师需要密切关注施工进度和质量，及时发现并解决施工中出现的问题和难题，确保项目能够顺利进行。

第三，工程师还需要保障施工质量和安全。他们负责监督施工过程中的质量控制和安全管理工作，确保施工符合相关标准和规范，保障施工质量和安全。工程师需要与项目团队的其他成员密切合作，共同努力，确保项目能够顺利实施并达到预期的效果和目标。

3.技术员的角色和职责

技术员在项目中扮演着重要的角色，其主要职责是提供项目实施过程中的技术支持和协助工作，以及协助工程师和专业技术人员完成项目的具体工作任务，从而提高工作效率和质量。

第一，技术员负责项目实施过程中的技术支持和协助工作。他们通常拥有一定的专业知识和技能，在项目实施的过程中，为项目团队提供必要的技术支持和帮助。例如，技术员可能负责收集、整理和分析项目相关的技术资料和信息，协助工程师和专业技术人员解决技术问题，提供技术方案和建议等。他们的工作有助于保障项目在技术上的顺利进行和顺利完成。

第二，技术员协助工程师和专业技术人员完成项目的具体工作任务。在项目实施的过程中，技术员可能承担一些辅助性的工作任务，如准备工程文件、绘制技术图纸、搜集施工材料等。他们也可能协助工程师和专业技术人员进行现场检查和监督，确保施工符合相关的技术标准和要求。通过技术员的协助，工程师和专业技术人员能够更加专注于项目的核心工作，提高工作效率和质量。

第二节　沟通渠道和信息管理

一、建立沟通机制

（一）沟通管理的基本流程

建筑工程项目中的沟通管理包括三个基本流程，即沟通计划，沟通执行和沟通监控。

1.沟通计划

在沟通计划阶段，需要制订一个清晰明确的沟通计划，以指导后续实际工作的开展。沟通计划应包括以下五个方面的内容。

（1）沟通目标

沟通目标是制订沟通计划的首要步骤，它明确了沟通的目的和期望的结果。在制定沟通目标时，需要考虑项目的整体目标和里程碑，以及每个阶段的具体目标。例如，在项目启动阶段，沟通目标可能是确立项目愿景、目标和范围；在项目执行阶段，沟通目标可能是促进团队合作、解决问题和推动进度等。通过明确沟通目标，可以确保在沟通过程中始终保持目标一致，避免信息传递偏差和误解。

（2）沟通方式

选择合适的沟通方式是沟通计划中的关键环节。不同的沟通方式适用于不同的场景和需求。例如，对于紧急问题或需要即时回复的情况，可以选择电话或即时通信工具进行沟通；对于重要的决策或信息传递，可以选择会议或视频会议进行沟通；而对于一般性的信息传递，可以选择邮件或项目管理软件进行沟通。通过选择合适的沟通方式，可以提高沟通的效率和效果，确保信息的及时传递和理解。

（3）沟通内容

明确沟通的内容是沟通计划的核心内容之一。沟通内容应该涵盖项目的各个方面，包括项目目标、进度、成本、质量、风险等。在确定沟通内容时，需要考虑受众的需求和关注点，确保信息传递准确无误。例如，在与业主进行沟通时，重点可能是项目进展和质量问题；而在与团队成员进行沟通时，重点可能是工作任务和分工安排。通过明确沟通内容，可以确保信息传递的针对性和有效性。

（4）沟通时间表

编制沟通时间表是保障沟通计划执行的关键步骤。沟通时间表记录了沟通的时间安排和频率，以确保工作的及时完成和跟进。在编制沟通时间表时，需要考虑不同沟通活动的优先级和紧急程度，以及受众的时间可用性。例如，对于重要的决策或问题，可能需要安排定期的会议或电话沟通；而对于一般性的信息传递，可以通过邮件或即时通信工具进行沟通。通过制定沟通时间表，可以提高沟通的规律性和连续性，确保信息传递的及时性和有效性。

（5）沟通参与者

明确沟通过程中各方的参与者角色是沟通计划的最后一步。沟通参与者包括项目团队成员、业主、承包商、利益相关者等。在明确沟通参与者时，需要考虑其在项目中的角色和职责，以及其对项目的影响和利益。例如，项目经理、团队成员和业主可能是沟通的核心参与者，他们需要及时了解项目的最新情况和决策，以确保项目的顺利进行；而承包商和利益相关者可能是沟通的次要参与者，他们需要了解项目的进展和影响，以便及时调整工作计划和资源投入。通过明确沟通参与者，可以确保沟通的全面性和透明性，提高沟通的有效性和可信度。

2. 沟通执行

在沟通执行阶段，执行沟通计划是确保项目顺利进行和团队协作的关键环节。在执行沟通过程中，需要考虑以下五个方面，以保证沟通的有效性和效率。

第一，需要确保沟通的及时性。及时沟通可以避免信息滞后和误解，保持团队成员之间的信息同步和理解一致。例如，在项目进展发生重大变化或出现问题时，项目经理应及时召开会议或发布通知，向团队成员和利益相关者传达相关信息，以便大家共同应对和解决。

第二，需要注意沟通的透明度和真实性。沟通应该是开放、坦诚的，不应该隐藏信息或误导他人。透明的沟通可以增强团队成员之间的信任和合作，有利于问题的及时发现和解决。例如，在与业主或客户的沟通中，项目经理应当如实向其反映项目进展和问题，以建立良好的合作关系和信任基础。

第三，需要灵活运用多种沟通方式。不同的沟通方式适用于不同的场景和目的。项目经理应根据实际情况选择合适的沟通方式，以提高沟通的效果和效率。例如，在紧急情况下，可以通过电话或即时通信工具进行沟通，以便及时解决问题；而在需要全员参与讨论的情况下，可以通过会议或视频会议进行沟通，以便大家共同商讨和决策。

第四，需要保持沟通的连续性和持续性。沟通不应该是一次性的，而应该是持续的过程。项目经理应定期组织沟通活动，例如定期会议、周报、月报等，以确保信息的持续传递和团队成员之间的持续沟通。这样可以有效地跟踪项目进展和问题，及时调整项目方案和资源分配，保障项目的顺利进行。

第五，需要重视沟通的反馈和改进。沟通执行过程中，应该及时收集团队成员和利益相关者的反馈意见，了解他们的需求和关注点，以便及时调整沟通策略和方式。项目经理应主动与团队成员沟通，了解他们的意见和建议，以不断改进沟通方式和效果。

3. 沟通监控

在项目管理中，沟通监控是确保项目顺利进行的重要环节之一。通过对沟通过程进行监控，可以及时发现问题、解决矛盾、调整沟通策略，从而保障项目的顺利实施和团队的有效协作。以下是沟通监控阶段的一些重要考虑因素和实践方法。

第一，需要建立有效的沟通监控机制。这包括确定监控的关键指标和评估标准，明确监控的频率和方式，以及指定责任人负责监控工作。例如，可以设立定期的沟通评估会议，由项目经理主持并邀请相关团队成员参与，对沟通效果进行评估和反馈。

第二，需要及时收集沟通数据和反馈信息。通过收集团队成员和利益相关者的反馈意见、记录沟通过程中的问题和挑战、分析沟通效果等方式，获取沟通过程的全面信息。例如，可以定期发放沟通反馈问卷或开展面对面访谈，以了解团队成员对沟通过程的感受和建议。

第三，需要对沟通数据进行分析和评估。通过对收集到的沟通数据进行分析，可以发现沟通过程中存在的问题和瓶颈，并据此制定相应的改进措施。例如，可以分析沟通频率、沟通内容的准确性、沟通方式的有效性等指标，以评估沟通效果，并针对不同问题制定相应的改进计划。

第四，需要及时调整沟通策略和方式。根据沟通监控的结果和分析，项目经理需要灵活调整沟通策略和方式，以提高沟通效果和效率。例如，如果发现某种沟通方式效果不佳，可以尝试采用其他方式，如增加沟通频率、改变沟通内容、调整沟通对象等。

第五，需要持续改进沟通工作。沟通监控不是一次性的任务，而是一个持续改进的过程。项目经理应该根据沟通监控的结果和反馈信息，不断改进沟通策略和方式，以确保沟通工作始终保持高效和有效。例如，可以定期进行沟通效果的评估和总结，及时调整沟通计划，并将改进的经验和做法分享给整个团队，以促进沟通工作的持续改进和提升。

（二）沟通管理的关键影响因素

1. 沟通方式

在建筑工程项目中，沟通方式是确保项目各方之间有效交流的关键因素之一。不同的沟通方式具有不同的特点和适用场景，在实际工作中，合理选择和运用适当的沟通方式对于项目的顺利进行至关重要。

第一，会议是一种常见的沟通方式，在需要集中讨论、决策或解决问题时尤其有效。通过召开会议，可以汇集各方意见，快速达成共识，促进项目进展。会议的实施需要合理安排时间和地点，确保参与者的积极参与和有效交流，从而达到沟通的最佳效果。

第二，邮件是一种常用的书面沟通方式，适用于传递正式信息、下达指示、记录沟通内容等。邮件具有记录性强、便于归档、可追溯性高等特点，可以有效减少信息传递的失误和模糊，提高沟通效率。在实际工作中，需要注意邮件的格式规范、内容准确和及时回复，以确保信息的准确传达和理解。

第三，电话是一种即时的语音沟通方式，适用于需要及时沟通、解决问题或进行紧急协调的情况。通过电话沟通，可以直接传递信息，及时解决问题，缩短沟通距离，提高工作效率。在进行电话沟通时，需要注意沟通的清晰度和准确性，避免信息传递的偏差和误解。

第四，即时通信工具如微信、钉钉等也成了项目团队之间常用的沟通方式。这些工具具有实时性强、便捷快速的特点，可以方便团队成员随时随地进行沟通和交流，促进信息的及时传递和共享，提高工作效率。

2. 沟通内容

沟通内容在建筑工程项目中扮演着至关重要的角色，它直接影响着团队成员的理解和行动，对项目的进展和成果产生着深远的影响。因此，沟通内容的明确性、准确性和清晰性是确保沟通效果的关键因素。

一是，沟通内容应该是明确的。这意味着信息传达应当清晰明了，不含歧义，能够让接收者准确理解发出者的意图和要求。例如，在通知施工队伍安排工作时，应明确指明工作内容、地点、时间和责任人，避免产生误解和混淆。

二是，沟通内容应该是准确的。信息的准确性直接关系到工作的顺利进行和结果的可靠性。在建筑工程项目中，涉及的信息可能涉及工程计划、设计要求、材料规格等，任何一处错误都可能导致不良后果。因此，传达信息时必须确保准确性，可以通过核对、审核等方式确保信息的正确性。

三是，沟通内容还应该是清晰的。清晰的沟通内容可以让接收者迅速理解信息，减少沟通误解和解释的需要。在建筑工程项目中，清晰地沟通内容可以提高工作效率，减少工作中的疑惑和误解。例如，在指导施工时，清晰的施工图纸和说明可以避免施工误解和错误。

3. 沟通环境

在建筑工程项目中，沟通环境的良好与否直接影响着团队成员之间的信息交流和理解，因此在项目管理中，建立良好的沟通环境至关重要。

一是，一个良好的沟通环境应该能够减少噪声干扰。在建筑工程项目中，工地现场可能存在各种噪声，如机械设备的轰鸣、施工现场的喧嚣等，这些噪声会干扰到沟通的进行，影响信息的传递和理解。因此，需要采取有效措施，如合理规划工地布局、采用隔音设施等，以减少噪声对沟通的影响。

二是，良好的沟通环境应该能够保持沟通秩序。在项目管理中，经常需要进行各种形式的会议、讨论和汇报，如果沟通过程中出现混乱、打断或争吵等情况，会影响沟通的效果和工作的进展。因此，需要建立良好的会议纪律和沟通规范，确保沟通的有序进行。

三是，良好的沟通环境还应该提供合适的沟通工具和设施。在建筑工程项目中，团队成员可能分布在不同的地点，需要通过电话、视频会议等远程协作工具进行沟通。因此，需要提供稳定可靠的通讯设备和网络，以确保远程沟通的顺畅进行。

4. 沟通参与者

在建筑工程项目中，沟通参与者的角色和影响力至关重要，他们在沟通过程中发挥着不可或缺的作用。这些参与者包括项目团队成员、业主代表、设计师、承包商等，每个人都对项目的顺利进行和最终的成功交付发挥着关键作用。

首先，项目团队成员是沟通中的主要参与者之一。他们分别承担着不同的职责和角色，如项目经理、工程师、技术员等，他们之间的有效沟通是确保项目进展顺利的关键。项目经理负责整体协调和领导，需要与团队成员沟通项目的计划、目标和任务分配；工程师和技术员负责具体实施工作，需要与其他团队成员协调配合，及时沟通工作进展和遇到的问题，以确保项目的顺利进行。

其次，业主代表在项目中也扮演着至关重要的角色。作为项目的委托方和最终受益者，业主代表需要与项目团队保持密切沟通，确保项目的目标和需求得到满足。他们通常会参与项目决策和进度监控，需要与项目团队就项目进展、质量要求、变更需求等进行沟通，以保证项目的顺利交付。

最后，设计师和承包商也是项目中重要的沟通参与者。设计师负责项目的设计和规划工作，需要与项目团队就设计方案、技术要求和实施细节进行沟通，以确保设计的实施符合项目要求。承包商负责项目的施工和实施，需要与设计师和项目团队就施工进度、质量标准和安全措施等进行沟通，以保证施工工作的顺利进行。

在实际工作中，针对不同的沟通参与者，需要采取不同的沟通策略和方式，以确保信息的准确传递和理解。通过有效地沟通和协作，可以促进团队成员之间的合作与配合，最终实现项目目标的顺利达成。

二、信息管理

（一）信息收集与整理

1. 定期收集项目相关信息

（1）项目进度信息

项目进度信息的收集与分析是建筑工程项目管理中不可或缺的重要环节。通过定期收集项目进度信息，项目管理人员可以全面了解项目的执行情况，及时发现问题并采取有效的措施，以确保项目顺利完成。以下是对项目进度信息的深度分析。

第一，项目进度信息的收集方式多样化。在建筑工程项目中，项目进度信息可以通过多种途径进行收集，包括但不限于项目会议、工作报告、现场考察和专业软件等。例如，项目经理可以定期召开项目会议，与各相关部门和团队成员共同讨论项目进展情况，收集各方的意见和建议；同时，项目团队也可以通过工作报告和现场观察，记录和汇总项目的实际执行情况，以便后续分析和评估。

第二，项目进度信息的内容丰富多样。项目进度信息涉及项目各个阶段的执行情况、计划进度的完成情况、关键任务的进展情况等。例如，项目进度信息可以包括项目的起止日期、关键里程碑的完成情况、工程量的完成情况、资源的利用情况等。通过收集这些信息，可以全面了解项目的整体进展情况，及时发现偏差和问题。

第三，项目进度信息的分析需要结合项目实际情况进行深入研究。项目管理人员需要将收集到的项目进度信息与项目计划进行比对和分析，找出项目进度与计划之间的差异和偏差，并确定其原因和影响。例如，如果项目实际进度落后于计划进度，可能是由于资源调配不当、工程量估算不准确或者施工进度受到外部因素影响等原因所致。通过深入分析项目进度信息，可以及时调整项目计划，采取有效的措施加以解决，以确保项目顺利进行。

第四，项目进度信息的及时性和准确性至关重要。项目管理人员需要确保项目进度信息的及时收集和准确反映项目实际情况，以便及时发现问题并采取相应的措施。例如，在收集项目进度信息时，项目管理人员应该及时更新项目进度表和报告，确保信息的实时性和准确性；同时，也需要与项目团队和相关部门保持密切沟通，及时了解项目的最新情况，以便做出及时反应。

（2）成本信息

成本信息的收集和分析在项目管理中具有重要意义，对于确保项目的财务稳健和预算控制至关重要。以下是对成本信息的深度分析。

第一，成本信息的收集来源广泛。在建筑工程项目中，成本信息可以从多个渠道进行收集，包括但不限于项目预算、成本清单、采购记录、发票和财务报表等。例如，项目管理人员可以通过定期审查项目预算和成本清单，了解项目各项费用的支出情况；同时，还可以通过查阅采购记录和发票，了解各项物资和服务的实际花费情况；此外，财务报表也是了解项目整体资金运作情况的重要依据。

第二，成本信息的内容丰富多样。成本信息涉及项目各个方面的费用支出，包括劳务费、材料费、设备费、管理费用等。例如，劳务费涉及项目人员的薪酬和福利支出，材料费涉及项目所需材料的采购和运输费用，设备费涉及项目所需设备的租赁和维护费用，管理费用涉及项目管理团队的成本支出等。通过收集这些成本信息，可以全面了解项目的资金使用情况，及时发现偏差和问题。

第三，成本信息的分析需要结合项目实际情况进行深入研究。项目管理人员需要将收集到的成本信息与项目预算进行比对和分析，找出实际花费与预算之间的差异和偏差，并确定其原因和影响。例如，如果项目实际花费超出了预算，可能是由于材料价格上涨、人工成本增加或者工期延误等原因所致。通过深入分析成本信息，可以及时调整项目预算，采取有效的措施加以解决，以确保项目在财务上的稳健运作。

第四，成本信息的及时性和准确性至关重要。项目管理人员需要确保成本信息的及时收集和准确反映项目实际情况，以便及时发现问题并采取相应的措施。例如，在收集成本信息时，项目管理人员应该及时更新项目成本清单和财务报表，确保信息的实时性和准确性；同时，也需要与财务部门和相关部门保持密切沟通，及时了解项目的最新花费情况，以便做出及时反应。

（3）质量信息

质量信息的收集与分析在建筑工程项目管理中具有重要意义，对于确保项目的施工质量和最终交付的质量标准至关重要。以下是对质量信息的深度分析。

第一，质量信息的收集涵盖多个方面。在建筑工程项目中，质量信息涉及施工过程中各个环节的质量控制情况，包括但不限于材料质量、施工工艺、工程质量检测、施工现场管理等。例如，材料质量信息涉及材料的采购来源、质量检测报告、材料使用情况等；施工工艺信息涉及施工工序、操作规范、施工方案等；工程质量检测信息涉及质量检测报告、验收记录等。通过收集这些质量信息，可以全面了解项目的质量状况，及时发现问题并采取相应的措施进行处理。

第二，质量信息的分析需要结合项目实际情况进行深入研究。项目管理人员需要对收集到的质量信息进行系统分析和评估，找出存在的质量问题和隐患，并确定其产生的原因和影响。例如，如果发现某个工程节点的质量不达标，可能是由于材料质量不合格、施工工艺不规范或施工人员技术不过关等原因所致。通过深入分析质量信息，可以制定针对性地改进措施，加强质量管控，提高施工质量水平。

第三，质量信息的及时性和准确性对于项目质量管理至关重要。项目管理人员需要确保质量信息的及时收集和准确反映项目实际情况，以便及时发现质量问题并采取相应的措施。例如，在收集质量信息时，项目管理人员应该及时更新质量检测报告和验收记录，确保信息的实时性和准确性；同时，也需要加强与施工人员和监理单位的沟通，及时了解工程质量状况，以便做出及时反应。

（4）风险信息

风险信息的收集与管理在项目管理中至关重要，特别是在建筑工程项目中，由于项目规模大、周期长、涉及多方利益相关者，面临的风险也较为复杂多样。以下是对风险信息的深度分析。

第一，风险信息的收集是风险管理的基础。项目管理人员需要通过多种渠道收集项目可能面临的各种风险信息，包括但不限于技术风险、市场风险、财务风险、法律风险等。例如，在项目启动阶段，可以进行风险识别工作坊，邀请项目团队成员和利益相关者共同识别项目可能面临的各种风险；同时，也可以通过文献研究、专家访谈、历史数据分析等方式收集项目风险信息。通过广泛而系统的风险信息收集，可以全面了解项目的风险情况，为制定有效的风险管理策略提供数据支持。

第二，风险信息的分析和评估是风险管理的关键步骤。项目管理人员需要对收集到的风险信息进行系统分析和评估，确定各项风险的可能性和影响程度，并根据风险的优先级制定相应的风险应对策略。例如，对于高优先级的风险，可以采取积极的风险应对措施，如转移、规避或减轻风险；对于低优先级的风险，则可以采取被动的风险应对措施，如接受或监控风险。通过科学的风险信息分析和评估，可以有效降低项目风险发生的可能性和影响程度，保障项目的顺利实施和成功交付。

第三，风险信息的及时更新和有效传递对于风险管理的有效实施至关重要。项目管理人员需要定期更新风险信息，关注项目执行过程中出现的新风险和变化风险，并及时调整风险管理策略。同时，也需要确保风险信息能够及时传递给相关利益相关者，促进项目团队成员之间的沟通和协作。通过及时更新和有效传递风险信息，可以保持团队对项目风险的关注度和警惕性，提高项目风险管理的效果和效率。

2.进行整理和归档

（1）信息分类

收集到的信息需要进行分类，以便于后续的整理和利用。根据信息的性质和用途，将信息进行分类，如将项目进度信息、成本信息、质量信息和风险信息分别进行分类，以便于后续的分析和管理。

（2）信息汇总和分析

收集到的信息需要进行汇总和分析，以便于形成完整的项目信息画面。对收集到的各类信息进行汇总和统计分析，了解项目的整体情况和存在的问题，为后续的决策提供数据支持和参考依据。

（3）信息归档

整理好的信息需要进行归档存档，以便于后续的查询和利用。将整理好的信息按照一定的存档规则进行归档存储，确保信息的安全和完整性，便于项目管理人员随时查阅和利用，为项目决策提供必要的支持和参考。

（二）信息传递与共享

1. 及时将项目信息传递给相关人员

（1）信息传递的及时性

及时将项目信息传递给相关人员是保证项目团队高效运作的关键步骤。在建筑工程项目中，项目经理、工程师、设计师等各个角色都需要及时了解项目的最新情况，以便及时调整工作计划和应对突发情况。例如，项目进度更新、施工计划变动、质量问题发现等重要信息都需要在第一时间传递给相关人员，以确保团队的协作配合和项目的顺利进行。

（2）信息传递的针对性

信息传递需要根据接收者的需求和角色进行针对性地定制。不同的团队成员可能对项目信息有不同的关注点和需求，因此需要针对性地向他们传递相关信息。例如，工程师更关注项目的施工进度和技术细节，而财务人员更关注项目的成本预算和资金使用情况，因此需要将不同类型的信息分别传递给不同的团队成员，以满足其工作需要。

2. 确保信息的准确性和完整性

（1）信息核实和确认

在信息传递过程中，需要确保信息的准确性和真实性。信息传递者应该对信息进行核实和确认，确保信息的来源可靠和内容准确。例如，在发布项目进度报告或成本预算表时，需要核实相关数据的来源和计算方法，以确保报告的准确性和可信度。

（2）信息的完整性

信息传递过程中还需要确保信息的完整性，避免信息传递中出现遗漏或不完整的情况。信息传递者应该尽可能提供全面的信息，确保接收者能够全面了解项目的情况。例如，在发布项目会议纪要或工作报告时，需要包含所有相关信息，以确保接收者能够全面了解会议内容或工作进展情况。

3.促进团队成员之间的信息共享和协作

（1）信息共享的重要性

信息共享是建立团队合作和协作的重要途径。通过信息共享，团队成员可以了解彼此的工作进展和需求，从而更好地协调和配合。例如，工程师需要了解设计师的设计方案和要求，设计师需要了解工程师的施工进度和技术要求，以确保设计和施工的协调一致性。

（2）促进信息共享的方式、

为了促进团队成员之间的信息共享和协作，可以采取多种方式。例如，组织定期的项目会议，让团队成员分享工作进展和问题解决经验；利用协同工具和平台，实现信息的在线共享和即时交流；发布项目工作报告和进度更新，让团队成员了解项目的整体情况和发展趋势。通过这些方式，可以促进团队成员之间的信息共享和协作，提高团队的工作效率和项目的执行效果。

第三节　团队合作和协调

一、建立团队合作机制

（一）团队建设活动

1.组织团队建设活动

（1）活动类型多样化

在组织团队建设活动时，活动类型的多样化是确保活动效果和团队凝聚力的重要因素之一。通过选择不同形式的活动，可以满足团队成员的不同需求和偏好，激发团队成员的参与热情，促进团队的良好发展。以下是四种多样化的活动类型。

①团队聚餐

团队聚餐是一种传统的团建活动形式，通过共进晚餐或举办聚餐活动，可以增进团队成员之间的感情，提升团队的凝聚力。例如，组织一次团队周年庆典晚宴，让团队成员在轻松愉快的氛围中交流和互动，增进相互了解和信任，营造出和谐的团队氛围。

②团队拓展

团队拓展是一种通过户外活动或挑战项目来促进团队成员之间合作和团结的活动形式。例如，组织一次团队登山活动，让团队成员共同面对登山的挑战，在团队协作的过程中培养团队精神和团结凝聚力，同时也提升个体的自我挑战意识和团队意识。

③户外运动

通过组织各类户外运动活动，如徒步、骑行、露营等，可以让团队成员在自然环境中放松心情，增进团队成员之间的互动和交流。例如，组织一次团队骑行活动，让团队成员共同骑行穿越风景秀丽的山区或乡村，体验自然风光的同时，增进团队的凝聚力和团队精神。

④文化体验

通过参观博物馆、艺术展览、观赏演出等文化活动，可以丰富团队成员的文化生活，拓宽视野，增进相互了解和交流。例如，组织一次团队参观艺术展览活动，让团队成员共同领略艺术之美，启发思维，促进团队成员之间的情感交流和艺术共鸣。

通过多样化的活动类型，团队可以在不同的环境和情境下进行交流和互动，促进团队成员之间的团结合作，增强团队的执行力和凝聚力。因此，在组织团队建设活动时，应根据团队成员的特点和需求，选择合适的活动类型，并注意活动的设计和组织，以达到预期的团队建设效果。

（2）活动设计合理

在确定团队建设活动的内容和形式时，必须考虑团队的特点、目标和需求，以及活动的设计原则，从而确保活动能够达到预期的效果。活动设计合理是确保团队建设活动顺利进行和取得成功的关键因素之一。以下是一些关于活动设计合理性的深度分析。

第一，活动设计应与团队建设的目标和需求相一致。团队建设活动的设计必须紧密围绕团队的发展目标和需求，以确保活动能够真正促进团队的发展和进步。例如，如果团队的主要问题是沟通不畅，那么活动可以设计为沟通训练、角色扮演等形式，以帮助团队成员提升沟通技巧和团队协作能力。

第二，活动设计应具有一定的挑战性和趣味性。挑战性可以激发团队成员的积极性和主动性，帮助他们克服困难，提升自信心和团队凝聚力。趣味性则可以增加活动的吸引力和参与度，使团队成员更愿意投入到活动中去。例如，可以设计一些富有挑战性和趣味性的团队游戏或竞赛，让团队成员在游戏中享受快乐、学习成长。

第三，活动设计应注意适当控制活动的难度和强度。活动过于简单可能导致团队成员失去兴趣和动力，活动过于复杂则可能使团队成员感到压力过大，影响活动的效果和成效。因此，活动设计应根据团队成员的实际情况和能力水平，合理设定活动的难度和强度，确保团队成员能够充分参与并取得积极的体验和收获。

第四，活动设计应充分考虑团队成员的参与度和反馈。在活动设计过程中，应征求团队成员的意见和建议，了解他们的期待和需求，以便更好地满足他们的参与欲望和学习需求。同时，还应及时收集和分析团队成员对活动的反馈和评价，以便及时调整和改进活动设计，提高活动的质量和效果。

（3）活动周期安排

活动周期安排是团队建设活动设计的重要组成部分，它关乎活动的时机选择和频率安排，直接影响到活动的效果和成效。以下是对活动周期安排的深度分析。

第一，活动周期应考虑项目周期中的关键节点。团队建设活动可以安排在项目的启动阶段、中期评估、阶段性里程碑完成等关键节点，以确保团队在重要时刻能够得到有效地激励和支持。例如，在项目启动阶段，团队成员可能面临新环境、新团队的适应问题，此时可以组织一次团队建设活动，促进团队成员之间的相互了解和融合，增强团队的凝聚力和战斗力。

第二，活动周期还可以考虑团队成员的特殊时刻，如生日、节假日等。在这些特殊时刻举办团队建设活动，不仅可以增强团队成员的归属感和认同感，还可以增加活动的庆祝氛围，提升团队的凝聚力和向心力。例如，在团队成员生日时，可以组织一次生日聚会或团队活动，为团队成员庆生、表达祝福，增进彼此之间的感情和情谊。

第三，活动周期安排还应考虑到团队成员的工作和生活节奏。活动的频率不宜过高，以免影响团队成员的正常工作和生活，但也不能过低，以保持团队的活力和凝聚力。可以根据团队的实际情况和需求，灵活安排活动的时间和频率，确保活动能够达到预期的效果和目标。

2. 促进团队沟通与信任

（1）小组讨论与经验分享

小组讨论与经验分享是团队建设活动中极具价值和影响力的环节之一，它为团队成员提供了一个开放、包容的平台，在这里，他们可以自由交流、分享工作经验和见解，从而促进团队的学习和成长，提高团队的凝聚力和合作效率。

首先，小组讨论是促进团队成员之间沟通和理解的有效方式。通过小组讨论，团队成员可以就工作中的问题、挑战或想法进行深入探讨，分享彼此的看法和经验，激发出更多创新和解决问题的思路。这种开放的沟通氛围有助于打破沉默和保留，使每个团队成员都能够发表自己的观点和见解，从而促进了团队之间的相互理解和信任。

其次，小组讨论还可以促进团队学习和成长。在讨论过程中，团队成员不仅可以分享自己的经验和知识，还可以从他人的经验中学习到新的工作方法、技巧或策略，提升自己的专业能力和解决问题的能力。例如，在讨论一个项目中的技术难题时，团队成员可以分享自己的解决方案和经验，也可以借鉴他人的成功案例或失败经历，从中汲取教训，为未来的工作提供更好的指导和支持。

最后，小组讨论还可以促进团队的凝聚力和合作效率。通过共同讨论和解决问题，团队成员之间建立了更深层次的联系和信任，形成了更加紧密的工作关系。这种团队凝聚力和合作效率将有助于团队更好地应对挑战和压力，提升团队的整体绩效和竞争力。

建立开放的沟通氛围在团队建设中扮演着至关重要的角色，它不仅能够促进团队成员之间的有效沟通，还能够增进彼此之间的信任和理解，为团队的协作和共同进步奠定坚实的基础。为了建立这样的沟通氛围，团队领导者和管理者可以采取一系列的措施和方法。

第一，团队领导者应该树立开放的沟通理念，并且以身作则。他们应该向团队成员敞开心扉，展示自己的诚信和包容，让团队成员感受到他们的真诚和关怀。领导者可以通过定期与团队成员交流、倾听他们的想法和建议，以及积极回应他们的需求和关注，树立起一个相互尊重、包容理解的团队文化。

第二，团队领导者应该鼓励团队成员畅所欲言，勇于表达自己的想法和看法。他们可以设立专门的沟通渠道，如开放式的团队会议、定期的反馈机制等，为团队成员提供一个自由交流的平台。在这个平台上，团队成员可以畅所欲言地表达自己的观点和看法，而不必担心被批评或者被忽视。

第三，团队领导者还可以建立起一套有效的沟通机制和流程，以确保信息的畅通和反馈的及时性。他们可以制定清晰明确的沟通规则和标准，明确每个团队成员的沟通责任和权限，确保信息的准确传达和理解。同时，他们还可以借助现代化的沟通工具和技术，如在线会议、团队即时通信工具等，提高团队成员之间沟通的效率和便利性。

第四，团队领导者应该给予积极地反馈和支持，对团队成员的每一个建议和意见都要认真倾听和认真回应。他们可以通过表扬和奖励等方式，鼓励团队成员积极参与到沟通中来，增强他们的参与热情和责任感。通过这样的积极反馈和支持，团队成员将更加愿意分享自己的想法和建议，从而促进团队的共同进步和发展。

（3）培养团队共享文化

培养团队共享文化是团队建设中至关重要的一环，它不仅可以促进团队成员之间的情感联系和认同感，还可以增强团队的凝聚力和团队精神。在团队建设活动中，通过创造多样化的机会和氛围，可以有效地培养团队共享文化。

第一，团队领导者和管理者应该树立共享文化的理念，并将其融入团队的日常工作和生活中。他们可以通过示范和引导，鼓励团队成员分享彼此的喜怒哀乐，促进情感交流和团队凝聚。例如，可以定期组织团队活动，如团队聚餐、团队游戏等，为团队成员提供一个开放、包容的交流平台，让他们有机会分享自己的心情和体验。

第二，团队领导者可以借助团队建设活动，加强团队成员之间的情感联系。

例如，在团队聚餐活动中，可以设置轻松愉快的氛围，让团队成员放松心情，畅所欲言，分享彼此的工作和生活经验。通过这样的活动，团队成员可以更加真实地了解彼此，增进情感交流，建立起彼此之间的信任和认同。

第三，团队领导者还可以通过制定一些共享机制和制度，进一步促进团队成员之间的信息共享和资源共享。例如，可以建立一个团队内部的知识库或者信息平台，让团队成员可以随时查阅和分享工作相关的知识和信息。同时，还可以鼓励团队成员之间相互帮助、相互支持，共同解决工作中的难题和挑战，提升团队的整体绩效和竞争力。

第四，团队领导者应该给予积极地反馈和支持，鼓励团队成员积极参与到共享文化的建设中来。他们可以通过表扬和奖励等方式，激励团队成员分享自己的心得和经验，提升团队的共享意识和文化。同时，也要建立起一套有效的激励机制，鼓励团队成员之间的合作和共享，推动团队的共同发展和进步。

（二）团队协作培训

1. 开展团队协作培训

（1）培训内容的设计与定制

在开展团队协作培训时，培训内容的设计与定制至关重要。这一过程需要结合团队的实际情况和需求，精心设计培训内容，确保培训的针对性和实效性。

第一，培训内容应该涵盖团队协作的各个方面。团队协作是一个复杂的过程，涉及沟通、协调、合作、冲突解决等多个方面。因此，在设计培训内容时，需要全面考虑团队成员在这些方面的需求和问题，并确保培训内容可以全面覆盖这些方面，帮助团队成员全面提升协作能力。

第二，培训内容需要量身定制，以满足团队的实际需求。不同团队在协作过程中可能面临的问题和挑战各不相同，因此培训内容需要根据团队的具体情况进行定制。例如，如果团队在沟通方面存在问题，那么培训内容可以重点围绕沟通技巧展开；如果团队在冲突解决方面存在挑战，那么培训内容可以注重冲突解决的方法和技巧。

第三，培训内容还应该具有一定的系统性和连贯性。培训内容应该按照一定的逻辑顺序展开，从基础知识到实践技巧，逐步深入，确保培训过程的连贯性和有效性。例如，可以先介绍团队协作的基本原理和概念，然后逐步引导团队成员学习和掌握具体的协作技巧和方法，最后通过案例分析和角色扮演等形式加深理解和应用。

第四，培训内容还应该注重培养团队成员的实践能力和解决问题的能力。培训不仅仅是传授知识，更重要的是培养团队成员的实际操作能力和解决问题的能力。因此，在设计培训内容时，可以通过案例分析、团队游戏、角色扮演等形式，让团队成员在实践中学习和提升协作能力，从而更好地应对工作中的各种挑战和问题。

（2）专业培训师的邀请与培训形式的选择

为了确保团队建设培训的有效性和实效性，邀请专业的培训师来主持培训活动是至关重要的一环。这些培训师通常具有丰富的团队协作培训经验和专业知识，能够有效地引导团队成员进行学习和训练。

首先，专业的培训师具有丰富的经验和知识，能够根据团队的实际情况和需求量身定制培训内容，并采用适合团队的教学方法和工具。他们可以通过生动地讲解、案例分析、角色扮演等形式，将抽象的理论知识转化为具体的实践技巧，帮助团队成员更好地理解和掌握团队协作的要领。

其次，专业的培训师能够有效地引导团队成员进行学习和训练，提升他们的协作能力和团队意识。他们不仅能够传授知识，更重要的是能够激发团队成员的学习兴趣和积极性，引导他们主动参与到培训过程中，从而达到更好的培训效果。

最后，培训形式的选择也是影响培训效果的重要因素之一。多样化的培训形式可以增加培训的趣味性和实效性，提升团队成员的参与度和学习效果。例如，讲座可以用于传授理论知识和专业技能，案例分析可以帮助团队成员理解和应用知识，角色扮演可以让团队成员在模拟的情境中进行实践和训练，团队游戏则可以增加培训的趣味性和互动性，让团队成员在轻松愉快的氛围中学习和成长。

（3）培训效果的评估与反馈

培训效果的评估和反馈是团队建设活动的重要环节，通过对培训过程和结果进行全面的评估，可以及时发现问题并采取措施进行改进，从而提高培训的效果和实效性。

第一，评估培训效果需要综合考虑多个方面的因素。除了团队成员对培训内容和形式的反馈意见外，还应该考虑培训活动的组织和实施情况，以及培训后团队成员在工作中的表现和成效。可以通过定量和定性的方法收集数据，包括问卷调查、小组讨论、个别访谈、观察记录等，以获取全面的信息。

第二，培训效果评估的内容应该围绕培训目标和预期成果展开。例如，如果培训的目标是提升团队的协作能力和沟通技巧，那么评估重点可以放在团队成员的协作效率、沟通质量、问题解决能力等方面。如果培训的目标是增强团队的凝聚力和团队合作精神，那么评估重点可以放在团队成员之间的互动和信任度、团队氛围的改善程度等方面。

第三，培训效果评估还应该注重长期效果的跟踪和评估。培训并不是一次性的活动，其影响和效果可能需要在一段时间内才能真正显现出来。因此，需要定期跟踪和评估团队成员在工作中的表现和成效，以验证培训的长期影响，并及时调整和改进培训方案。

第四，根据评估结果及时给予反馈和建议是培训效果评估的重要环节。团队成员应该清楚地了解培训的效果和成效，以及需要改进和调整的地方。因此，组织者可以通过总结报告、反馈会议、个别沟通等方式向团队成员提供评估结果和改进建议，激励他们持续学习和进步。

2. 提升团队协作能力

（1）培养团队意识与团队凝聚力

团队协作培训的核心目标之一是培养团队成员的团队意识和团队凝聚力。这两个方面密不可分，团队意识是指团队成员对于团队整体利益和目标的认同和理解，而团队凝聚力则是指团队成员之间的紧密联系和合作精神。通过团队协作培训，可以促进团队成员的个体意识向团队意识的转变，并增强团队内部的凝聚力，从而提升团队的综合实力和竞争优势。

一种有效的方法是通过培训课程和活动引导团队成员深入了解团队的使命、愿景和价值观，并将其内化为自己的行动指南。例如，可以组织团队成员共同参与制定团队的愿景和目标，让每个成员都感受到自己对于团队成功的重要性。通过这样的活动，可以激发团队成员的责任感和归属感，增强他们的团队意识。

同时，团队协作培训还应该注重团队成员之间的沟通和信任建立。建立良好的沟通机制和信任关系是团队凝聚力的重要保障。可以通过开展团队游戏、角色扮演、团队挑战等活动，培养团队成员之间的合作意识和信任感。例如，在团队挑战中，团队成员需要相互信任、密切合作，才能顺利完成任务，这有助于增强团队的凝聚力和战斗力。

另外，团队协作培训还可以借助实践案例和成功故事来激发团队成员的积极性和合作意愿。通过分享成功案例和团队合作的经验，可以激发团队成员的激情和斗志，增强他们对团队目标的认同和支持。同时，也可以让团队成员从失败和挑战中汲取经验和教训，进一步加强团队的凝聚力和团队合作能力。

（2）加强团队协作技能的训练

加强团队成员的协作技能训练是团队协作培训中至关重要的一环。这种训练涉及团队成员在工作中所需的各种技能和能力，包括有效地沟通、协调分工、冲突解决等。通过系统地训练，团队成员可以更好地适应团队工作的要求，提高团队的整体效能和绩效水平。

一种常见的训练方式是通过模拟实践来培养团队成员的协作技能。在模拟实践中，团队成员可以扮演不同的角色，参与到模拟的工作场景中，通过合作完成任务。例如，可以模拟一个项目管理的情境，让团队成员扮演项目经理、团队成员、客户等角色，共同制定项目计划、分配任务、解决问题。通过这样的模拟实践，团队成员可以了解各自在团队中的角色和职责，培养协作意识和团队精神。

另外，团队成员还可以通过案例分析来学习协作技能。通过分析真实的案例，团队成员可以了解不同情境下的协作挑战和解决方案，从而提升他们的协作能力和应对能力。例如，可以选择一些团队合作成功或失败的案例，让团队成员分析案例中存在的问题和原因，并提出解决方案。通过这样的案例分析，团队成员可以学习到有效的协作策略和方法，为今后的团队合作提供借鉴和参考。

团队协作技能训练还可以通过专业的培训课程来进行。这些课程可以涵盖团队协作的各个方面，包括沟通技巧、团队建设、冲突管理等内容。通过系统的培训课程，团队成员可以系统地学习和掌握协作技能，提高团队的整体协作水平和绩效表现。

（3）促进沟通与合作的文化建设

促进沟通与合作的文化建设在团队协作培训中具有重要意义。这种文化建设旨在营造一种积极向上的团队氛围，使团队成员能够更加自由地分享想法、倾听他人意见、协商决策，并以合作的方式共同实现团队目标。

第一，建立开放的沟通氛围是文化建设的重要一环。团队成员应被鼓励和支持，敢于表达自己的观点和看法，而不必担心受到批评或质疑。这需要团队领导者树立榜样，积极倾听成员的意见，给予积极地反馈和支持。例如，团队领导者可以定期组织开放式的沟通会议，让团队成员自由发表看法，畅所欲言，从而建立起一种开放、包容的沟通氛围。

第二，培养互信是促进沟通与合作文化建设的关键。团队成员需要相互信任，相信彼此都是为了团队的利益而努力工作。为了培养互信，团队成员应该遵循诚实、守信的原则，言行一致，信守承诺。团队领导者可以通过示范和引导来建立互信，例如，及时分享重要信息，与团队成员分享成功和失败的经验，展示诚实和可信的行为。

第三，倡导包容与尊重也是文化建设的重要内容。团队成员应该尊重彼此的差异，包容不同的观点和意见。这种包容与尊重能够让团队成员感受到被认同和被尊重的重要性，从而更愿意积极参与团队的沟通与合作。团队领导者可以通过倡导多元化和包容的团队文化来实现这一目标，鼓励团队成员尊重彼此的个人差异，并从中汲取不同的智慧和经验。

第四，团队领导者需要注重激励和奖励，以强化良好的沟通与合作文化。适当的激励和奖励可以增强团队成员参与沟通与合作的积极性和动力，进一步促进团队文化的建设。例如，可以设置团队协作奖励制度，鼓励团队成员在团队合作中表现出色的行为，并将其作为一种文化认同和价值导向。

二、加强团队协调

（一）团队会议和汇报

1. 定期组织团队会议

（1）会议目的明确

在定期组织团队会议之前，需要确立会议的明确目的。这些目的可能包括讨论项目的进展情况、解决工作中遇到的问题、制定下一阶段的工作计划等。明确的会议目的有助于确保会议的效率和主题的集中。

（2）议程制定

制定会议议程是确保会议按照计划进行的关键步骤之一。在制定议程时，应该根据会议的目的列出需要讨论的主题和议题，并合理安排每个议题的时间。此外，可以在议程中安排时间给团队成员提出建议、分享经验或解决问题。

（3）会议召开方式

在确定会议召开方式时，需要考虑团队成员的地理位置、时间安排和技术条件。可以选择线下会议、线上视频会议或混合模式会议等方式。确保会议召开方式的选择能够最大程度地方便团队成员参与和有效沟通。

（4）会议主持和记录

会议需要有专门的主持人负责引导会议进程，确保会议按照议程进行，积极引导团队成员发言，保持会议的秩序和效率。同时，需要有专门的记录员负责记录会议内容、讨论结果和行动项，以便后续跟进和追踪工作进展。

2.汇报项目进展情况

（1）任务完成情况汇报

在会议上，团队成员应该汇报自己负责的任务完成情况，包括已完成的工作内容、所花费的时间和遇到的困难等。这有助于其他团队成员了解每个人的工作进展情况，协助解决问题并提供支持。

（2）问题和挑战分享

团队成员还应该分享在工作过程中遇到的问题和挑战，以便团队共同思考并寻找解决方案。通过共享问题和挑战，可以促进团队成员之间的合作和协助，提高问题解决的效率和质量。

（3）计划和建议提出

团队成员可以在会议上提出下一阶段的工作计划和建议。这些计划和建议可以涉及工作的优化、流程的改进、资源的调配等方面。通过团队成员的参与和建议，可以提升团队的执行力和创造力，推动项目的持续发展和进步。

（二）团队冲突解决

1.及时处理团队内部冲突

（1）认识冲突的本质

在处理团队内部冲突之前，团队领导者需要充分认识冲突的本质和特点。冲突是因为团队成员之间在目标、利益、观点等方面存在差异而产生的，是团队合作中难以避免的现象。了解冲突的本质有助于团队领导者选择合适的解决策略，有效化解矛盾。

（2）建立开放的沟通渠道

团队领导者应该建立开放、透明的沟通渠道，鼓励团队成员积极表达自己的想法和观点，及时反馈工作中的问题和困难。通过良好的沟通，可以及早发现团队内部存在的潜在冲突，并采取相应的措施加以解决，避免冲突进一步扩大。

（3）倡导理性的解决方式

在处理团队内部冲突时，团队领导者应该倡导理性的解决方式，避免情绪化和个人攻击。可以通过理性地讨论、事实分析和问题解决的方法，帮助团队成员找到共同的解决方案，达成一致意见。

（4）鼓励双方妥协和调解

在冲突解决的过程中，团队领导者可以鼓励双方采取妥协和调解的态度，寻求双赢的解决方案。通过双方的妥协和调解，可以化解矛盾，增进团队成员之间的合作和信任，维护团队的和谐稳定。

2. 采取有效措施化解矛盾

（1）了解冲突的根源

在采取措施化解矛盾之前，团队领导者需要深入了解冲突的根源和原因。只有找到冲突的根本问题，才能有针对性地制定解决方案，防止类似冲突再次发生。

（2）积极寻求解决方案

团队领导者应该积极寻求解决矛盾的方案，避免将矛盾无限放大或忽视。可以组织双方进行对话和协商，寻求共同的利益点，并制定可行的解决方案。在解决方案的制定过程中，应该充分考虑双方的利益和诉求，力求达成双赢的局面。

（3）引入第三方介入

如果团队内部的冲突无法自行化解，团队领导者可以考虑引入第三方介入，如专业的冲突调解人员或团队建设培训师。第三方介入可以客观、中立地协助双方解决矛盾，提供更为有效的解决方案，维护团队的和谐稳定。

第六章 项目管理工具和技术

第一节 项目管理软件和应用

一、Microsoft Project

微软项目（Microsoft Project）是一种专业的项目管理软件，广泛应用于建筑工程项目管理中。它提供了强大的功能，可以帮助项目团队制订详细的项目计划、资源分配和进度跟踪等。以下是该软件的四个关键特点。

（一）项目计划制订

Microsoft Project 允许用户创建详细的项目计划，包括任务、里程碑、工期和依赖关系等。以下是该功能的三个重要方面。

1. 任务定义

用户可以在 Microsoft Project 中定义项目的各个任务，并设置其开始日期、结束日期、持续时间等属性。这有助于确立项目的整体框架和时间安排。

2. 里程碑设定

用户可以将项目中的重要里程碑标识出来，以便于跟踪项目的关键节点和进展。里程碑的设定有助于项目团队集中注意力，并及时评估项目的整体进度。

3. 依赖关系管理

Microsoft Project 允许用户定义任务之间的依赖关系，包括开始—完成、完成—开始、开始—开始、完成—完成等类型的关系。这有助于确保任务按照正确的顺序执行，避免资源的浪费和进度的延误。

（二）资源管理

Microsoft Project 提供了强大的资源管理功能，帮助用户有效地管理项目所需的各种资源，包括人力资源、物资和设备等。以下是该功能的三个关键点。

1. 资源分配

用户可以将不同类型的资源分配给项目中的各个任务，以确保任务的顺利执行。通过合理分配资源，可以避免资源的过剩或不足，提高项目的执行效率。

2. 资源跟踪

Microsoft Project 允许用户跟踪和监控项目中资源的使用情况，包括资源的消耗量、剩余量和工作量等。这有助于及时发现资源使用的问题，并采取相应的措施加以解决。

3. 资源平衡

该软件还提供了资源平衡的功能，可以帮助用户优化资源的分配，确保资源的平衡利用和最大化价值。

（三）进度跟踪

Microsoft Project 具有强大的进度跟踪功能，可以帮助用户监控项目的实际进度与计划进度之间的差异。以下是该功能的三个要点。

1. 实时更新

用户可以随时更新项目的进度数据，并将其反映在项目计划中。这使得项目团队能够及时了解项目的最新状态，并及时作出调整和决策。

2. 报表和图表

Microsoft Project 提供了丰富的报表和图表功能，用户可以通过这些报表和图表清晰地了解项目的整体进展和各个任务的执行情况。这有助于发现项目中的延迟和问题，并采取相应的措施加以解决。

3. 风险警示

该软件还可以通过警示功能及时发现潜在的风险和问题，帮助用户及时作出应对措施，确保项目顺利进行。

（四）团队协作

Microsoft Project 支持团队协作，团队成员可以通过共享项目文件、在线讨论和任务分配等功能，实现团队之间的有效沟通和协作。以下是该功能的四个要点。

1. 项目文件共享

用户可以将项目文件上传到 Microsoft Project 中，并与团队成员共享。这使得团队成员可以随时随地访问项目文件，了解项目的最新信息。

2. 在线讨论

该软件还支持在线讨论功能，团队成员可以在 Microsoft Project 中进行实时讨论和交流。这种功能使得团队成员可以在项目进展或任务执行过程中即时沟通，提高沟通效率和协作效果。

3. 任务分配与跟踪

团队成员可以在 Microsoft Project 中分配任务并跟踪其执行情况。通过指定责任人、任务截止日期等信息，团队成员可以清晰了解自己的任务，并及时了解任务的进展情况。

4. 版本控制与历史记录

Microsoft Project 提供了版本控制和历史记录功能，记录了项目的变更历史和各个版本之间的差异。这使得团队成员可以追溯项目的演变过程，避免信息丢失和误解。

二、Trello

Trello 是一种基于看板的协作工具，适用于团队任务管理和流程管控。以下是该应用的三个主要特点。

（一）含多个卡片

1. 自定义列表和卡片

Trello 以看板的形式呈现任务和流程，用户可以自由创建列表并在列表中添加任务卡片。这种灵活性使得团队可以根据项目的需要自定义任务的分类和管理方式。

2. 任务分类和管理

每个任务以卡片的形式存在，用户可以为每个卡片设置标题、描述、标签、截止日期等信息，以便更好地管理和组织任务。

（二）任务跟踪

1. 创建任务卡片

用户可以在 Trello 中轻松创建任务卡片，并为每个任务指定责任人和截止日期。这有助于明确任务的执行责任和时间安排。

2. 实时更新任务状态

通过简单的拖拽操作，用户可以实时更新任务的状态和进度，将任务从一个列表移动到另一个列表，以反映任务的执行情况和工作流程。

3. 任务分配和协作

用户可以将任务卡片分配给特定的团队成员，并在卡片中进行评论和讨论。这种实时的协作方式有助于团队成员之间的沟通和协作，提高工作效率和质量。

（三）灵活性和易用性

1. 自定义看板和卡片

Trello 提供了丰富的个性化设置选项，用户可以根据团队的需求和工作流程自定义看板和卡片，使其更符合实际工作情况。

2. 丰富的插件和集成功能

Trello 拥有丰富的插件和集成功能，用户可以根据需要选择适合的插件，扩展 Trello 的功能和应用范围。这使得 Trello 成为一个灵活、可定制的工具，适用于不同行业和团队的需求。

3. 跨平台支持

Trello 支持多平台使用，包括 Web 端、移动端和桌面端等，用户可以随时随地访问和使用 Trello，实现工作的无缝切换和同步。

第二节 BIM 和其他技术工具的应用

一、BIM 技术的相关理论

（一）BIM 技术概述

BIM 技术的核心在于整合建筑工程的结构化信息并转化为三维立体模型。其主要特点包括以下三个方面。

1.三维仿真与建模

在建筑信息建模（BIM）技术中，三维仿真与建模扮演着至关重要的角色。它们不仅仅是将建筑工程从传统的二维平面转换为三维模型，更是为设计师、工程师和其他相关人员提供了一个直观、全面的空间感知，从而在建筑设计、施工和管理过程中发挥着关键作用。

（1）精确模拟空间结构和布局

BIM 技术采用三维仿真技术，能够以高度准确性模拟建筑工程的空间结构和布局。通过建模软件，设计师可以创建建筑物的三维模型，并在其中精确放置各种建筑构件、设备和家具等。这种模拟不仅仅是简单的几何形状堆叠，还包括建筑元素的尺寸、材质、属性等细节，使得模型更加真实和可靠。

（2）提供直观的可视化效果

三维仿真与建模为设计师提供了直观的可视化效果，使他们能够在虚拟环境中轻松地探索建筑物的外观、内部布局和空间感。通过旋转、缩放和漫游等操作，设计师可以全方位地查看建筑模型，从不同角度了解建筑的外形和内部结构，帮助他们更好地理解设计方案和进行设计决策。例如，一位建筑设计师在使用 BIM 软件进行建模时，发现在建筑的某个区域存在潜在的结构冲突。通过三维模型，设计师可以立即识别出冲突，并对设计进行调整，以确保各个构件之间的协调和顺畅。通过实时的可视化效果，设计师可以快速评估不同设计方案的优劣，并选择最佳方案进行进一步优化和完善。

三维仿真与建模是 BIM 技术中的重要组成部分，它们为建筑设计、施工和管理提供了强大的工具和平台。通过精确模拟和直观可视化，三维建模不仅帮助设计师优化设计方案，还提高了工程团队的沟通和协作效率，从而推动建筑行业向数字化、智能化发展。

2. 数据分析与协同工作

BIM技术的成功应用不仅依赖于三维建模，还在于数据分析和协同工作机制的结合。通过数据分析，BIM能够处理和解释海量的建筑信息，从而为设计团队提供决策支持和优化方案。同时，协同工作机制使得设计团队能够实现信息共享、交流和协同合作，提高工作效率和协同能力。

（1）数据分析的作用

数据分析在BIM技术中扮演着至关重要的角色。首先，它能够对建筑工程的结构化信息进行处理和解释，包括建筑元素的尺寸、材质、属性等。通过对这些数据的分析，设计团队可以深入了解建筑工程的特性和需求，为后续的设计和决策提供依据。

例如，一家建筑设计公司正在使用BIM技术设计一座大型商业综合体。通过对BIM软件中的建筑信息进行数据分析，设计团队可以识别出建筑物的结构问题、性能指标和材料需求等关键信息。例如，他们可以通过数据分析确定建筑物的能耗情况，并提出节能优化方案；或者分析建筑结构的承载能力，以确保建筑物的安全性。这些数据分析的结果可以为设计团队提供指导，帮助他们制定合理的设计方案。

（2）协同工作的机制

除了数据分析，BIM技术还通过协同工作机制实现了设计团队之间的紧密合作。协同工作机制包括了多个方面，如在线协作平台、实时共享功能、版本管理系统等。通过这些机制，设计团队可以实现即时的信息共享和交流，促进团队成员之间的合作与协同。

例如，设计团队中的各个成员可以同时在BIM软件中进行设计和修改，所有的变更都会实时同步到共享的模型中。例如，结构工程师可以在模型中添加或调整柱子和梁的尺寸，而机械工程师可以同时调整管道和设备的位置。通过协同工作的机制，设计团队可以避免因信息不对称而产生的错误和冲突，确保设计的一致性和协调性。

数据分析和协同工作是 BIM 技术的关键组成部分，它们为建筑设计和工程管理提供了强大的支持和工具。通过数据分析，设计团队可以深入了解建筑工程的特性和需求，为设计和决策提供依据；通过协同工作机制，设计团队可以实现信息共享和团队协作，提高工作效率和协同能力。这些功能的结合使得 BIM 技术成为建筑行业数字化转型的重要推动力量。

3. 设计优化与冲突检测

BIM 技术的设计优化和冲突检测功能为建筑设计和工程管理提供了强大的支持，使得设计团队能够在项目初期就发现和解决潜在的问题，从而提高设计效率和工程质量。

（1）设计优化

设计优化是指通过对建筑工程的模拟和仿真分析，对设计方案进行调整和优化，以满足项目的需求和要求。BIM 技术可以通过虚拟建模和实时仿真，对建筑结构、布局、材料等方面进行综合分析，从而找出设计方案中存在的问题并提出改进建议。

例如，在设计一个大型商业中心时，设计团队可以利用 BIM 技术对建筑结构进行力学性能分析，评估不同结构方案的承载能力和稳定性。通过模拟各种不同的载荷情况，如风荷载、地震荷载等，可以更准确地评估建筑物在不同情况下的结构行为，进而调整设计方案，提高建筑的安全性和可靠性。

（2）冲突检测

冲突检测是指通过 BIM 技术自动检测设计中的冲突和性能风险漏洞，帮助设计师及时发现和解决问题。在传统设计中，往往需要依靠人工审查和检查，效率低下且容易出现遗漏，而 BIM 技术可以在设计阶段就进行全面的冲突检测，大大提高了设计的准确性和可靠性。

例如，设计团队在使用 BIM 技术设计一座高层建筑时，可以将建筑的不同部分分别建模，并在 BIM 软件中进行组装和整合。通过 BIM 软件的冲突检测功能，设计团队可以自动检测出建筑结构、管道、电气设备等不同部分之间的碰撞和冲突，如管道穿越结构、电气线路与结构构件的冲突等。通过及时发现和解决这些问题，可以避免在施工阶段出现严重的设计错误和延误，提高工程的质量和效率。

设计优化和冲突检测是 BIM 技术中的重要功能，它们为建筑设计和工程管理提供了强大的支持和工具。通过设计优化，设计团队可以对建筑工程进行全面的分析和评估，从而找出设计方案中存在的问题并提出改进建议；通过冲突检测，设计团队可以在设计阶段就发现和解决潜在的冲突和性能风险漏洞，避免在施工阶段出现严重的问题和延误。这些功能的结合使得 BIM 技术成为建筑行业数字化转型的重要推动力量。

（二）BIM 技术的特征分析

BIM 技术的核心是建筑工程三维信息模型，本质特征主要包括以下三个方面。

1. 可视化特征

BIM 技术依托三维仿真建模技术，能够将建筑工程的各个结构进行精细的三维立体建模，实现对建筑工程外观和内部结构的可视化表达。这种可视化特征使得设计人员可以直观地了解建筑物的外观和内部结构，从而更好地调整和优化设计方案。

例如，在设计一个大型办公楼项目时，设计团队可以利用 BIM 技术创建建筑的三维模型。通过对建筑外观、内部空间和布局的精细建模，设计团队可以在三维环境中直观地查看建筑物的整体效果和细节特征，从而更好地进行设计决策和方案优化。

2. 协调性

BIM 技术将建筑工程构建的三维信息模型作为设计、建设和施工单位开展技术交底活动的重要依据，实现了设计单位、建设单位和施工单位之间的信息共享和协同合作。设计单位可以根据各方的沟通交流和讨论结果实时调整建筑信息模型，以实现所改即所得。

例如，在一个多方参与的工程项目中，设计团队使用 BIM 技术创建了建筑的三维信息模型。各参与单位可以通过共享这一模型进行技术交底和讨论，就设计细节、施工方法等进行沟通和协商。设计团队可以根据各方的反馈及时调整建筑信息模型，以满足各方的需求和要求，促进各方的协同合作。

3. 模拟性

BIM 技术采用数字化方法对建筑工程的结构细节和全局分布进行精细化模拟，同时提供了强大的性能分析工具和施工预演跟踪工具。设计单位可以对设计好的三维信息模型进行抗震、力学性能等方面的分析，以便施工单位对施工过程进行预演和进度跟踪，及时发现可能存在的结构冲突等问题，并调整优化施工组织方案。

例如，在一个地震频发地区，设计团队利用 BIM 技术创建了建筑的三维信息模型，并对建筑的抗震性能进行了模拟分析。通过模拟地震荷载作用下建筑结构的响应，设计团队可以评估建筑的抗震性能，并优化设计方案以提高建筑的安全性。同时，施工单位可以利用 BIM 技术进行施工预演，确保施工过程中不会出现结构冲突和安全隐患，从而保障工程的顺利进行。

BIM 技术的可视化特征、协调性和模拟性是其在建筑工程领域应用的重要特点。这些特征使得 BIM 技术成为建筑设计、施工和管理过程中的重要工具，能够提高工程质量、降低成本，并促进各参与单位之间的协同合作。

（三）BIM 技术在建筑工程设计施工一体化中的应用优势

1. 可视化优势

BIM 技术的可视化优势为建筑工程设计和施工带来了革命性的变化。通过 BIM 技术，建筑工程的设计方案不再局限于平面图纸或二维计算机辅助设计（CAD）图，而是以三维可视化的形式呈现，使得设计方案更加直观、生动，并且易于理解。这种可视化的特性不仅提升了设计方案的表现力，还在很大程度上改善了设计过程中的沟通和协作效率。

第一，BIM 技术的可视化优势使得设计方案更加直观易懂，有助于设计团队之间以及与业主之间的沟通。设计师可以通过 BIM 软件将设计方案呈现为逼真的三维模型，包括建筑物的外观、内部结构、布局、材料、光影效果等，使得设计意图更加清晰明了。例如，在设计高层建筑时，设计团队可以利用 BIM 技术创建真实比例的建筑模型，并在模型中模拟不同时间段的光照效果，从而直观地展示建筑物在不同光线下的外观和氛围，帮助业主更好地理解设计方案。

第二，BIM 技术的可视化优势有助于减少设计方案中的冲突和错误。通过将建筑工程以三维模型的形式呈现，设计团队可以更加直观地识别潜在的设计问题和冲突，例如结构构件的干涉、管道的交叉、设备的碰撞等。设计师可以在早期阶段发现并解决这些问题，避免设计变更和工程延误。例如，在一个大型医院项目中，设计团队利用 BIM 技术创建了医院的三维信息模型，并发现手术室内的气流管道与屋顶结构之间存在冲突。通过及时调整设计方案，设计团队避免了施工阶段的问题，提高了工程的效率和质量。

第三，BIM 技术的可视化优势还有助于业主更好地理解设计方案，提高设计方案的接受度和满意度。通过 BIM 软件，业主可以在虚拟的三维环境中漫游建筑物，体验不同的空间布局和设计风格，从而更好地理解设计团队的设计意图。这有助于设计团队与业主之间建立更加密切的沟通和合作关系，促进项目的顺利进行。例如，一家房地产开发公司利用 BIM 技术创建了一个虚拟的建筑项目模型，并邀请潜在买家通过 VR 设备体验建筑物的内部和外部，从而提高了买家对项目的兴趣和信心。

2. 协调性优势

BIM 技术的协调性优势是其在建筑工程设计与施工一体化过程中的重要特征之一。通过 BIM 技术，建筑工程的各参建方可以在同一平台上共享和协同处理建筑信息模型，从而实现更加有效地沟通和协调。

第一，BIM 技术为各参建方提供了统一的信息平台，使得设计单位、施工单位、业主代表等多方利益相关者可以共享建筑信息模型，并基于该模型展开沟通与协作。设计单位可以将设计方案以三维模型的形式呈现，并在模型中标注各种细节和参数，包括结构、设备、管线等，以便施工单位和其他相关方更清晰地了解设计意图。例如，在一个大型商业综合体项目中，设计团队利用 BIM 技术创建了建筑信息模型，并与施工单位共享该模型，通过模型中的协作功能，设计团队和施工单位可以实时进行交流，共同解决设计与施工中的问题，提高了工作效率和协同能力。

第二，BIM 技术提供了便捷的协同工作环境，使得各参建方可以在同一平台上进行实时的沟通和协作。设计单位可以根据各方的意见和建议对建筑信息模型进行实时调整和更新，施工单位和其他相关方可以及时获取最新的设计信息，并提出反馈和建议。例如，在一个大型基础设施项目中，设计团队和施工单位利用 BIM 技术共同协作，通过模型中的评论和标注功能，及时沟通并解决设计方案中的问题，保证了工程的顺利进行。

第三，BIM 技术还提供了丰富的协作工具和功能，如实时共享、版本控制、权限管理等，进一步促进了各参建方之间的沟通和协作。设计单位可以根据需要设置不同的权限级别，控制各方对建筑信息模型的访问和编辑权限，确保信息的安全性和完整性。例如，在一个城市规划项目中，设计单位利用BIM技术共享了城市的三维信息模型，并设置了不同的权限，以便各参与单位按照各自的职责和权限进行工作，实现了项目的有序协同。

3.模拟性优势

BIM技术的模拟性优势在建筑工程设计与施工一体化中发挥着重要作用。通过BIM技术提供的性能分析工具和施工预演跟踪工具，施工单位可以在虚拟环境中模拟施工活动的全过程，从而实现对施工过程的精细化控制和优化。

第一，BIM技术提供了强大的性能分析工具，可以对建筑工程的各项参数进行精确地分析和评估。例如，在一个大型桥梁项目中，施工单位可以利用BIM技术对桥梁结构进行力学性能分析，评估桥梁在不同荷载条件下的受力情况，从而确定最佳的施工方案和工艺流程。通过模拟施工活动的力学性能，施工单位可以有效地预防施工中可能出现的结构性问题，确保工程的质量和安全。

第二，BIM技术提供了施工预演跟踪工具，可以在虚拟环境中对施工进度进行模拟和跟踪。施工单位可以根据建筑信息模型中的施工计划和工程进度，模拟施工活动的实际进行情况，并及时发现和解决可能影响工程进度的问题。例如，在一个高层建筑项目中，施工单位可以利用BIM技术对施工进度进行模拟，分析施工过程中可能出现的延迟和瓶颈，从而及时调整施工计划，保证工程按时完成。

第三，BIM技术还可以帮助施工单位对施工过程进行优化和改进。通过模拟施工活动，施工单位可以发现并解决施工中的潜在问题，提高施工效率和质量。例如，在一个隧道施工项目中，施工单位可以利用BIM技术对隧道的施工过程进行模拟，发现可能存在的施工难点和风险，采取相应的措施加以解决，确保施工顺利进行。

二、BIM技术在建筑工程设计施工一体化中的具体应用

（一）在建筑工程项目信息综合分析中的应用

1.信息整合

（1）建筑工程三维信息模型的构建

在建筑工程项目信息综合分析中，首要任务是构建建筑工程的三维信息模

型。这需要对各种相关数据进行精准收集与汇总。BIM 技术为此提供了强大的支持，可以将建筑工程所需的各种信息数据进行整合，包括但不限于气候环境数据、地质勘察数据、地下管线布设数据以及地形地貌数据等。通过整合这些数据，可以全面了解建筑工程所在地的环境特征和地理条件，为后续的设计方案制定和施工过程预演提供基础数据。

（2）提高对相关数据的整合能力

BIM 技术的应用可以提高对目标区域相关数据的整合能力。通过 BIM 平台，可以将来自不同来源的数据进行统一管理和处理，实现多种数据的交叉分析和综合利用。例如，将气候环境数据与地形地貌数据进行关联分析，可以帮助设计团队更好地理解建筑工程所面临的气候条件和地形地貌特征，从而针对性地优化设计方案和施工计划。

2. 导入分析

（1）数据导入 BIM 软件平台

收集整理好的建筑工程项目信息数据需要导入到 BIM 软件平台中进行分析。BIM 软件提供了丰富的信息综合分析功能，可以对导入的数据进行进一步处理和分析，从而提高设计方案的合理性和科学性。

（2）依托软件进行信息综合分析

利用 BIM 软件平台进行信息综合分析，可以更加全面地理解建筑工程项目所涉及的各种数据。例如，通过对地形地貌数据进行三维建模，并结合地下管线布设数据和地质勘察数据，可以在数字化高程模型上进行土方量的科学测算，为后续的土方工程设计提供重要依据。同时，结合当地的气候环境数据和水文条件，可以优化建筑工程的设计朝向和选材方案，确保建筑物在不同气候条件下的舒适性和节能性。

（二）在建筑工程设计中的应用

1. 可视化设计

可视化设计是 BIM 技术在建筑工程领域中的重要应用之一，它通过将建筑工程的设计方案以三维立体的形式呈现，提升了设计方案的表达精细度和可视化效果。

（1）传统设计与 BIM 技术的比较

传统的建筑工程设计往往局限于二维平面，设计方案表达受限，难以全面展现建筑的空间结构和细节。相比之下，BIM 技术可以构建三维立体的信息模型，将建筑工程的设计方案以更加直观、生动的方式呈现出来。这种立体化的设计模式使得设计师可以更好地理解和展示建筑的空间布局、结构关联以及材料搭配，从而提高设计方案的合理性和科学性。

（2）提升设计方案的契合度和科学性

通过 BIM 技术进行可视化设计，设计师可以依托前期项目多元信息综合分析的结果，将建筑工程的三维立体化信息模型与实际现场环境条件相契合，提升设计方案与实际场景的贴合度。例如，在设计建筑外观时，可以通过 BIM 技术模拟不同光照条件下建筑的表现效果，以及与周围环境的协调性，从而优化建筑外观的设计方案。

（3）丰富的图形属性和自动渲染技术

在 BIM 可视化设计模式下，建筑工程的三维信息模型呈现出更加丰富和真实的图形属性。设计师可以通过 BIM 软件平台实现对建筑外观、内部空间布局、材料纹理等方面的细致调整，使得设计方案更加立体逼真。同时，借助自动渲染技术，可以实现对建筑模型的快速渲染和实时预览，帮助设计师更好地了解设计方案的效果，并进行及时地调整和优化。例如，设计师在利用 BIM 技术进行建筑外观设计时，可以通过对建筑立面的模拟和渲染，实现不同材料和色彩方案的比较和选择。设计师可以根据项目的要求和环境特征，在 BIM 软件中模拟不同的建筑立面设计方案，并结合自然光线和景观环境进行实时预览和调整。这样一来，设计师可以在虚拟环境中直观地感受到不同设计方案的效果，从而更好地做出决策。

2. 协同设计

（1）平台建设与设计协作

BIM 技术提供了一个统一的平台，使得不同专业领域的设计师可以在同一个环境中协同开展工程项目设计工作。在设计阶段，各个设计师可以共同在 BIM 软件平台中对建筑工程的三维信息模型进行构建、修改和更新。例如，在一个大型的建筑工程项目中，建筑师、结构工程师和机电工程师等可以通过 BIM 平台共同协作，实现建筑结构、设备布置和管道走向等方面的协同设计。

（2）自动化冲突检测与问题解决

BIM软件具备自动化的碰撞检测功能，能够及时发现三维信息模型中存在的碰撞冲突或设计错误，并提供相应的提示和解决方案。例如，当管道与结构构件发生冲突时，软件会自动发出警告并显示具体位置，设计人员可以通过协同讨论和调整，及时解决问题，避免在施工阶段造成额外的成本和延误。

（3）实时共享与反馈机制

BIM平台提供了实时共享和反馈机制，设计人员可以将设计好的建筑三维信息模型传输至建设单位和施工单位进行共享和讨论。建设单位和施工单位可以在BIM平台上查看设计方案，并提出修改意见或建议。设计人员可以根据反馈意见及时进行修改并刷新三维信息模型，确保工程设计的更新协同性。这种实时共享和反馈机制大大提高了设计方案的交流效率和准确性。例如，以一个大型商业综合体项目为例，该项目涉及建筑、结构、给排水、电气等多个专业领域的设计工作。利用BIM技术，各专业设计师可以在同一平台上共同协作，实现对建筑结构、设备布置、管道走向等方面的协同设计。例如，结构工程师在设计结构方案时可以实时考虑给排水管道的布置，避免与结构构件发生冲突；电气工程师也可以根据建筑的空间布局设计电气设备的位置，提前预防电气设备与结构构件的碰撞问题。这样一来，不同专业的设计师可以在设计阶段及时交流和协调，确保设计方案的综合性和合理性，为后续的施工和运营阶段提供可靠的基础。

3. 建筑性能分析

建筑性能分析是BIM技术在建筑工程设计阶段的关键应用之一。通过整合前期项目的综合信息和构建的建筑三维信息模型，设计人员能够对建筑的各项性能进行模拟和分析，以满足建设单位对建筑工程的性能要求。

首先，抗震性能是建筑性能分析中的重要内容之一。通过结合地质勘察数据、建筑结构数据和材料数据等信息，设计人员可以对建筑的抗震性能进行模拟分析。这包括评估建筑结构在地震作用下的受力情况，分析结构的稳定性和抗震能力，以便及时调整和优化设计方案，确保建筑在地震发生时的安全性和稳定性。

其次，建筑的力学性能也是性能分析的重要内容之一。通过建筑三维信息模型中的结构数据和材料数据，设计人员可以模拟建筑在不同荷载条件下的受力情况，分析结构的变形和应力分布，评估建筑的结构稳定性和承载能力，为设计方案的优化提供科学依据。

再次，除了结构性能，采光效果和通风效果也是建筑性能分析的重要方面之一。通过建筑三维信息模型和气候环境条件等数据，设计人员可以模拟建筑内部的采光情况和通风情况，评估建筑的室内舒适性和节能性能，优化建筑的设计方案，提高建筑的居住舒适度和能源利用效率。

最后，BIM 技术还可以应用于小区热环境模拟、日照环境和风环境模拟等方面，为工程的合理设计提供重要参考。通过综合分析建筑的各项性能，设计人员可以更加全面地了解建筑的特点和优劣势，从而优化设计方案，提高建筑的整体性能和质量。

4. 参数化设计

参数化设计在建筑工程设计中扮演着重要的角色，它通过对建筑结构的规格参数进行设计和优化，直接影响着建筑工程的质量和效率。站在几何模型与逻辑模型的视角，参数化设计将建筑工程分解为各种结构构件，并通过不同规格属性的构件有机组合，形成建筑工程的三维信息模型。

首先，参数化设计能够有效地降低建筑结构之间的碰撞冲突与错误率。通过对建筑结构的各项参数进行合理设计，可以避免在设计阶段出现构件之间的冲突和错误。例如，设计人员可以通过参数化设计来控制建筑结构的尺寸大小、空间布局和关联关系，从而确保各个构件之间的协调性和一致性。

其次，参数化设计也是建筑工程协同设计的重要内容。在多个设计师协同参与的情况下，参数化设计可以提供一个统一的设计平台，设计师们可以在同一个平台上进行参数化设计，实现对建筑结构的统一管理和协同设计。通过参数化设计，设计师们可以共享建筑结构的参数化信息，实现设计方案的快速调整和优化，从而提高协同设计的效率和质量。

最后，参数化设计还可以提高建筑工程设计的丰富程度和灵活性。通过对建筑结构的规格参数进行灵活设计，设计人员可以实现对建筑结构的多样化和个性化设计。例如，设计人员可以通过参数化设计来调整建筑结构的外形和内部布局，从而满足不同项目的需求和要求，提高建筑设计的创新性和可塑性。

5. 深化设计

深化设计作为 BIM 技术在建筑工程设计领域的重要应用之一，扮演着确保设计质量和施工顺利进行的关键角色。在利用 BIM 技术构建建筑三维信息模型的基础上，深化设计着重于对工程的细部构成进行优化设计和二次深化设计，尤其是在机电设备、钢结构、幕墙等方面。

在传统的二维平面设计中，往往存在着设计精细度不够、细节不清晰等问题，这些问题可能导致在施工阶段出现模糊或冲突的情况，甚至会影响设计交底和施工进度的推进。深化设计的任务就是针对这些问题进行优化和改进，使得建筑工程的细部结构设计更加精细、准确和高效。

通过引入 BIM 技术，深化设计可以在三维信息模型的基础上进行，充分利用模型的准确性和可视化特性。设计人员可以对建筑的细节部分进行深入分析和优化，解决可能存在的设计盲点和冲突问题。例如，在机电设备方面，设计人员可以通过 BIM 技术对设备的布局和安装进行模拟和优化，确保设备的合理安装和运行；在钢结构和幕墙方面，设计人员可以利用 BIM 技术对结构和外墙进行精细化设计，提高建筑的结构稳定性和外观美观性。

深化设计不仅可以提高建筑三维信息模型的构建精度和效率，还可以保证设计质量，为工程的高质量施工提供精细化的设计依据。通过深化设计，设计人员可以在建筑工程的设计阶段就解决可能存在的问题，减少施工过程中的不确定性，为工程的顺利实施提供有力支持。

（三）在建筑工程施工中的应用

1. 可视化预演

BIM 技术的可视化特征与模拟性特征为建筑工程施工过程预演提供了良好的技术支持，在前期项目综合信息整合与导入的基础上，对施工现场的平面布置、施工环节中各项工艺与技术的实施过程等加以预演，可帮助施工单位科学评判现场平面布置方案的合理性、施工工艺与施工技术的科学性与可行性。施工单位依托 BIM 技术开展可视化预演，可以更加全面、直观地掌握建筑工程的整个施工过程，对施工方案的实施情况做到了然于心，对施工技术实施过程中出现的问题及时加以调整，可切实提高工程施工方案的实用性，提升项目管理控制的科学化水平。

2. 施工进度跟踪

把构建模型和施工进度进行有机结合，再利用 4D 进行模拟，对其中的问题进行充分分析，并提出合理的解决方案。通过利用 4D 模拟把空间和时间的信息进行整合，并统一到一个模板当中，充分展现出整个施工的过程。运用 BIM 技术，可对施工的进度进行动态跟踪，对施工计划与实际进度做比较，对每日、每周、每月的施工情况进行汇总，依据现场的实际情况进行调整，获取最优的施工方案，使质量、安全、进度得到有效管控，为后期的运作实施提供精准的数据信息。

3. 预制加工及跟踪管理

当前，BIM 技术与装配式建筑的联合应用日渐深入，施工单位可以将无线移动终端、身份识别等技术运用到生产、运输、采购和现场安装的过程当中，将在工厂的预加工部件和 BIM 模型进行有机结合，更加高效地对所有物件进行管理，防止装配式建筑构件的预制加工与运输环节出现错误。

4. 碰撞检查

碰撞检查是 BIM 技术在建筑工程设计和施工中的重要应用之一，其主要目的是通过对建筑三维信息模型中各个构件的碰撞进行检查，及时发现设计中存在的问题并进行改进，以避免设计错误导致的施工返工情况的发生。

利用 BIM 技术进行碰撞检查，首先需要构建完整的建筑三维信息模型，其中包括建筑的各个构件，如梁、柱、墙体、管线等。然后，通过软件工具对模型进行碰撞检查，系统会自动识别模型中存在的碰撞问题，并生成相应的报告。设计人员可以根据报告中的信息对设计进行深化检查，并制定相应的整改措施，以确保设计的准确性和合理性。

除了检查建筑构件之间的碰撞，碰撞检查还可以应用于各个专业之间的协调合作。例如，将机电设备、管线等专业的模型与建筑模型进行整合，并进行碰撞检查，以避免在施工过程中出现设备安装位置与建筑结构之间的冲突。通过及时发现和解决这些问题，可以减少施工阶段的矛盾与冲突，提高工程施工的效率和质量。

第三节 项目管理方法和技巧的介绍

一、项目管理方法

（一）敏捷项目管理

敏捷项目管理是一种迭代、逐步的项目管理方法，注重灵活性和快速响应。它强调团队合作、持续交付和不断反馈，适用于需求变化频繁或技术复杂的项目。敏捷方法的核心理念主要包括以下四个方面。

1. 迭代开发

迭代开发是敏捷项目管理中的重要概念，它强调将项目分解为多个短期迭代周期，并在每个周期内产生可交付的产品增量。这种开发方式的核心理念是持续交付具有价值的产品，并且在开发过程中不断调整和优化，以满足用户需求的变化和不断演进的市场环境。

敏捷项目管理通常采用2~4周的迭代周期。在每个迭代周期开始时，团队会根据优先级确定本次迭代的工作范围和目标，并制定相应的计划。在迭代周期内，团队将专注于完成这些目标，并产生可交付的产品增量。迭代结束时，团队会进行评审，将产品增量展示给利益相关者，收集反馈，并根据反馈进行调整和优化。

迭代开发的优势在于它可以使团队更快地交付产品，并且更容易应对需求的变化。由于每个迭代周期都产生可交付的产品增量，因此团队可以更频繁地与利益相关者交流，了解他们的需求和反馈，及时调整产品方向和优先级。这种迭代的开发方式也有助于降低项目失败的风险，因为团队可以在早期阶段就发现和解决问题，而不是等到项目完成后才发现。

迭代开发还能够促进团队的持续学习和改进。通过每个迭代周期的反馈和总结，团队可以不断地审视自己的工作方式和流程，发现问题并加以改进，从而提高工作效率和产品质量。这种持续的学习和改进过程有助于团队不断提升自己的能力，逐步完善产品，为用户创造更大的价值。

2. 持续交付

持续交付是敏捷项目管理中的一项关键实践，它强调的是在项目开发过程中持续地交付可工作的产品或功能，而不是等待所有功能都完成后才进行交付。这一概念的核心思想是通过不断迭代地交付产品增量，使项目能够更快地响应市场变化和用户需求，同时也能够及时获取用户的反馈，根据反馈进行调整和优化。

在传统的软件开发方法中，项目通常会在开发周期的最后阶段才进行交付，这意味着项目团队在大部分时间内都无法获取用户的反馈。而敏捷项目管理强调的持续交付则打破了这种模式，通过将项目分解为多个短期迭代周期，在每个周期内都交付可工作的产品增量。这种方式使得团队能够更频繁地与用户交流，及时了解用户的需求和反馈，从而可以在开发过程中根据实际情况进行调整和优化。

持续交付的优势在于它能够大大降低项目失败的风险。通过持续地交付产品增量，团队可以更早地发现和解决问题，而不是等到项目完成后才发现。这样可以及时纠正错误，确保产品能够满足用户的期望，从而提高项目的成功交付率。另外，持续交付还有助于加快产品上线的速度，使得产品能够更快地进入市场，获取竞争优势。

在实践持续交付时，团队需要密切关注产品质量和用户体验。每个交付的产品增量都应该是经过充分测试和验证的，确保产品能够达到预期的质量标准。同时，团队还应该及时获取用户的反馈，根据反馈进行调整和优化，确保产品能够满足用户的需求和期望。

3. 自组织团队

在敏捷项目管理中，自组织团队是一种关键的组织形式，它强调团队成员之间的自主性和责任感，以及他们能够自发地协作和解决问题的能力。相比于传统的指挥和控制型组织结构，自组织团队更加灵活和高效，能够更好地适应变化和应对挑战。

在自组织团队中，团队成员被赋予更多的自主权和决策权，他们可以自由地选择如何完成任务，并对任务的执行负责。这种自主性激发了团队成员的创造力和积极性，使他们更加投入到项目中，并且更加乐于承担责任。团队成员之间的密切合作也是自组织团队的一个重要特征，他们通常会共同制定工作计划，分享知识和经验，共同解决问题。这种协作和互助的氛围能够促进团队成员之间的沟通和信任，进而提高团队的凝聚力和效率。

自组织团队的另一个重要特点是它能够更快地适应变化。在敏捷项目管理中，需求和环境经常会发生变化，而自组织团队能够更灵活地调整工作方式和优先级，以适应新的情况。团队成员具有更高的灵活性和适应性，能够迅速地做出反应，并且更加主动地寻找解决方案。

4. 持续反馈

在敏捷项目管理中，持续反馈是确保项目成功的关键因素之一。持续反馈意味着团队与利益相关者之间的持续沟通和信息交流，以便及时了解项目进展、发现问题并进行调整。这种反馈机制在整个项目周期中起着至关重要的作用，从需求收集和优先级确定，到产品开发和交付，再到用户验收和后续改进，都需要不断地进行反馈和调整。

首先，持续反馈有助于及时发现和解决问题。通过与利益相关者和团队成员之间的持续沟通，团队可以及时了解项目的进展情况和问题所在，从而采取相应的措施进行调整和改进。如果团队在开发过程中遇到了困难或者产品出现了缺陷，利益相关者的反馈可以帮助团队快速定位问题并及时解决，避免问题进一步扩大或者影响项目进度。

其次，持续反馈有助于确保项目的方向与目标保持一致。通过与利益相关者的持续沟通，团队可以更好地理解他们的需求和期望，从而调整项目的方向和优先级，确保团队所开发的产品能够真正满足用户的需求，并且与项目的整体目标保持一致。持续的反馈可以帮助团队及时调整和优化产品的功能和特性，以适应不断变化的市场需求和用户期望。

最后，持续反馈还有助于提高团队的透明度和信任度。通过与利益相关者和团队成员之间的持续沟通，团队可以建立起更加开放和透明的工作环境，使每个人都能够了解项目的进展情况和自己的工作任务。这种透明度可以增强团队成员之间的信任和合作，促进团队的创新和共享，从而提高项目的成功率和质量。

（二）瀑布项目管理

瀑布项目管理是一种传统的线性项目管理方法，按照阶段顺序进行，包括需求分析、设计、实施、测试和部署等阶段。瀑布项目管理适用于需求相对稳定、技术较成熟的项目。其特点包括：

1. 阶段化开发

阶段化开发是瀑布项目管理方法的核心特征之一，它将项目分解成一系列相互依赖、按顺序进行的阶段。每个阶段都有明确的目标和交付成果，前一个阶段完成后才能进入下一个阶段。这种顺序性的开发方式使得项目进度相对可控，能够更好地规划和管理项目。

一方面，瀑布项目管理将项目分解成多个阶段，每个阶段的目标和交付成果都清晰可见。在项目启动阶段，首先进行需求分析，明确项目的业务需求和用户需求，为后续的设计和开发工作奠定基础。接着是设计阶段，根据需求分析的结果进行系统设计和详细设计，确定系统架构和功能模块，为实施阶段提供指导。然后是实施阶段，根据设计文档和规格说明书进行编码和开发，完成系统的搭建和功能实现。接下来是测试阶段，对已实施的系统进行测试和验证，确保系统能够符合需求和质量标准。最后是部署阶段，将测试通过的系统部署到生产环境中，让用户开始正式使用。

另一方面，阶段化开发使得项目进度相对可控，能够更好地规划和管理项目。每个阶段都有明确的起点和终点，项目经理可以根据阶段性的目标和交付成果来评估项目的进展情况，并进行相应的调整和优化。此外，阶段化开发还能够提供清晰的里程碑和进度表，帮助项目团队和利益相关者了解项目的当前状态和未来计划，从而更好地控制项目的风险和成本。

2. 文档驱动

在瀑布项目管理中，文档驱动是一种重要的方法论，它强调在项目的各个阶段产生并使用文档来记录和管理项目的进展。每个阶段都有相应的文档产出，如需求文档、设计文档、测试计划等。这些文档对项目的进度和质量管理起着至关重要的作用，能够记录项目的各个阶段的成果和问题，为项目的后续阶段提供参考和依据。

一方面，需求文档是项目启动阶段的重要产物，它记录了项目的业务需求和用户需求，包括功能需求、非功能需求、业务流程等内容。需求文档为项目的设计和实施提供了基础，帮助团队明确项目的范围和目标，为后续工作提供了方向和依据。

另一方面，设计文档是项目设计阶段的核心文档，它详细描述了系统的架构设计、功能模块设计、数据结构设计等内容。设计文档为开发人员提供了系统设计的指导，明确了系统的整体结构和各个模块之间的关系，有助于确保系统的功能完整性和一致性。

测试计划是项目测试阶段的关键文档，它规划了测试的范围、方法、资源和进度等内容，确保测试工作能够全面、有效地进行。测试计划还包括测试用例、测试数据等具体内容，帮助测试人员进行测试和验证，发现和修复系统中的问题。

3. 变更困难

在瀑布项目管理中，由于各阶段的顺序性和相互依赖性，一旦某个阶段完成后再发现需求变更或问题，可能会导致整个项目的进度延误和成本增加。这是因为在瀑布模型中，每个阶段的输出成果都是下一个阶段的输入，而且通常在当前阶段完成之后才能进行下一个阶段的工作。因此，一旦需要对已经完成的阶段进行修改或调整，就需要对整个项目进行回溯和调整，这可能会耗费大量的时间和资源。

变更困难主要体现在以下三个方面。

其一，变更会影响整个项目的进度和计划。在瀑布模型中，项目的各个阶段通常是按照一定的时间表依次进行的，如果某个阶段完成后再发现需要修改，就需要重新调整整个项目的进度和计划。这可能会导致项目延期，影响项目的交付时间和客户的满意度。

其二，变更会增加项目的成本。在瀑布项目管理中，一旦某个阶段完成后再发现需要修改，就需要投入更多的资源和成本来进行调整。这可能涉及重新设计、重新开发、重新测试等工作，会增加项目的成本和风险。

其三，变更会增加项目的风险。在瀑布模型中，每个阶段都有一定的交付成果，这些成果被认为是稳定的，因此对它们的修改可能会带来不确定性和风险。特别是如果变更发生在项目的后期阶段，可能会影响项目的整体质量和稳定性，增加项目失败的风险。

（三）增量式项目管理

增量式项目管理是一种将项目分解成多个增量进行管理的方法，每个增量都是一个可以独立交付的部分成果，有利于项目风险的控制和提高交付的透明度。其特点包括：

1. 逐步交付

逐步交付是增量式项目管理的核心理念之一，它将项目分解成多个增量，并逐步完成每个增量的开发和交付。每个增量都包含一部分功能或特性，是项目的一个可交付成果，可以独立地交付给利益相关者使用或审查。这种逐步交付的方式具有以下三个重要特点和优势。

第一，逐步交付使项目的交付周期变得更加可控和可预测。通过将项目分解成多个增量，并在每个增量中完成一部分功能或特性的开发，可以将整个项目的交付过程分解成多个较小的阶段，使得项目的交付周期变得更加短暂和可管理。这有助于项目团队更好地掌控项目进展，及时发现和解决问题，确保项目能够按时交付。

第二，逐步交付促进了及时反馈和验证。由于每个增量都是一个可交付的部分成果，可以在每个增量完成后向利益相关者展示项目的进展，并获得他们的反馈和确认。这种及时的反馈和验证有助于发现和纠正问题，确保项目的方向和目标与利益相关者的期望保持一致。

第三，逐步交付也有助于降低项目的风险。通过将项目分解成多个较小的增量，并在每个增量中完成一部分功能或特性的开发，可以减少项目的技术风险和实施风险。即使在项目的早期阶段，也可以交付一部分功能或特性，从而降低项目失败的风险，并在后续增量中逐步完善和扩展项目的功能。

2. 迭代开发

迭代开发是增量式项目管理中的一项重要实践方法，它与敏捷方法有着相似的特点和原则。在迭代开发中，项目团队将整个项目的开发过程分解成多个迭代周期，每个迭代周期都经过一轮完整的开发流程，包括需求分析、设计、开发、测试和部署等阶段。在每个迭代周期结束时，团队会产生一个可交付的产品增量，该增量可以向利益相关者展示并获得他们的反馈。

迭代开发的核心思想是通过短周期的迭代，逐步完善和改进项目的功能和特性。每个迭代周期通常持续2~4周，这样可以确保团队在较短的时间内完成一部分功能或特性的开发，并及时向利益相关者展示项目的进展。通过迭代开发，团队可以更快地响应需求变化，及时发现和解决问题，确保项目的方向和目标与利益相关者的期望保持一致。

与传统的瀑布式开发方法相比，迭代开发具有更高的灵活性和适应性。由于每个迭代周期都是一个完整的开发循环，团队可以根据实际情况调整和优化项目的计划和进度，确保项目能够按时交付并满足用户的需求。另外，迭代开发还能够降低项目的风险，因为团队可以在每个迭代周期结束时及时发现和纠正问题，确保项目的质量和稳定性。

二、项目管理技巧

（一）沟通技巧

在项目管理中，良好的沟通是确保团队协作顺利、项目顺利推进的重要因素之一。沟通技巧涵盖了倾听、表达、理解和反馈等多个方面，其有效运用可以提高团队成员之间的合作效率，加强团队的凝聚力，增进团队的工作效果。

第一，倾听技巧是良好沟通的基础。项目管理者应该善于倾听团队成员和利益相关者的意见和建议，积极倾听他们的想法和需求，给予他们足够的尊重和关注。通过倾听，项目管理者可以更好地了解团队成员的想法和期望，促进沟通的顺畅和有效。

第二，表达能力也是沟通中至关重要的一环。项目管理者需要清晰地表达项目的目标、计划和要求，确保团队成员对项目的各项工作有清晰地理解和认识。同时，项目管理者还需要善于表达自己的想法和观点，与团队成员进行有效地沟通和交流。

第三，理解能力是沟通中的重要技巧之一。项目管理者需要善于理解团队成员和利益相关者的需求和期望，能够站在他们的角度思考问题，给予他们必要的支持和帮助。通过理解，项目管理者可以更好地与团队成员建立信任关系，促进团队的合作和协作。

第四，反馈机制也是良好沟通的关键。项目管理者需要建立有效的反馈机制，及时收集和反馈团队成员和利益相关者的意见和建议，以便及时调整项目计划和策略。通过反馈，项目管理者可以了解团队成员的工作情况和困难，及时解决问题，确保项目的顺利进行。

（二）领导能力

领导能力是项目经理必备的关键素质之一，对于项目的成功实施至关重要。良好的领导能力不仅可以有效地组建和激励团队，还可以有效地解决团队中出现的冲突和问题，推动项目朝着既定目标稳步前进。

首先，团队建设是领导能力的核心之一。项目经理需要具备良好的团队建设能力，能够有效地组建一个具有高效执行力和凝聚力的团队。他们应该能够根据团队成员的技能和特长，合理分配任务和角色，激发团队成员的工作热情和创造力。此外，项目经理还应该建立良好的团队文化，促进团队之间的合作和协作，提高团队的凝聚力和战斗力。

其次，冲突解决是领导能力的重要体现。在项目实施过程中，团队成员之间可能会出现各种各样的冲突和分歧，这需要项目经理具备良好的冲突解决能力，能够及时有效地化解冲突，维护团队的和谐稳定。项目经理可以采用各种方法，如沟通、协商、调解等，解决团队成员之间的矛盾和分歧，确保团队的整体利益和项目的顺利进行。

最后，激励团队成员是领导能力的重要方面。项目经理需要善于发现和认可团队成员的优点和贡献，及时给予肯定和奖励，激发他们的工作动力和积极性。同时，项目经理还应该能够根据团队成员的需求和期望，提供相应的培训和发展机会，帮助他们不断提升自己的专业能力和工作水平，实现个人价值和团队目标的统一。

（三）时间管理

时间管理是项目管理中至关重要的一项技能，对于确保项目按时交付和达成目标至关重要。项目经理需要具备良好的时间管理能力，以有效地规划、安排和监控项目的进度。

第一，项目经理需要合理安排时间。这包括制定明确的项目计划，确定项目的开始和结束时间，以及每个阶段和任务的工作时间。项目经理应该考虑到项目的复杂性、资源可用性和风险因素，以确保时间安排合理且可行。

第二，项目经理需要制定优先级。在面对多个任务和活动时，项目经理必须确定哪些任务是最重要和最紧急的，并将重点放在这些任务上。通过制定清晰的优先级，项目经理可以确保关键任务得到及时处理，避免因次要任务而耽误项目进度。

第三，合理分配资源也是时间管理的关键。项目经理需要评估项目所需的资源，包括人力、物力和资金等，然后将这些资源分配到各个任务和活动中。通过合理分配资源，项目经理可以确保项目各项工作都能得到充分支持，从而提高工作效率和项目进度。

第四，项目经理需要监控项目的进展情况，并根据需要进行调整。通过制定详细的项目进度表和里程碑计划，项目经理可以清晰地了解项目的当前状态和预期目标。如果发现项目进度偏离预期，项目经理应该及时采取措施，调整资源和任务的分配，以确保项目能够按时交付。

（三）风险管理

风险管理在项目管理中扮演着至关重要的角色，它涉及对项目中潜在风险的全面识别、评估和管理，以确保项目能够顺利实现预期目标并最大程度地降低不确定性所带来的影响。风险管理是项目管理过程中的一个系统性和持续性活动，涉及多个方面和阶段。

首先，风险管理的第一步是识别潜在的项目风险。项目经理和项目团队需要对项目进行全面的风险识别，包括对内部和外部环境中可能出现的各种风险因素进行审查和评估。这些风险因素可以包括技术、市场、人力资源、法律法规、财务等方面的不确定性和挑战。

其次，对识别出的风险进行评估。评估风险涉及对风险的概率、影响程度以及可能造成的损失进行综合分析和评估。通过定量和定性的方法，项目团队可以确定哪些风险是最为严重和紧迫的，以便为这些风险制定相应的管理策略和措施做好准备。

最后，制定风险应对策略。一旦识别和评估出了项目中的主要风险，项目经理需要制定相应的风险管理计划和应对策略。这些策略可能包括规避、减轻、转移或接受风险等不同方式，以便最大程度地降低风险对项目目标的影响。

在实施风险管理策略的过程中，项目团队还需要建立风险登记册和定期召开风险评估会议等机制，以便及时跟踪和监控项目中的各种风险，并采取必要的措施进行调整和应对。这种持续的风险管理活动可以帮助项目团队及时发现和解决问题，保证项目的顺利进行和最终成功交付。

（四）决策能力

在项目管理中，决策能力是项目经理必备的重要素质之一。良好的决策能力可以帮助项目经理及时应对项目中的各种挑战和问题，推动项目顺利实施，确保项目达到预期目标。

第一，决策能力的重要性在于其对项目整体进展的影响。在项目管理中，项目经理需要在日常工作中面对各种复杂情况和不确定性因素。良好的决策能力可以帮助项目经理及时作出正确的选择，避免因错误决策而导致项目偏离轨道或出现重大问题。

第二，决策能力的培养和提升需要多方面的支持和努力。项目经理可以通过不断学习和积累经验，提高自己的行业知识和专业技能，以更好地理解项目中的各种挑战和问题，并作出相应的决策。此外，项目经理还可以积极寻求团队成员和专业人士的建议和意见，以便更全面地考虑问题，做出更明智的决策。

第三，决策能力的发挥需要科学的决策方法和工具支持。项目经理可以借助各种决策分析工具和技术，如SWOT（Strengths，Weaknesses，Opportunities，Threats，优势、劣势、机会、威胁）分析、成本效益分析、风险评估等，对项目中的各种选择进行系统评估和分析，从而做出更准确、更可靠的决策。

第四，决策能力的提升是一个持续的过程。项目经理应该不断总结和反思自己的决策经验，及时调整和改进决策方法和策略，以适应项目管理环境的变化和挑战。同时，项目经理还应该注重团队的培训和发展，提高团队成员的决策能力，从而共同推动项目的顺利实施和成功交付。

参考文献

[1] 颜艳霞, 刘雅文. 城市中道路交通和交通工程设计技术分析[J].大众标准化设计, 2019(14):2-3.

[2] 李开元, 毛济成. 城市道路交通分析与交通工程设计技术分析[J].建材与装饰, 2019(10):10-13.

[3] 刘文田. 我国城市道路交通分析与交通工程设计技术分析[J].河南建筑, 2018(16):16-17.

[4] 王腾远. 城市道路交通工程设计技术方法的完善及实践路径分析[J].科技经济导刊, 2018(8):8-10.

[5] 梁培英.建筑工程项目中的合同管理[J].广东建材, 2010, 26(6):238-240.

[6] 杨帆, 王明洋.探讨建筑工程项目中合同管理的技巧[J].建材发展导向, 2015, 13(10):220-221.

[7] 聂谊民.探讨建筑工程项目中合同管理的技巧[J].江西建材, 2014(17):254.

[8] 郭蕊.建筑工程项目中合同管理的技巧[J].甘肃科技, 2009, 25(7):96-99.

[9] 左丽, 苟永兵.建筑工程项目合同管理中存在的主要问题及完善策略[J].低碳世界, 2018(02):294-295.

[10] 马跃浩.建筑工程项目合同管理中存在的问题和对策[J].财经界(学术版), 2016(09):118.

[11] 张念伟.建筑施工企业工程项目合同管理的法律风险及防范[J].价值工程, 2014, 33(15):92-94.

[12] 邓卉.建筑工程项目合同管理中存在的问题和对策[J].物流工程与管理, 2010, 32(04):146-147.

[13] 刘季辉.建筑工程施工进度的控制与管理方法浅析[J].建材与装饰, 2016(29):133-134.

[14] 邓毅.建筑工程施工进度控制及管理措施分析[J].建材与装饰, 2018,

000(023):191.

[15] 任强.浅析土建工程施工管理中的施工进度管理与控制[J].建筑与装饰, 2019, 000(018):61.

[16] 王明哲.城市建筑施工场地环境污染及防治对策分析[J].工程技术研究, 2019, 4(21):27-28.

[17] 张广鑫.建筑现场施工环境管理研究[J].科技创新导报, 2018, 15(35):158-159.

[18] 潘杰.建筑施工中的施工污染环境问题与防治措施[J].现代物业(中旬刊), 2018(8):264.

[19] 吴锡东.建筑现场施工环境管理方案研究尝试[J].住宅与房地产, 2017(29):148.